UNITY

회사 실무에 힘을 주는

유니티 2020

장홍주 지음

정보문화사
Information Publishing Group

회사 실무에 힘을 주는

유니티 2020

초판 1쇄 인쇄 | 2020년 11월 5일
초판 1쇄 발행 | 2020년 11월 10일

지 은 이 | 장홍주
발 행 인 | 이상만
발 행 처 | 정보문화사

책 임 편 집 | 노미라
디 자 인 | 손정수

주   소 | 서울시 종로구 동숭길 113 정보빌딩
전   화 | (02)3673-0037(편집부) / (02)3673-0114(代)
팩   스 | (02)3673-0260
등   록 | 1990년 2월 14일 제1-1013호
홈 페 이 지 | www.infopub.co.kr

I S B N | 978-89-5674-859-7

유니티를 활용한 이펙트와 셰이더 이후 세 번째 책을 쓰게 되었습니다. 유니티 엔진은 게임 개발뿐만 아니라 앱, 인테리어, 자동차, 산업 디자인, 시뮬레이션, 영상 분야와 같이 다양한 분야에서 사용되고 있습니다. 강력한 제작 기능에 비하여 접근하기 쉬운 UI를 지니고 있어 처음 툴을 접하는 사람 누구도 쉽게 필요한 콘텐츠를 제작할 수 있습니다. 전세계 많은 개발자들이 사용하는 유니티 엔진으로 자신만의 콘텐츠를 만들어 볼 수 있습니다.

이 책은 모두 다섯 개의 파트로 이루어져 있습니다.

Part 01 Unity 시작하기
유니티 2020 설치부터 필요한 데이터를 구하고, 툴 사용에 대한 기초적인 방법을 설명합니다.

Part 02 Unity UI와 스크립팅
GUI 제작과 Tool 개발, 간단한 스크립트 제작으로 Application을 제작할 수 있습니다.

Part 03 2D 기능과 개발 툴 활용하기
유니티 엔진의 2D 기능과 툴의 활용을 다루며, 간단한 2D 물리 게임을 제작할 수 있습니다.

Part 04 3D 기능과 개발 툴 활용하기
유니티 엔진의 3D 기능과 툴의 활용에 대해 다룹니다. 여러 종류의 컴포넌트와 실무에서 활용하기 좋은 기능에 대해 알 수 있습니다.

Part 05 렌더 파이프라인과 셰이더 그래프
2020 버전 이후 크게 변경된 SCRP와 3D 개발 환경 설정, 노드 기반의 셰이더 제작에 대해 다룹니다.

이 책에서는 유니티를 사용하면서 지나칠 수 있는 팁부터 실무에서도 유용한 기능에 대해 다루고 있습니다. 아트 능력뿐만 아니라 프로그램, 기획, 사운드같은 모든 개발력을 필요로 하지만, 하나씩 내 것으로 만들어 나아간다면 취업 그 이상으로 힘이 되어줄 것입니다.

장홍주

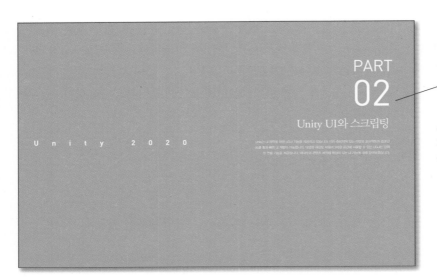

PART
02

Unity UI와 스크립팅

Unity 2020

PART
02

사용자에게 필요한 내용을
효율적으로 학습할 수 있도
록 구성하였습니다.

제목과 도입문을 통해 섹션
에서 배울 내용을 한눈에 파
악할 수 있습니다.

따라하기에서 필요한 정보나
주의사항 등을 제공합니다.

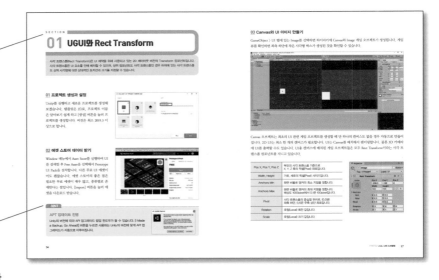

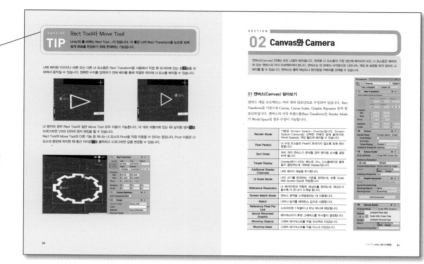

본문에서 다루지 못한 내용을 보강함으로써 다양한 방법으로 도면을 작성하고 사용자의 수준을 한 단계 업그레이드 할 수 있도록 도와줍니다.

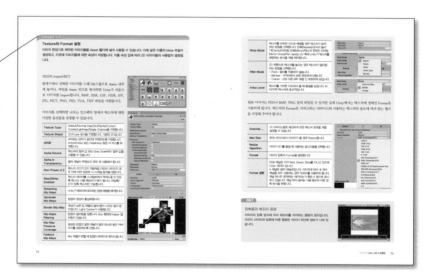

배우는 내용에 대한 추가적인 설명, 각 항목에 대한 자세한 설명을 담고 있습니다.

학습 중 궁금한 사항은 저자 홈페이지(blog.naver.com/ateliersera)에서 피드백 가능합니다.

목차

Unity 2020

PART
01

Unity 시작하기

Unity는 게임뿐만 아니라 자동차, 영화, 설계, 건축 등 폭넓은 분야에 활용되고 있습니다. 아주 직관적인 GUI를 제공하고 있으며, 버튼 몇 번만으로 원하는 서비스 Build가 가능합니다. Unity의 생태계는 인디 개발자, 초보자들에게 매우 쉬운 접근성을 제공합니다. Unity를 사용하면 여러분의 상상력은 곧 현실이 됩니다.

01 Unity 다운받기

Unity Engine은 공식 홈페이지 https://unity.com에서 다운받아 설치할 수 있습니다. 통합 버전 관리 툴인 Unity Hub를 사용하면 다양한 버전과 개발 서비스를 쉽게 제어할 수 있습니다.

01 웹 사이트 접속하기

Unity 개발사 웹사이트 https://unity.com/kr(한국어)에 접속합니다. ❶ 가장 상단에 있는 [시작하기] 버튼을 누릅니다. ❷ 플랜 및 가격 창에서 개인(Personal)을 선택하면 무료로 사용할 수 있는 제품 군이 나옵니다. ❸ [시작하기]를 누르면 약관이 나오고, ❹ [동의 및 다운로드] 버튼을 눌러서 Unity를 설치합니다.

POINT -

플랜 선택

무료와 유료 버전은 약간의 차이가 있지만, 핵심 기능은 대부분 사용 가능합니다. 보다 완성된 서비스를 제공하려면 Plus 이상의 플랜을 사용하는 것이 좋습니다.

02 Unity Hub 설치하기

UnityHubSetup.exe 파일을 다운로드 받은 후 더
블클릭해서 실행합니다. 받은 파일은 내 PC의
다운로드 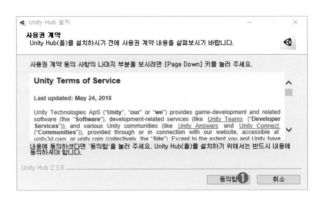 폴더에 있습니다.
사용권 계약에서 ❶ [동의함] 버튼을 눌러 설치
위치를 선택하고, ❷ [설치] 버튼을 눌러 설치를
진행합니다.

표준 Unity 설치 프로그램

꼭 Unity Hub를 쓰지 않아도 필요한 버전만 받아
서 설치할 수 있습니다. 재방문 사용자를 선택하
거나, 하단에 있는 ❶ 최신 버전 다운로드 또는
❷ Unity 이전 버전을 선택해서 나오는 페이지 안
내를 따라 Unity를 다운로드 할 수 있습니다.

02 Unity Hub 살펴보기

Unity Hub는 Unity 프로젝트 및 설치를 관리하도록 해주는 관리 툴입니다. 여러 버전의 Unity 에디터와 관련된 컴포넌트를 관리하고, 프로젝트를 생성하거나 기존 프로젝트를 열 수 있습니다.

01 실행하기

Unity Hub의 설치가 완료되면 바탕화면에 🔳 아이콘이 만들어진 것을 확인할 수 있습니다. 아이콘을 더블클릭하면 Unity Hub 윈도우가 나타납니다.

Unity 설치를 위해 좌측 탭에 있는 ❶ [설치] ≡ 설치 버튼을 누릅니다. 우측 상단에 ❷ [추가] 추가 버튼을 눌러 필요한 버전의 Unity를 설치할 수 있습니다.

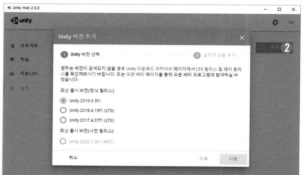

모듈 추가

모든 모듈을 설치할 필요는 없습니다. 제작하는 프로젝트의 성격에 따라 필요한 모듈을 선택적으로 설치합니다. 개발을 하다가 서비스 플랫폼을 확장하게 될 경우 Unity Hub에서 버전 추가를 통해 쉽게 모듈을 추가 관리할 수 있습니다.

Unity 버전과 프로젝트

프로젝트 학습을 위해 권장되는 Unity 버전의 확인은 필수입니다. 오래전부터 쌓인 학습 데이터이기 때문에 최신 버전의 Unity에서는 작동이 안 될 수도 있습니다. 가능하면 해당 프로젝트에 맞는 Unity 버전을 사용합니다.

원하는 프로젝트를 선택하면, 프로젝트 열기와 튜토리얼 보기를 선택할 수 있습니다.

❶ 프로젝트 열기를 누르면 Unity 프로젝트 데이터를 다운받게 됩니다.

❷ 튜토리얼 보기를 선택하면 해당 프로젝트의 제작 강좌 영상이 나오는 https://learn.unity.com/project 페이지로 이동합니다.

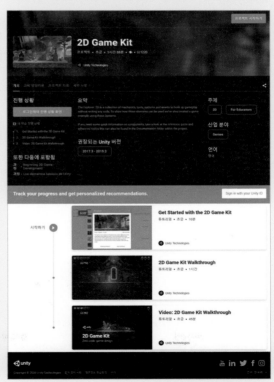

02 학습과 커뮤니티

Unity Hub 좌측 메뉴에 ❶ 학습과 ❷ 커뮤니티 항목이 있습니다. 학습에서는 다양한 장르의 교육 프로그램이 준비되어 있으며, 무료로 프로젝트를 직접 다운받아서 실행할 수 있습니다. 프로젝트에 따라 영상 강좌를 제공해주는 것도 있으니 만들고자 하는 가장 가까운 프로젝트를 선택한다면 제작 방향에 대해 참고할 수 있습니다.

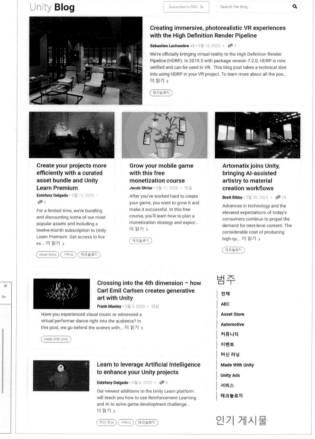

Unity 버전 관리하기

모듈 추가 윈도우로 언제든지 필요한 모듈을 관리할 수 있습니다. 선택된 버전에서 사용 가능한 모듈들이 나오고, 필요한 모듈을 선택한 후 [완료] 버튼을 누르면 간단하게 설치됩니다.

❶ Microsoft Visual Studio Community 무료 개발 툴인 비주얼 스튜디오 커뮤니티 버전을 설치합니다. 사용하기 위해서는 Microsoft 사의 계정 ID가 필요합니다.

❷ Platforms
Android Build Support
− Android SDK & NDK Tools
− Open JDK
IOS Build Support
tvOS Build Support
Linux Build Support(Mono)
Mac Build Support(Mono)
Universal Window Platform Build Support
WebGL Build Support(IL2CPP)
Lumin OS(Magic Leap) Build Support

❸ Documentation
유니티(Unity) 사용 설명 문서입니다.

❹ Language Pack(Preview)
언어 팩을 설치합니다.

안드로이드 플랫폼

Unity Hub에서 안드로이드 개발에 필요한 키트를 자동으로 설치하여 줍니다. SDK/NDK/JDK는 기본 제공 이외에 따로 설치해서 사용할 수도 있습니다.

03 Unity 실행하기

Unity Hub로 설치한 Unity 프로그램을 실행해 보겠습니다. 바탕화면에 있는 Unity Hub를 더블클릭하면 프로젝트 창이 뜨게 됩니다.

01 실행하기

Unity Hub 창의 ❶ [추가] 추가 버튼을 누르면 이전에 이미 생성되어 있는 Unity 프로젝트를 ❷ [폴더 선택] 폴더 선택 버튼을 눌러 추가할 수 있습니다. ❸ [새로 생성] 새로 생성 ▼ 버튼을 누르면 프로젝트를 생성할 수 있습니다. [새로 생성] 버튼 옆의 작은 화살표를 선택할 경우 설치되어 있는 Unity 버전들 중 하나를 선택해서 프로젝트를 생성할 수 있습니다.

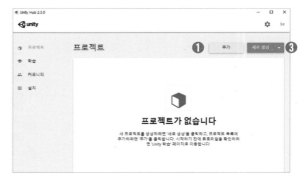

02 프로젝트 생성

프로젝트 이름

만들고자 하는 프로젝트의 이름을 정합니다. 입력한 ❶ 프로젝트 이름으로 폴더가 생성되며, 해당 폴더 내 프로젝트 파일들이 생성됩니다.

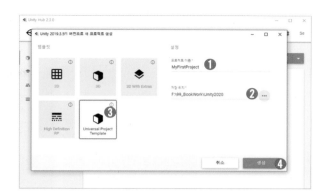

저장 위치

프로젝트를 ❷ 저장할 위치 폴더를 정합니다. 해당 폴더 아래에 프로젝트 이름으로 선택한 이름이 자식 폴더로 생성됩니다.

템플릿

Unity 2019.3부터 High Definition RP 템플릿을 정식으로 지원하게 되었습니다. 셰이더 모델 5.0(DX11 이상)을 지원하는 최신 플랫폼을 사용하는 프로젝트로, Shader Graph와 Visual Effect Graph, Presets, Example Content가 추가로 설치됩니다. Universal Project Template는 여러 플랫폼들과 호환성이 좋은 템플릿입니다. 여기서는 ❸ Universal Project Template를 선택해서 프로젝트를 생성합니다. ❹ [생성] 생성 버튼을 누르면 선택한 템플릿으로 프로젝트가 생성됩니다.

High Definition RP

Universal Project Template

템플릿 종류와 특징

2D

2D 앱 개발에 적합한 상태로 프로젝트를 구성합니다. Unity의 Built-in Renderer를 사용하고 있습니다.

3D

Unity의 Built-in Renderer를 사용하는 가장 기본적인 3D 앱용 프로젝트 환경을 구성합니다.

3D With Extras

Unity의 Built-in Renderer 및 Post Processing 기능을 사용하는 3D 앱용 프로젝트를 구성합니다. 다양한 프리셋과 예제 콘텐츠가 포함되어 있습니다.

High Definition RP(HDRP)

셰이더 모델 5.0(DirectX 11 이상)을 지원하는 최신 플랫폼을 사용하는 프로젝트용 환경을 구성합니다. 스크립터블 렌더 파이프라인(SRP)을 사용하여 빌드되었으며, Shader Graph, Visual Effect Graph가 추가되고, 예제 프리셋과 샘플 콘텐츠가 포함되어 있습니다.

Universal Render Pipeline(URP)

범용 렌더 파이프라인답게 광범위한 플랫폼을 지원하고 있습니다. HDRP처럼 비주얼 셰이더 에디터인 Shader Graph를 지원하며, 2D 조명과 완벽한 픽셀 렌더링 등을 지원합니다. HDRP 혹은 URP는 기존 빌트인 셰이더가 대부분 작동하지 않으니 주의합니다.

2D 튜토리얼 - 2D Game Kit

3D 튜토리얼 - Haunted Jaunt

VR 튜토리얼 - VR Beginner: The Escape Room

04 Unity 작업 공간

Unity는 직관적인 UI를 통해 다양한 기능들을 쉽게 사용할 수 있습니다. 유료 플랜인 Plus 이상부터는 Pro UI 테마와 스플래시 화면 커스터마이즈 기능을 지원합니다.

01 Unity 실행 화면

Universal Project Template으로 시작한 Unity 화면은 SampleScene이 열려 있습니다. 특징으로는 ❶ 메뉴 바, ❷ 툴 바, ❸ Project, ❹ Hierarchy, ❺ Scene, ❻ Game, ❼ Inspector, ❽ Console 창이 있습니다. Unity의 기본 화면은 작업에 필요한 최소한의 창들로 구성되어 있습니다. 개발자의 작업 성향에 따라 창들을 재배치하거나, 새로운 창을 꺼내 붙여넣을 수도 있습니다.

최초로 생성된 SampleScene 화면

POINT

탭의 이동

탭의 이름이 되는 부분을 마우스로 클릭한 채 드래그하면 탭이 이동하거나 분리되어 팝업 창으로 만들 수 있습니다.

02 작업 창의 재배치

메뉴 바, 툴 바를 제외한 다른 창들은 모두 드래그&드롭으로 재배치가 가능합니다. 창의 위치를 이동시키거나 크기를 변경할 수 있습니다. 다음은 ❶ Hierarchy 창과 ❷ Project 창을 작업 영역의 우측으로 재배치하고, ❸ Scene창 아래에 ❹ Game 창을 배치한 화면입니다.

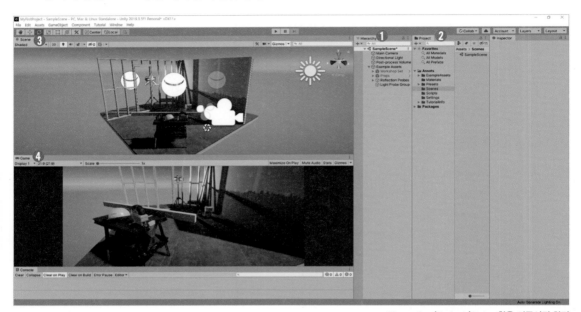

Hierarchy /Project/Game 창을 이동시킨 화면

03 작업 창 열고 닫기

각각의 창들 우측 상단에 있는 ❶ 점 모양의 아이콘 ⋮ 을 클릭하면 나오는 팝업 창에서 ❷ [Close Tab]을 선택할 경우 선택된 창이 닫히게 됩니다. 새로운 창을 열기 위해서는 ❸ [Add Tab]을 선택한 후 나오는 목록 중 하나를 고르면 새로운 창을 열 수 있습니다.

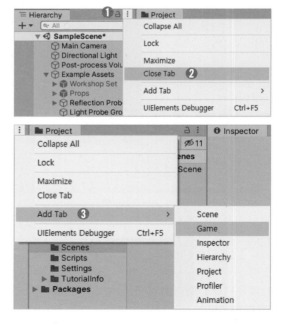

04 작업 창 최대화(Maximize)

Maximize를 체크하면 선택된 창(Tab)이 전체 화면으로 커지게 됩니다. 작업 창에는 Maximize 기능이 대부분 존재하지만, Game Tab의 경우 Maximize 상태뿐만 아니라 Play 상황일 때만 Maximize 상태로 변경해 주는 Maximize On Play 기능이 따로 존재합니다.

05 잠금 기능(Lock)

잠금 기능은 ❶ 자물쇠 🔒 모양의 아이콘을 클릭하거나 ❷ [Lock]을 눌러 활성화할 수 있습니다. Lock 기능은 특히 Inspector에서 유용하게 사용할 수 있는데, 특정 Game Object의 Inspector를 지속적으로 관찰해야 할 경우 다른 Object를 선택하면 Inspector의 정보가 변하는 것을 막을 때 사용할 수 있습니다.

06 UI Elements Debugger 기능

UI Elements Debugger를 선택하거나 단축키 Ctrl + F5 를 눌러 UI Elements Debugger 창을 열 수 있습니다. 기본으로 제공하는 UI Tab만 사용한다면 필요 없는 기능이지만, Custom Tab을 제작할 경우 이 기능을 사용할 수 있습니다.

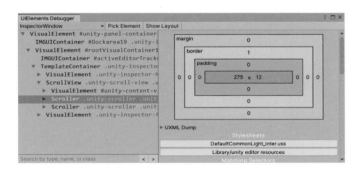

작업 윈도우 관리하기

실수로 닫은 창

의도치 않게 [Close Tab] 버튼을 눌러 작업 창을 닫더라도 언제든지 상단의 Window 메뉴에서 열 수 있습니다.

기본 탭 위치

상단 메뉴 바의 Window > General에 기본 탭이 모두 있습니다. 단축키도 제공하고 있기 때문에 Ctrl + 숫자를 누르면 해당 창이 열립니다. 그 이외에도 기본으로 제공하는 많은 창이 있습니다.

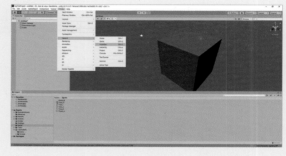

탭 이동

최초에 탭을 열게 되면 공중에 떠있는 상태로 배치됩니다. 이는 단축키로 열었을 때에도 동일합니다. 드래그를 해서 원하는 위치에 배치하기 바랍니다.

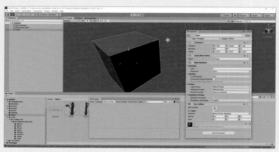

레이아웃 초기화

툴 바의 우측 끝에 Layout 드롭다운 메뉴가 있습니다. 여기를 선택해서 나오는 메뉴들 중 [Default]를 선택하면 최초의 레이아웃 상태로 돌아가게 됩니다.

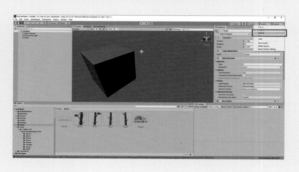

05 Tool Bar 살펴보기

툴 바(Tool Bar)는 씬 뷰(Scene View)에 배치된 오브젝트를 제어하기 위한 다양한 툴을 제공하고 있습니다. 많이 사용되는 기능이니 확실하게 익히고 넘어가면 쉽게 오브젝트를 제어할 수 있습니다.

01 Game Object Control Tool

씬(Scene)에 배치되어 있는 Object들의 Transform 값을 수정할 수 있습니다.

핸드 툴(Hand Tool) 🖐 (단축키 Q)

Scene에서 마우스 왼쪽버튼 클릭으로 화면 전체를 움직일 수 있습니다. 마우스 휠 버튼을 누르면 자동으로 활성화 됩니다.

이동 툴(Move Toll) ✥ (단축키 W)

선택한 Object를 X, Y, Z축 방향으로 움직일 수 있습니다. 각 축의 사각형 그리드 선택 시 두 개의 축 방향을 기준으로 움직입니다.

• X축 – 빨간색 화살표
• Y축 – 녹색 화살표
• Z축 – 파란색 화살표

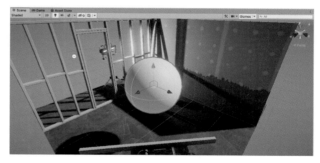

회전 툴(Rotate Tool) 🔄 (단축키 E)

선택한 Object의 회전 값을 변경합니다.
Transform의 Rotation이 변경됩니다.

- X축 – 빨간색 원
- Y축 – 녹색 원
- Z축 – 파란색 원

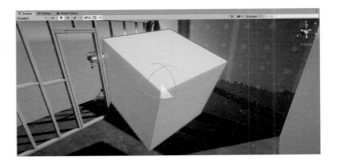

크기 변형 툴(Scale Tool) 🔳 (단축키 R)

Transform의 Scale이 변경됩니다. 축 중앙의 박스 선택 시 3개의 축 크기가 동시에 변경됩니다.

- X축 – 빨간색 박스
- Y축 – 녹색 박스
- Z축 – 파란색 박스

Rect 툴(Rect Tool) 🔲 (단축키 T)

UGUI의 Rect Transform을 Scene 뷰에서 직접 제어할 수 있는 기능 입니다. X, Y축으로만 제어됩니다.

- Ctrl + 드래그 – Pivot을 중심으로 크기가 변경됩니다. Scale 변형과는 다릅니다.
- Shift + 드래그 – 전체 크기가 균일하게 변경됩니다. Scale 변형과는 다릅니다.

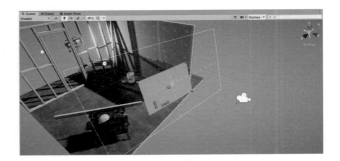

Move, Rotate or Scale selected
objects ⊕ (단축키 E)

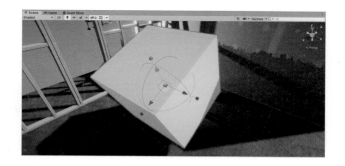

선택한 Object의 이동, 회전, 크기 값을 변경
하는 UI가 한번에 표시됩니다. 각각의 축에
해당하는 화살표, 원, 사각 박스를 움직이는
것으로 컨트롤 할 수 있습니다.

커스텀 에디터 적용 툴(Available Custom
Editor Tools) 🔧

커스텀 에디터 툴을 적용시킵니다.

02 Pivot Tool

선택한 오브젝트의 중심점(Pivot) 제어 방식을
결정하는 도구입니다. Center, Pivot 두 가지
모드가 있습니다.

Center ⟨Center⟩

선택한 오브젝트들의 중심으로 Pivot 위치가
결정됩니다.

Center가 선택되었을 때 중심점(Pivot) 위치

Pivot ⟨Pivot⟩

선택한 오브젝트의 Transform 기준으로 Pivot
위치가 결정됩니다. 여러 오브젝트를 다중 선
택할 경우 최초 선택한 오브젝트의 Pivot 위치
를 따라가게 됩니다.

Pivot이 선택되었을 때 중심점(Pivot) 위치

Pivot 축 표시를 Local 기반 혹은 World 기반으로 표시하게 됩니다.

Local Local

로컬 기반은 자신을 기준으로 하는 정확한 회전 값을 주거나, 이동할 수 있게 됩니다. 월드 기준에서는 필요로 하는 이동이나 회전 등이 부모(Parent) 오브젝트의 Transform 값에 따라 변하기 때문에 어렵습니다.

ILocal 기준 Pivot 표시

Global Global

월드 기반으로 움직이기 때문에 회전, 이동 값이 상황에 따라 다르게 변형될 수 있지만, 월드 기준에서 필요한 위치나 회전 값을 줄 수 있습니다.

Globa 기준 Pivot 표시

토글 그리드(Toggle Grid)

이 기능을 사용하기 위해서는 Pivot 축이 Global로 되어 있어야 합니다.

Toggle Grid 기능이 활성화된 모습

다음의 그림처럼 선택된 박스의 Pivot이 Scene 의 Grid를 따라 한 칸씩 움직이게 됩니다. 지정한 값만큼 이동시킬 수 있습니다. Grid Size 는 상단 Edit > grid and Snap Settings에서 변경할 수 있습니다.

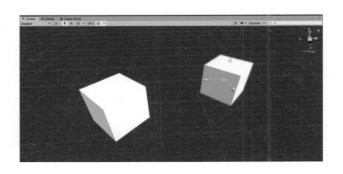

03 Play Tool

재생 툴은 게임의 동작과 관련이 있습니다.

Play 버튼

게임을 실행하면 Play 버튼은 Stop 버튼으로 변경되며, Stop 버튼을 누르면 게임 동작을 끝냅니다.

Pause 버튼

재생 중인 게임을 잠시 멈춥니다. Game Tab이 멈춰 있지만 Scene 뷰 기능은 작동합니다.

Step 버튼

Pause 상태인 게임을 1 프레임 단위로 재생합니다. 1 프레임 단위의 세밀한 체크를 할 수 있습니다.

04 Layout 기능

Collab 버튼

빠른 프로젝트 동기화 버튼입니다. Unity 계정이 필요합니다.

구름 버튼

Unity 서비스 창을 엽니다.

Account 드롭다운

Unity Account Unity 계정 액세스에 사용합니다.

레이어 드롭다운 Layers

씬 뷰에서 어떤 오브젝트가 표시될지 관리합니다.

레이아웃 드롭다운 Default

Unity의 레이아웃 배치를 관리합니다. Save Layout으로 지금의 레이아웃을 저장하고, Delete Layout으로 저장된 레이아웃을 삭제할 수 있습니다. Revert Factory Settings는 공장초기화 기능입니다.

Unity Service 창   씬 뷰 표시 결정 창

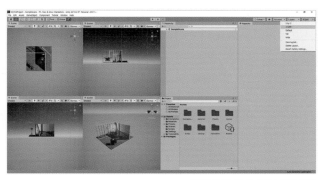

레이아웃을 4Split으로 선택한 화면

06 Scene View 살펴보기

Unity의 씬 뷰(Scene View)는 제작할 수 있는 모든 오브젝트(Object)들을 배치하고 관리할 수 있는 창입니다. 이곳에서 배치한 정보가 게임 뷰(Game View)에 출력됩니다. 게임 뷰에서는 보이지 않는 정보도 씬 뷰를 통해 배치하고 편집할 수 있습니다.

01 Scene View의 기능

씬 뷰(Scene View)는 Hierarchy에 등록되어 있는 모든 Object들에 대해 시각적으로 볼 수 있는 뷰어입니다.

씬 기즈모 ▓는 씬 뷰의 오른쪽 상단 모서리 부분에 있습니다. 씬 뷰 카메라의 현재 방향을 표시하고, 투사 모드는 Persp이나 Iso라는 글씨를 클릭해서 변경할 수 있습니다.

Iso▓라는 글씨가 나오면 Isometric 방식으로 뷰를 표시합니다. 씬 뷰에서 마우스 오른쪽 버튼을 누르면 핸드 툴 아이콘이 눈 모양의 아이콘 ▓으로 변하게 됩니다. 마우스 오른쪽 버튼을 누른 채 키보드의 W, A, S, D를 누르면 FPS 게임에서 움직이듯 화면을 움직일 수 있습니다. E는 상승, Q는 하강입니다.

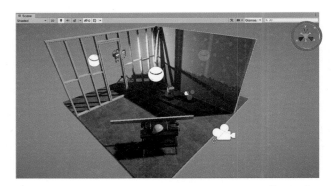

Perspective

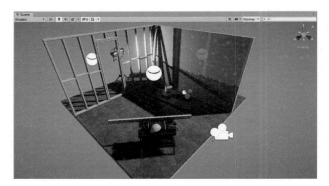

Isometric

<u>02</u> 드로우 모드(Draw Mode)

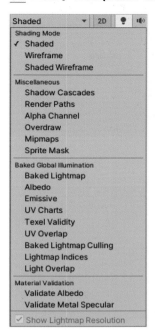

씬 뷰에 표시되는 Draw Mode를 선택합니다.

Shaded	기본 모드입니다. 텍스처가 적용된 표면을 그립니다.
Wireframe	메쉬의 Wireframe을 그립니다.
Shaded Wireframe	Shaded 위에 Wireframe이 함께 출력됩니다.
Shadow Cascades	Shadow Cascades를 표시합니다.
Render Paths	색상 코드를 사용하여 각 GameObject의 렌더링 경로를 표시합니다. • Red – 정점 조명 • Greed – 디퍼드 렌더링 조명 • Blue – 디퍼드 렌더링 셰이딩 • Yellow – 포워드 렌더링
Alpha Channel	알파 채널과 함께 출력합니다.
Overdraw	GameObject를 투명한 실루엣으로 렌더링합니다. 다른 물체 위에 그려지는 장소를 찾을 때 사용합니다.
Mipmaps	색상 코드를 사용하여 이상적인 텍스처 크기를 표시합니다. 현재 렌더링되는 오브젝트와의 거리 및 해상도에 따라 빨간색이 될수록 텍스처가 크고, 파란색은 Mesh가 더 큼을 나타냅니다. 실행하는 화면의 해상도와 카메라가 얼마나 근접하느냐에 따라 다릅니다.
Sprite Mask	스프라이트 마스크를 표시합니다.
Baked Lightmap	Baked된 라이트맵을 표시합니다. Lightmap Exposure 값을 변경해서 변경된 값을 확인할 수 있습니다.
Albedo	Static 오브젝트의 Albedo 값을 출력합니다.
Emissive	Static 오브젝트의 Emissive 값을 출력합니다.
UV Charts	Static 오브젝트의 UV Charts를 출력합니다.
Texel Validity	텍셀 유효성에 대해 표시합니다. 라이트맵 베이킹 중 각 텍셀에서 광선을 방출하는데, 이를 확인할 수 있습니다.
UV Overlap	Static 오브젝트의 UV 밀도를 출력합니다.
Baked Lightmap Culling	Baked된 라이트맵의 Culling을 보여줍니다. 가까이 접근하면 라이트맵이 Culling되는 것을 확인할 수 있습니다.
Lightmap Indices	Lightmap Indices 값을 출력합니다.
Light Overlap	모든 정적 조명이 섀도 마스크에 bake되었는지 확인할 수 있습니다.
Validate Albedo	PBR의 알베도를 검증합니다.
Validate Metal Specular	PBR의 메탈 스페큘러를 검증합니다.
Show Lightmap Resolution	활성화하면 Lightmap의 밀도를 나타내는 체크 무늬를 겹쳐서 표시합니다.

Shaded

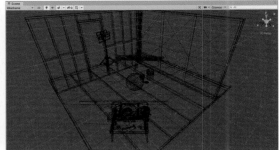

Wireframe

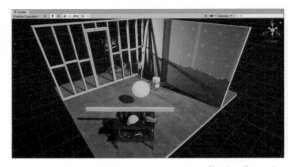

Shadow Cascades

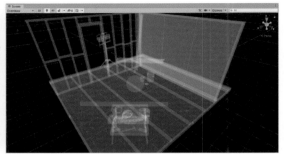

Overdraw

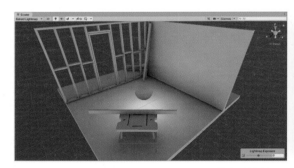

Baked Lightmap

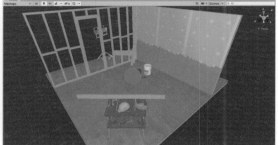

Mipmaps

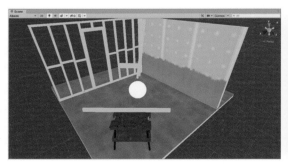

Albedo

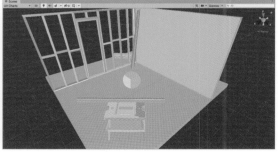

UV Charts

03 토글 버튼

2D 뷰 토글 `2D`

2D 아이콘을 클릭하면 씬 뷰의 화면이 Z축 방향을 바라보는 직교 모드로 변경됩니다.

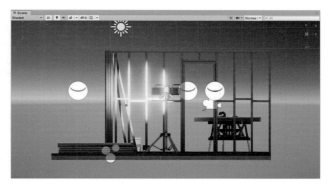

2D 아이콘을 활성화한 상태

라이트 토글 `💡`

씬 뷰의 라이트를 켜거나 끕니다.

오디오 토글 `🔊`

오디오(Sound)를 켜거나 끕니다.

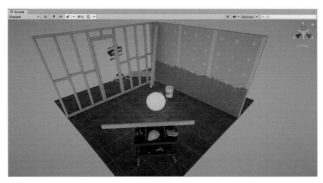

라이트 토글을 비활성화한 상태

이펙트 드롭다운 `🖌 | ▼`

Scene에 배치되어 있는 Sky box, Fog, Flares, Animated Materials, Post Processing, Particle System을 켜거나 끕니다.

Hidden Object 토글 `👁 0`

Hierarchy에서 Hidden으로 설정한 오브젝트를 켜거나 끕니다. 아이콘 옆의 숫자는 Hidden으로 설정된 오브젝트들의 개수를 나타냅니다.

Sky box와 Post Processing을 Off한 상태

Grid Axis 토글 `▦ | ▼`

그리드를 켜거나 끕니다. X, Y, Z축 중 원하는 축을 선택하거나 선의 투명도를 조절할 수 있습니다.

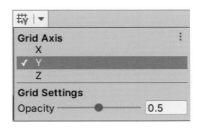

원근법 모드와 투영법의 이해

사람의 눈으로 세상을 볼 때 먼 물체는 작아져 사라지게 됩니다. 아무리 큰 물체라도 사라지는 점까지 뻗어 나아간다면 결국 사라지게 되는데, 이를 소실점이라고 합니다. 원근법 모드는 이러한 소실점이 있는 뷰입니다. 반대로 투영법은 도면과 같이 소실점이 없는 뷰입니다.

원근법 모드

씬의 기즈모에 Persp라고 적혀 있습니다. 퍼스펙티브(Perspective)라고 부르며, 씬 카메라의 FOV 값이 최초에는 90으로 설정되어 있습니다. 사람의 눈으로 보는 듯한 시점입니다.

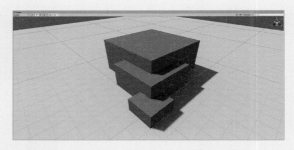

투영법 모드

씬의 기즈모에 ISO라고 적혀 있습니다. 아이소메트릭(Isometric)이라고 부르며, 씬 카메라의 FOV가 비활성화 되어 있습니다. 한때 유행하던 Farm 류의 게임이 투영법 모드를 사용하는 경우가 많았습니다.

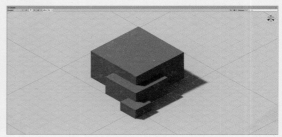

Field Of View(FOV)

씬 카메라의 FOV를 변화에 따라 화면에 표시되는 시점을 넓거나 좁게 만들 수 있습니다. 씬 카메라의 FOV 값은 최소 4에서 최대 179 사이의 값을 줄 수 있습니다.

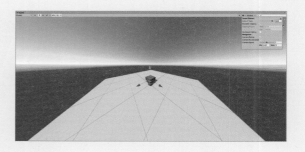

04 씬 카메라(Scene Camera) 메뉴

씬 뷰는 씬 카메라를 통해 사용자에게 비주얼적으로 보여주게 됩니다.

씬 카메라 옵션 버튼 ■◀ ▼

Scene Camera의 옵션 창을 토글합니다.

Field of View	카메라의 뷰 각도를 설정합니다.
Dynamic Clipping	씬의 뷰 포트 기준으로 카메라의 근거리 및 원거리 클리핑 평면을 계산합니다. 비활성화 되어 있을 경우 Clipping Planes 값을 참고해서 클리핑하게 됩니다.
Occlusion Culling	씬 뷰에서의 오클루전 컬링이 활성화됩니다. 다른 게임 오브젝트 뒤에 가려져 있어 카메라가 볼 수 없는 오브젝트를 렌더링하지 않습니다.
Camera Easing	활성화되면 카메라는 Camera Speed에서 설정된 시간 값을 참고하여 가속/감속을 하며 움직이게 됩니다. 서서히 미끄러지듯 멈춥니다.
Camera Acceleration	카메라가 가속하게 됩니다.
Camera Speed	1일 경우 기본 속도입니다. 최저/최고 속도에 따라 씬 카메라의 이동 속도 값을 변경할 수 있습니다. 최소 0.01 이상 최대 99 사이의 값을 줄 수 있습니다.

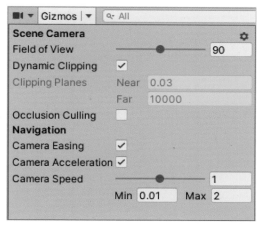

씬 카메라 옵션 설정 창

컴포넌트 에디터 툴 패널 스위치 ✖

현재 선택 항목에 영향을 주는 커스텀 툴 바를 토글합니다.

05 기즈모(Gizmos) 메뉴

기즈모 메뉴는 씬 뷰와 게임 뷰 모두 있습니다. 화면에 나오는 기즈모의 크기 혹은 색상을 변경하고 기즈모의 활성/비활성을 선택할 수 있습니다.

기즈모(Gizmos) 드롭다운 Gizmos | ▼

Unity는 매우 다양한 종류의 기즈모를 제공하고 있습니다.

3D Icons	씬 뷰에 나오는 카메라나 라이트같은 종류의 컴포넌트 아이콘을 씬 뷰에 3D로 그리도록 설정합니다. 활성화될 경우 아이콘과 씬 뷰 카메라의 거리에 따라 확대/축소되고, 게임 오브젝트에 가려지기도 합니다. 비활성화될 경우 일정한 크기로 표시되며 항상 다른 오브젝트들보다 위에 표시됩니다.
Selection Outline	선택한 게임 오브젝트 컬러가 적용된 아웃라인과 함께 표시됩니다. 자식 오브젝트가 있을 경우 기본적으로 선택한 오브젝트는 주황색으로 강조색이 적용되고, 자식 게임 오브젝트는 파란색으로 강조색이 적용됩니다.
Selection Wire	선택된 게임 오브젝트를 와이어 프레임으로 보이게 표시합니다. 씬 뷰에서만 가능한 기즈모 옵션입니다.
Scripts	씬의 스크립트에 대한 아이콘과 기즈모 가시성을 제어합니다. 스크립트에 OnDrawGizmos와 같은 기능으로 구현된 함수가 있다면 제어됩니다.
Built-in Components	아이콘이나 기즈모가 있는 모든 컴포넌트 타입의 아이콘과 기즈모 표시 여부를 설정할 수 있습니다. 여기에 나오는 메뉴들은 Unity에 내장되어 있는 컴포넌트를 기준으로 나타납니다.

오브젝트 검색 창 [Q· All]

이곳에 텍스트를 입력하면 해당하는 오브젝트를 쉽게 찾을 수 있습니다. 계층 창(Hierarchy) 메뉴에 있는 오브젝트 검색 창과 같은 기능입니다.

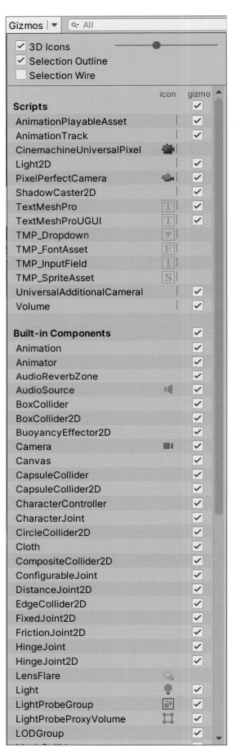

기즈모 메뉴

07 Hierarchy와 Project

Unity는 씬(Scene)에 배치되는 모든 오브젝트를 관리하는 계층 창(Hierarchy)과 게임 제작에 사용되는 모든 리소스를 관리하는 프로젝트(Project)가 있습니다.

01 계층 창(Hierarchy)의 기능

계층 창(Hierarchy)은 씬(Scene)에 배치되는 거의 모든 오브젝트의 리스트가 나옵니다. Unity의 계층 창(Hierarchy)은 한 번에 여러 개의 씬과 오브젝트들을 관리할 수 있습니다.
가장 상단에 있는 ▼ SampleScene* 아이콘은 현재 열려있는 씬의 이름이 나옵니다.

계층 창(Hierarchy) 에 있는 오브젝트들 좌측 끝에 있는 눈 모양의 아이콘과 손가락 모양의 아이콘을 설정해서 히든 오브젝트로 전환하거나 씬 뷰에서의 오브젝트 선택을 막을 수 있습니다.

히든 오브젝트(Hidden Object)로 설정한 오브젝트는 앞서 나왔던 씬 뷰의 히든 오브젝트 토글 0에 영향을 받게 됩니다. 계층 창(Hierarchy)에 등록되어 있는 오브젝트들 중 파란색으로 표시되는 오브젝트들은 프리펩(Prefab)입니다. 프리펩(Prefab)의 가장 우측에 있는 화살표 아이콘을 누르면 프리펩을 구성하는 요소들을 편집할 수 있습니다.

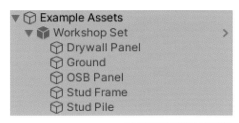

프리펩으로 설정된 오브젝트

하이라키(Hierarchy) 탭

프리펩(Prefab) 편집은 씬 뷰에서 진행됩니다. 편집 상태에 들어가면 계층 창(Hierarchy)에 나타나던 다른 모든 오브젝트들은 사라지고, 선택된 프리펩(Prefab) 구조만 나타납니다. Workshop Set의 좌측에 있는 화살표를 클릭하면 프리펩(Prefab) 편집이 종료됩니다.

프리펩(Prefabs) 편집 화면

계층 창(Hierarchy) 오브젝트 혹은 바탕화면에서 마우스 오른쪽 버튼을 누르면 오브젝트 생성 팝업 창이 뜹니다.

Copy	선택된 오브젝트를 복사합니다.
Paste	선택된 오브젝트를 붙여 넣습니다.
Rename	선택된 오브젝트의 이름을 변경합니다.
Duplicate	선택된 오브젝트를 복제합니다.
Delete	선택된 오브젝트를 삭제합니다.
Select Children	선택된 오브젝트의 자식 오브젝트들을 모두 선택합니다.
Select Prefab Root	선택된 프리펩의 최상위 루트(Root) 오브젝트를 선택합니다.
Open Prefab Asset	선택된 프리펩을 편집할 수 있습니다.
Select Prefab Asset	선택된 프리펩의 에셋(Asset)을 프로젝트 폴더에서 찾습니다.
Unpack Prefab	선택된 프리펩을 일반 오브젝트로 변형합니다.
Unpack Prefab Completely	선택된 프리펩을 완전하게 일반 오브젝트로 변형합니다.
오브젝트 생성 메뉴	생성 가능한 오브젝트 목록들이 나옵니다. 비어있는 오브젝트부터 카메라, 라이트, 이펙트 등 빠른 메뉴로 생성할 수 있습니다.

02 프로젝트 창(Project)의 기능

프로젝트 창(Project)은 게임 제작에 사용하는 모든 데이터를 관리하는 곳입니다. Assets 폴더는 Explorer의 프로젝트 폴더와 동일한 구조를 갖추고 있습니다.

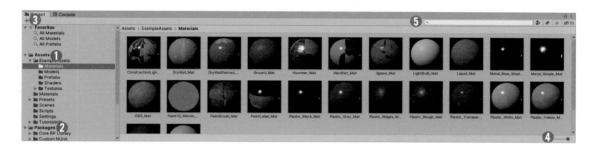

❶ Assets 폴더 이하에 직접 제작한 데이터들을 넣어서 가공하고 사용할 수 있습니다.

❷ Packages는 Unity의 패키지 매니저(Package Manager)에서 받은 데이터들이 있는 장소입니다.

❸ [+] 버튼을 누르거나 프로젝트의 폴더 내에서 마우스 오른쪽 버튼을 누르면 새로운 데이터를 추가할 수 있는 팝업 창이 뜹니다.

❹ 슬라이더를 조절하면 프리뷰 아이콘의 크기를 키우거나 리스트 형태로 작게 만들 수 있습니다.

❺ 오브젝트 검색을 이용하면 프로젝트 내에 있는 에셋(Asset)들을 보다 쉽게 찾을 수 있습니다.

프로젝트 폴더 성격상 수많은 종류의 오브젝트가 존재하므로 같은 이름이 존재하기도 하는데, 이를 위해 있는 것이 Search by Type 🔹 기능입니다. 오브젝트들의 타입별 선택을 하게 되면 선택된 타입에서 이름으로 검색 범위를 좁힐 수 있습니다.

POINT -

파일 위치 열기

프로젝트의 오브젝트를 선택한 후 마우스 오른쪽 버튼을 누르면 팝업 창이 뜹니다. 이곳에서 Show in Explorer를 선택하면 윈도우 Explorer 창에서의 해당 오브젝트가 있는 위치로 이동합니다. 선택한 파일의 위치를 열 때 매우 유용합니다.

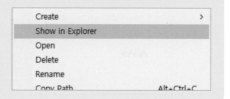

Search by Type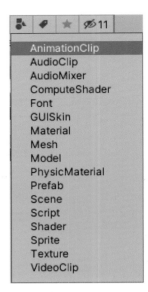

Unity의 데이터는 다음과 같은 에셋들을 관리하고 있습니다. 크게 이미지와 애니메이션, 3D Mesh, 셰이더, 스크립트, 씬, 비디오, 오디오 에셋들입니다. 프리펩(Prefab)의 경우 데이터 집합체로써 앞으로도 가장 많이 접하게 될 타입입니다.

Search by Label

에셋(Asset)의 Inspector에서 지정해 놓은 Tag를 바탕으로 오브젝트를 찾을 수 있는 기능입니다. 여기에 없는 Tag는 에셋(Asset)을 선택한 후 Tag에서 텍스트를 입력하면 새로운 Tag가 등록됩니다. Tag 부여와 관리 방법은 뒤에 있을 Inspector 창에서 다루겠습니다.

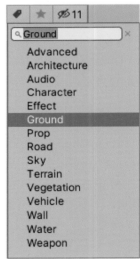

즐겨찾기

이름이나 Type, Label 등으로 찾은 에셋(Asset)들을 즐겨찾기로 만들어 놓을 수 있습니다. 즐겨찾기는 Assets 상단에 있는 Favorites 폴더 안에 생성됩니다.

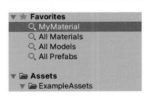

Hidden Packages

Built-In되거나 Package Manager에서 받은 패키지들을 숨기거나 보여주는 버튼입니다.

오브젝트와 에셋의 차이

오브젝트(Object)

오브젝트는 특정 인스턴스를 표현하는 직렬화된 데이터들의 집합입니다. 매우 다양한 리소스 타입이 존재하며, Mesh, Sprite, Audio clip, Particle System, Animation Clip 등 대부분이 Unity에 이미 만들어져 있습니다. 그 외에도 다음과 같이 특별한 타입 두 가지가 더 존재합니다.

1. Scriptable Object

   개발자들이 자신만의 데이터 타입을 정의할 수 있게 해주는 시스템입니다. Unity 에디터의 인스펙터 창에서 조작할 수 있습니다.
2. MonoBehaviour

   모노스크립트(MonoScript)로의 링크를 가지는 래퍼(Wrapper)를 제공합니다. 내부 데이터 타입으로, Unity는 특정 스크립팅 클래스가 특정 어셈블리와 네임스페이스에 대한 참조를 유지하는 것에 모노스크립트(MonoScript)를 사용합니다.

에셋(Asset)

Unity 프로젝트의 Assets 폴더 아래에 저장되는 디스크 상의 파일입니다. 매터리얼, 텍스처, Obj, PSD, FBX 등이 모두 에셋입니다. 매터리얼과 같은 일부 에셋(Asset)은 Unity의 네이티브 포맷 데이터를 포함하고 있습니다. 대부분의 에셋(Asset) 데이터들은 네이티브 포맷으로 변환하는 작업이 필요합니다. 에셋 파일은 여러 개의 오브젝트 리소스를 가질 수 있습니다. 텍스처 하나를 넣더라도 그 안에는 여러 개의 Sprite 데이터가 있을 수 있고, 복합적인 데이터 구조일 수도 있습니다.

메타(Meta) 파일

Unity에 파일을 처음 등록할 때 메타(Meta) 파일을 생성합니다. 디스크 폴더를 찾아보면 에셋(Asset) 파일들은 같은 이름의 메타 파일을 가지고 있습니다. 이 메타 파일은 매우 중요한 요소로, 해당 에셋(Asset)에 대한 특별한 ID를 포함하고 있습니다. Unity는 File GUID와 Local ID가 존재하는데, File GUID는 한 파일의 특정 위치에 대한 추상화를 제공합니다. 그렇기 때문에 어디든 그 파일의 위치를 변경하더라도 무관하게 사용할 수 있게 됩니다. Local ID는 각 오브젝트들을 명확하게 구분하는 데 필요합니다. Unity 엔진 상에서 파일을 옮기는 것은 자유롭지만, Explorer 상태에서 Meta 데이터를 삭제하고 파일을 옮기는 것은 File GUID를 잃어버리게 되므로, 모든 파일의 링크가 깨질 수 있습니다. 파일 옮기기는 Unity 상에서 진행하는 것이 안정적입니다.

08 Game View와 Inspector

애플리케이션 구동 화면의 이름이 Game이라는 것에서 알 수 있듯, Unity는 최초에 게임 제작을 위한 엔진이었습니다. 지금은 게임을 넘어 수많은 Application 개발을 위해 사용되고 있지만, 실제 구동 화면은 게임 뷰(Game View)에서 확인하게 됩니다.

01 게임 뷰(Game View)의 특징

게임 뷰는 씬(Scene)과 다르게 카메라가 있어야 작동합니다. 예외적으로 GUI같은 경우 카메라 없이도 스크린에 바로 출력할 수는 있습니다. 위의 이미지는 씬 뷰(좌)와 게임 뷰(우)의 차이를 보여주고 있습니다. 씬 뷰에서 보이는 것은 씬 카메라를 통해 보는 것이고, 게임 뷰(Game View)에서는 배치되어 있는 카메라를 통해 월드를 보는 것입니다. 두 카메라가 다르기 때문에 최종 렌더링에 있어 차이가 발생합니다.

새로운 씬(Scene)을 생성할 때 필수적으로 라이트와 카메라를 생성하고 있습니다. 하나의 씬(Scene)에는 여러 개의 카메라가 존재할 수 있으며, 가공하기에 따라 여러 가지 카메라 효과를 적용할 수 있습니다.

씬 뷰(좌)와 게임 뷰(우)

02 게임 뷰(Game View)의 기능

게임 뷰는 대부분 화면 출력과 관련된 기능 위주로 구성되어 있습니다. 디스플레이를 정하거나, 화면의 해상도 혹은 화면 대비, 그리고 사운드 출력과 기즈모(Gizmo)를 보여줄지 여부에 대한 선택이 가능합니다.

❶ Display	씬(Scene)에 카메라가 여러 대 있는 경우 카메라 리스트에서 이 버튼을 클릭하여 원하는 카메라를 선택할 수 있습니다.
❷ Aspect	게임 뷰의 종횡비를 선택합니다. 다양한 종횡비의 디스플레이가 넘치는 시대에 필수적인 기능입니다. 하단에 있는 [+] 버튼을 눌러 필요한 비율이나 해상도의 종횡비를 추가할 수 있습니다. 최근에는 32:9 비율의 모니터도 존재하므로 일반적이지 않은 비율도 등록해서 사용할 수 있습니다.
❸ Scale	1이 기본 값이며, 값이 클수록 확대되어 보입니다. 해상도가 증가하는 것은 아니고 단순히 픽셀이 커질 뿐입니다.
❹ Maximize On Play	게임 플레이 시 게임 뷰를 최대 화면으로 키웁니다.
❺ Mute Audio	게임 플레이 시 오디오를 끕니다.
❻ State	현재 출력되는 카메라의 간단한 상태를 표시합니다. 렌더링에 대한 가벼운 상태 정보를 보기 좋습니다.
❼ Gizmos	씬 뷰(scene)에 있는 기즈모(Gismos)와 같은 기능입니다.

03 인스펙터(Inspector)의 특징

인스펙터(Inspector) 창에는 선택한 게임 오브젝트의 상세 정보가 표시됩니다. 인스펙터(Inspector) 창을 사용하여 씬에 있는 게임 오브젝트의 기능을 수정할 수 있습니다.

인스펙터는 1개의 트랜스 폼(Transform) 컴포넌트와 여러 타입의 컴포넌트로 구성될 수 있습니다. 트랜스 폼(Transform) 컴포넌트는 비어있는 오브젝트라도 꼭 가지고 있습니다. ❶ 인스펙터의 이름이 곧 게임 오브젝트의 이름이 됩니다. 스크립트에서 오브젝트를 찾을 때 이름으로 찾거나 ❷ Tag 혹은 ❸ Layer를 참고해서 찾을 수 있습니다. ❹ [Add Component] 버튼을 누르면 새로운 컴포넌트(Component)를 추가할 수 있습니다.

인스펙터의 컴포넌트는 생성된 오브젝트에 따라 내용이 결정됩니다. 개발자가 직접 생성한 컴포넌트를 추가할 수 있으며 좌측 상단의 박스 버튼을 클릭하면 씬 뷰에서 표시될 아이콘을 변경할 수 있습니다. 각 컴포넌트의 우측 상단에 있는 ⋮ 아이콘을 누르면 컴포넌트를 이동하거나 삭제할 수 있습니다.

Reset	초기 설정 값으로 되돌립니다.
Remove Component	컴포넌트를 삭제합니다.
Move Up	컴포넌트 순서를 한 칸 위로 올립니다.
Move Down	컴포넌트 순서를 한 칸 아래로 내립니다.
Copy Component	컴포넌트 정보를 복사합니다.
Paste Component As New	복사한 컴포넌트를 새로 생성합니다.
Paste Component Value	복사한 컴포넌트의 값만 붙여넣습니다.

Ori and the Will of the Wisps
Moon Studios

오리와 도깨비불(Ori and the Will of the Wisps)은 오리와 눈먼 숲의 후속작입니다. 전작은 2015년 최우수 2D 비주얼상을 받았습니다. 2D 게임 개발이라고 하면 Unity가 떠오르도록 만들어주는 게임입니다.

하스 스톤
Blizzard Entertainment

카드 매치 게임인 하스 스톤은 Unity를 이용해 만들어졌습니다. Unity를 이용한 빠른 개발과 디버깅은 게임 개발에 온전히 집중할 수 있도록 도와줍니다.

시티: 스카이라인(Cities: Skylines)
Colossal Order

도시 시뮬레이션 게임의 진수를 보여주는 스카이라인은 엔진의 유연성과 강력한 프레임워크 때문에 Unity를 선택하였습니다.

09 Menu Bar와 Asset 생성하기

메뉴 바(Menu Bar)는 Unity를 사용하기 위한 많은 기능들이 있습니다. 파일을 저장하고 읽어오거나 새로운 게임 오브젝트를 생성하기도 하고, 컴포넌트를 추가할 수도 있습니다.

01 메뉴 바(Menu Bar) 살펴보기

메뉴 바는 Unity의 가장 상단에 위치하며, 툴 바와 마찬가지로 레이아웃의 재배치가 불가능합니다. 기본으로 제공하는 메뉴는 8종이지만, 사용자가 직접 제작해서 메뉴를 변경할 수도 있습니다.

File　Edit　Assets　GameObject　Component　Tutorial　Window　Help

File	씬(Scene) 파일과 프로젝트(Project) 파일을 관리할 수 있습니다. 빌드(Build) 기능으로 실행 파일을 만들 수도 있습니다.
Edit	오브젝트의 선택, 복사, 복제, 편집, 삭제, 이름 변경 등의 편집 기능과 프로젝트의 설정, 단축키 편집, 렌더링 옵션 설정 등의 기능들이 모여 있습니다.
Assets	에셋(Asset) 데이터를 생성하거나 외부의 에셋(Asset)을 가져올 수 있습니다. 에셋 관련 기능이 모여 있습니다.
Game Object	Unity에서 제공하는 게임 오브젝트를 생성합니다. 게임 오브젝트는 컴포넌트를 포함하고 있습니다.
Component	게임 오브젝트에 컴포넌트를 추가할 때 사용합니다. 인스펙터의 Add Component를 사용하면 나오는 메뉴이기도 합니다.
Tutorial	인스펙터 창에 튜토리얼 관련 링크가 나타납니다. Unity 버전과 설치 옵션에 따라 이 기능은 없을 수도 있습니다.
Window	Unity 기본 레이아웃의 창 이외에도 열 수 있는 창들은 이곳에 있습니다. 레이아웃 변경이나 렌더링 파이프라인, 라이팅 윈도우 역시 이곳에서 열어 편집할 수 있습니다.
Help	Unity의 도움말 기능입니다. 매뉴얼과 스크립트 레퍼런스, 빠른 업데이트, 포럼, 묻고 답하기 기능 등이 있으며, 라이선스를 관리하거나 업데이트 정보를 찾아볼 수 있습니다.

POINT

매뉴얼에 없는 메뉴

Unity의 버전에 따라 일부 메뉴는 Built-in되어 있지 않고, 다운로드 받아야 사용할 수 있습니다. 버전에 따라 어떠한 기능은 생성되어 있기도 합니다.

02 파일(File) 메뉴 기능

File 메뉴에서 프로젝트는 현재 열려 있는 프로젝트를 뜻합니다. 씬 역시 마찬가지로 현재 열려 있는 씬이며, 이들을 새로 만들 경우 프로젝트 혹은 씬이 변경되면서 저장하지 않은 데이터가 모두 삭제될 수 있습니다.

New Scene	새로운 씬을 생성합니다.
Open Scene	저장된 씬을 불러옵니다.
Save	현재의 씬을 저장합니다.
Save As	현재의 씬을 다른 이름으로 저장합니다.
New Project	새로운 프로젝트를 생성합니다.
Open Project	기존의 프로젝트를 불러옵니다.
Save Project	현재의 프로젝트를 저장합니다.
Build Settings	빌드 관련 설정 창이 열립니다.
Build And Run	빌드를 진행하고 게임을 실행합니다.
Exit	Unity 프로그램을 종료합니다.

File	Edit	Assets	GameObject	Compo
New Scene				Ctrl+N
Open Scene				Ctrl+O
Save				Ctrl+S
Save As...				Ctrl+Shift+S
New Project...				
Open Project...				
Save Project				
Build Settings...				Ctrl+Shift+B
Build And Run				Ctrl+B
Exit				

Build Setting에서 빌드할 플랫폼을 선택해서 변경할 수 있습니다. 플랫폼이 변경될 경우 세부적인 에디터의 설정 값들이 모두 변경되니 주의해야 합니다. 빌드할 씬은 [Add Open Scenes] 버튼으로 추가할 수 있습니다. 추가되지 않은 씬은 빌드에 포함되지 않습니다.

[Player Settings] 버튼을 누르면 나오는 창에서 빌드에 필요한 각종 정보와 아이콘을 변경할 수 있습니다. 윈도우, 안드로이드, IOS 등 상황에 맞게 필요한 정보가 다르니 주의해서 설정합니다. 아이콘에 사용하는 텍스처는 Asset 폴더 내에 있어야 사용할 수 있습니다.

Build Settings 윈도우

Player Settings 윈도우

03 편집(Edit) 메뉴 기능

프로젝트를 편집하면서 발생하는 이벤트를 되돌리거나 게임 오브젝트를 복사/삭제할 수 있습니다. 게임 씬의 플레이 역시 Edit 기능 중 일부이며, 프로젝트를 설정하거나 단축키를 편집할 수 있습니다. 단축키로 지정되어 있는 기능들은 Unity를 사용함에 있어 자주 사용되는 기능이니 꼭 알아두기 바랍니다.

Undo Inspector	작업 내용을 이전으로 되돌립니다.
Redo	되돌린 작업 내용을 다시 되돌립니다.
Select All	모든 오브젝트를 선택합니다.
Deselect All	모든 오브젝트의 선택을 해제합니다.
Select Children	선택된 오브젝트의 모든 자식 오브젝트를 선택합니다.
Select Prefab Root	선택 오브젝트의 루트 프리펩을 선택합니다.
Invert Selection	선택된 오브젝트를 빼고 선택합니다.
Cut/Copy/Past	오브젝트 자르기/복사/붙여넣기를 합니다.
Duplicate	선택한 오브젝트를 복제합니다.
Rename	선택한 오브젝트의 이름을 변경합니다.
Delete	선택한 오브젝트를 삭제합니다.
Frame Selected	선택한 오브젝트가 화면 중앙에 오도록 씬 카메라가 움직입니다.
Lock View to Selected	선택한 오브젝트를 씬 뷰 중앙에 오도록 씬 카메라가 움직입니다.
Find	오브젝트를 이름으로 찾습니다.
Play/Pause/Step	게임을 재생/정지/1 프레임씩 재생합니다.
Sign in/out	계정에 로그인/로그아웃을 합니다.
Selection	선택을 저장하거나 불러옵니다.
Project Settings	프로젝트 설정 팝업 창이 뜹니다.
Preferences	Preferences 설정 팝업 창이 뜹니다.
Shortcuts	단축키 지정 창이 뜹니다.
Clear All PlayerPrefs	모든 프리펩을 삭제합니다. Undo가 불가능합니다.
Render Pipeline	렌더 파이프라인을 설정합니다.
Graphic Tier	Project Settings 〉 Graphics 탭에 설정되어 있는 티어 별 셰이더 설정이 적용됩니다.
Grid and Snap Settings	그리드와 스냅 값을 설정합니다.

Edit	Assets	GameObject	Component	Tutorial
Undo Inspector				Ctrl+Z
Redo				Ctrl+Y
Select All				Ctrl+A
Deselect All				Shift+D
Select Children				Shift+C
Select Prefab Root				Ctrl+Shift+R
Invert Selection				Ctrl+I
Cut				Ctrl+X
Copy				Ctrl+C
Paste				Ctrl+V
Duplicate				Ctrl+D
Rename				
Delete				
Frame Selected				F
Lock View to Selected				Shift+F
Find				Ctrl+F
Play				Ctrl+P
Pause				Ctrl+Shift+P
Step				Ctrl+Alt+P
Sign in...				
Sign out				
Selection				〉
Project Settings...				
Preferences...				
Shortcuts...				
Clear All PlayerPrefs				
Render Pipeline				〉
Graphics Tier				〉
Grid and Snap Settings...				

실무에서의 프로젝트 설정

프로젝트 설정은 자주 사용되는 기능은 아닙니다. 대부분 한번 값을 설정하고 나면 프로젝트의 성격이 되기 때문에 본격적인 개발 단계보다 R&D 단계에서 사용하는 일이 많습니다.

시간(Time)

FixedUpdate( )의 이벤트가 수행되는 시기를 결정하거나 시간이 흐르는 속도를 변경할 수 있습니다. 슬로우모션 효과를 연출할 때에도 사용합니다.

플레이어(Player)

Unity로 빌드된 게임에 여러 옵션을 적용할 수 있습니다. 바탕화면에 표시되는 아이콘과 화면 해상도, 스플래시 화면, 회사 이름, 버전 번호 등 빌드 때 결정해야 할 정보가 있습니다. 스플래시 화면은 Unity Plus 이상 커스터마이즈할 수 있습니다.

물리(Physics)

2D 물리와 3D 물리가 있습니다. 프로젝트 성격에 맞는 물리를 설정하기 바랍니다. Unity에서 단위 1은 Meter로 정의됩니다. 게임을 서비스하는 플랫폼에 따라 물리 시뮬레이션의 정확도 한계를 잘 선택해야 합니다. 정확도가 높을수록 성능을 많이 사용하게 됩니다.

품질(Quality)

Unity에서 렌더링을 시도할 그래픽 품질 레벨을 설정할 수 있습니다. 품질에 따라 기기의 성능에 영향을 많이 받습니다. 렌더링과 그림자 그리고 LOD, V Sync와 같은 옵션을 편집할 수 있습니다.

그래픽스(Graphics)

스크립터블 렌더 파이프라인을 설정하거나 카메라, 티어, 빌트인 셰이더 등을 설정할 수 있으며, 항상 프로젝트에 저장될 셰이더를 추가할 수도 있습니다. 스트림된 에셋 번들이 사용하는 셰이더 역시 이 리스트에 추가해야 합니다.

스크립트 실행 순서(Script Execution Order)

[+] 버튼을 눌러 스크립트를 추가한 후 스크립트의 상대적인 실행 순서를 바꿀 수 있습니다.

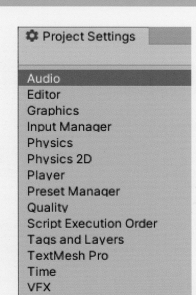

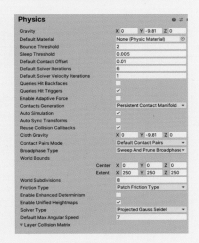

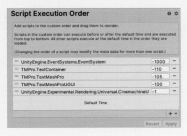

04 Asset 메뉴 기능

에셋(Asset)의 생성과 관리, 외부의 에셋들을 가져올 수 있으며, 선택한 에셋들을 내보낼 수도 있습니다. Create 는 Unity에서 제공하는 거의 모든 에셋들을 생성할 수 있습니다.

Create	Unity에서 제공하는 거의 모든 Asset들을 생성합니다.
Show in Explorer	선택한 에셋의 디스크 파일 위치를 열어줍니다.
Open	선택한 에셋의 종류에 맞게 파일을 열어줍니다.
Delete	선택한 에셋을 삭제합니다.
Rename	선택한 에셋의 이름을 변경합니다.
Copy Path	에셋의 디스크상 위치를 복사합니다.
Open Scene Additive	현재의 씬에 선택한 씬을 추가로 불러옵니다.
View in Package Manager	선택한 패키지를 패키지 매니저에서 확인합니다.
Import New Asset	디스크에서 에셋을 가져옵니다.
Import Package	디스크에서 패키지를 가져옵니다.
Export Package	선택한 에셋을 패키지로 내보냅니다.
Find References in Scene	선택한 에셋이 씬에서 사용된 부분을 찾아줍니다.
Select Dependencies	선택한 에셋이 사용하는 모든 에셋들을 선택해 줍니다.
Refresh	Unity를 최신 상태로 갱신합니다.
Reimport	디스크로부터 에셋을 다시 읽어옵니다. 에셋에 버그가 발생한 경우 실행하기도 합니다.
Reimport All	모든 에셋을 디스크로부터 다시 읽어옵니다.
Extract from Prefab	프리펩으로부터 데이터를 내보냅니다. Mesh 데이터의 Material 등이 그 예입니다.
Run API Updater	폐기된 API 함수를 최신 API로 업데이트합니다.
Update UIElements Schema	UIElements Schema를 업데이트 합니다.
Open C# Project	C# 프로젝트를 열어줍니다.

Assets GameObject Component Tutorial Wind

Create	>
Show in Explorer	
Open	
Delete	
Rename	
Copy Path	Alt+Ctrl+C
Open Scene Additive	
View in Package Manager	
Import New Asset...	
Import Package	>
Export Package...	
Find References In Scene	
Select Dependencies	
Refresh	Ctrl+R
Reimport	
Reimport All	
Extract From Prefab	
Run API Updater...	
Update UIElements Schema	
Open C# Project	

05 Asset의 Create 메뉴 기능

Assets의 Create 기능은 Project 창의 Assets 폴더에서 사용할 수 있습니다.

Folder	디스크에 폴더를 생성합니다.
C# Script	C# 스크립트를 생성합니다.
Shader	셰이더를 생성합니다. Shader Graph 파일 역시 이곳에서 만들 수 있습니다.
Testing	실험용 폴더와 C# 스크립트를 만듭니다.
Playables	플레이어블 Behavior와 Asset 스크립트를 생성합니다.
Assembly Definition	어셈블리 정의 파일을 생성합니다. Unity 프로젝트의 폴더에 추가하여 모든 스크립트를 어셈블리로 컴파일합니다.
Assembly Definition Reference	특정 폴더에 있는 스크립트가 다른 폴더의 스크립트를 참조하는 경우 References를 추가하여 사용합니다.
TextMeshPro	기존 텍스트에 비해 변형이 가능하고 메모리 소모도 적은 기능입니다.
Scene	새로운 씬을 만들어 줍니다.
Search Query	Search Query 에셋을 만들어 줍니다.
Volume Profile	커스텀 볼륨 프로필을 생성합니다. 볼륨이 영향받는 카메라의 환경을 렌더링하는 방법을 결정하는데 사용하는 속성을 포함합니다.
Prefab Variant	선택한 프리펩(Prefab)의 변형된 파일을 생성합니다. Variant 파일은 하이라키에서 빗금친 사각형 으로 나옵니다.
Audio Mixer	오디오 믹서 파일을 생성합니다.
Rendering	렌더링 파이프라인 데이터들을 생성합니다.
Material	매터리얼을 생성합니다.
Lens Flare	렌즈 플레어 파일을 생성합니다.
Render Texture	렌더 텍스처를 생성합니다. 카메라에 연결해서 사용할 수 있습니다.
Lightmap Parameters	라이트맵 매개변수를 생성합니다. 오브젝트에 대한 라이트맵을 생성하는 프로세스에 영향을 줍니다.
Custom Render Texture	변형이 가능한 렌더 텍스처를 생성합니다.
Sprite Atlas	Sprite Atlas를 생성합니다. 에디터의 Sprite Packer 기능을 켜야 사용할 수 있습니다.
Sprites	특정 모양의 Sprite를 생성합니다.

Folder

C# Script
Shader   >
Testing   >
Playables   >
Assembly Definition
Assembly Definition Reference
TextMeshPro   >

Scene
Search Query
Volume Profile
Prefab Variant

Audio Mixer

Rendering   >

Material
Lens Flare
Render Texture
Lightmap Parameters
Custom Render Texture

Sprite Atlas
Sprites   >

Animator Controller
Animation
Animator Override Controller
Avatar Mask

Timeline
Signal

Physic Material
Physics Material 2D

GUI Skin
Custom Font
UIElements   >

Legacy   >

Brush
Terrain Layer

LookDev   >

Animator Controller	애니메이터의 컨트롤러를 생성합니다.
Animation	애니메이션 에셋을 생성합니다.
Animator Override Controller	애니메이터 오버라이트 컨트롤러를 생성합니다.
Avatar Mask	Humanoid용 아바타 마스크를 생성합니다.
Timeline	플레이어블 타임라인을 생성합니다. 복잡한 시각 효과나 시퀀스를 만드는 데에도 사용할 수 있습니다.
Signal	타임 라인 특정 시점의 외부 시스템에 메시지를 보낼 수 있습니다.
Physic Material	충돌하는 오브젝트의 마찰이나 반사 효과를 조절할 수 있습니다.
Physics Material 2D	물리 매터리얼의 2D 버전입니다.
GUI Skin	GUI Skin을 생성합니다. 인스펙터에 포함된 모든 스타일을 편집할 수 있습니다. 하나의 스타일을 편집하면 모든 곳에 적용됩니다
Custom Font	커스텀 폰트 파일을 생성합니다.
UIElements	Unity의 UI 프레임워크를 생성합니다. 에디터를 더 쉽게 확장할 수 있는 툴 기능을 제공합니다.
Legacy	Legacy 데이터를 생성합니다. 현재는 Cubemap을 생성할 수 있습니다.
Brush	새로운 브러시를 생성합니다.
Terrain Layer	지형 레이어의 에셋을 생성합니다.
LookDev	Environment Library 에셋을 생성합니다.

GUI Skin의 인스펙터

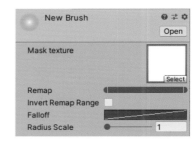

Brush의 인스펙터

POINT

에셋 데이터 관리

에셋 데이터는 디스크에 있습니다. 각각의 데이터들을 컴퓨터의 Explorer 창에서 직접 움직이기보다 Unity의 프로젝트 폴더 내에서 움직이는 편이 좋습니다. Project Settings 창의 Editor에서 Asset Serialization의 Mode가 Force Text로 되어 있을 경우 생성된 Meta 파일이 Text 파일로 표시됩니다.

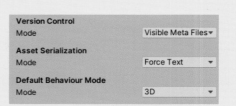

Project Settings 창의 Editor

06 Asset 생성하기

에셋 임포트(Import)와 배치하기

2D 이미지나 3D Mesh 데이터인 *.FBX, *.OBJ 파일 그리고 오디오와 비디오처럼 외부에서 제작된 데이터들은 Unity의 Assets 폴더 내에 드래그&드롭만으로도 자동으로 Import됩니다.

위의 이미지는 3D 제작 툴로 만들어진 3D Mesh를 FBX나 OBJ로 Export한 데이터를 씬에 배치한 모습입니다. 임포트된 에셋은 프로젝트 폴더에서 씬 화면이나 하이라키에 드래그&드롭으로 배치됩니다.

POINT

뷰 포트 이동과 오브젝트 선택

씬 뷰에서 마우스 오른쪽 버튼을 누른 채 W, A, S, D 버튼을 누르면 FPS 게임처럼 이동할 수 있습니다. 씬에 배치된 게임 오브젝트들은 하이라키에서 마우스 왼쪽 버튼을 클릭하거나, 씬 뷰에서 마우스 왼쪽 버튼을 클릭해서 선택할 수 있습니다. 다음의 이미지는 씬 카메라를 움직인 후 주전자 오브젝트를 선택하는 장면입니다.

매터리얼 생성

매터리얼(Material)은 Unity에서 제공하는 빌트인 에셋입니다. 프로젝트 창에서 마우스 오른쪽 버튼을 누르면 나오는 팝업 창 또는 상단 툴 바의 Asset > Create > Material을 선택해서 생성 합니다.

Material 에셋

만들어진 매터리얼은 프로젝트의 성격에 따라 기본 매터리얼의 Shader가 미리 설정되어 있습니다. 여기에서는 ❶ Universal Render Pipeline용 Lit 셰이더가 만들어져 있습니다. PBR 기반의 매터리얼로, Input받는 부분의 텍스처 4장이 기본으로 필요합니다. Emission Map의 경우 Emission을 체크하면 사용할 수 있습니다. 컬러 출력은 Base Map만으로도 됩니다.

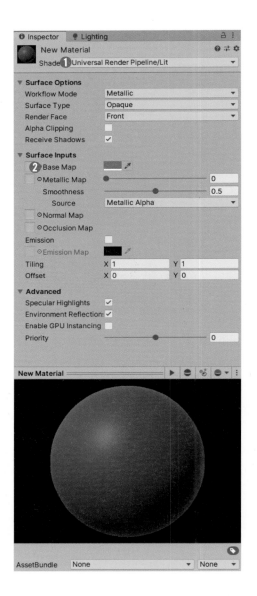

Base Map	컬러 텍스처를 넣는 곳
Metallic Map	메탈의 유무를 결정하는 텍스처
Normal Map	범프용 노멀 맵을 넣는 곳(Mesh 표면의 디테일을 추가하기 위한 맵)
Occlusion Map	오클루전 맵을 넣는 곳(어두워야 할 부위를 정하는 텍스처)
Emission Map	Emission이 체크되어 있으면 추가해서 사용 가능(텍스처 중 발광되는 부위 지정)

텍스처를 적용하기 위해서는 적용할 텍스처가 Assets 폴더 내에 등록되어 있어야 합니다. ❷ Base Map 옆의 ⊙ 버튼을 눌러 사용할 컬러 맵을 선택하거나, 프로젝트 폴더에서 사용할 텍스처를 드래그&드롭으로 Base Map 옆의 칸에 넣어줍니다. 다른 텍스처들도 추가하려면 같은 방법으로 해당 위치의 박스에 등록하면 됩니다.

매터리얼 적용

Unity의 화면에 출력되는 성질을 지닌 게임 오브젝트는 매터리얼(Material)을 연결해서 출력하게 됩니다. 게임 오브젝트들 중 인스펙터에 Mesh Render 컴포넌트가 있는 경우 ❶ Material을 연결하는 부분이 있습니다. 생성한 매터리얼을 이곳에 드래그&드롭으로 적용하거나, Element0의 우측 끝에 있는 ⊙ 버튼을 클릭하면 가지고 있는 Asset 중 매터리얼 리스트가 나오고, 선택할 수 있습니다.

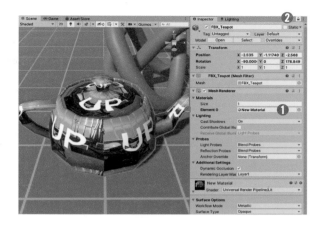

3D Mesh 오브젝트를 선택한 후 우측 상단 끝의 ❷ 자물쇠 아이콘을 활성화하면 다른 게임 오브젝트 혹은 에셋들을 확인하기 위해 클릭하는 대상이 변경되어도 인스펙터(Inspector)의 내용이 고정되어 나타납니다. 오브젝트는 하나지만 매터리얼을 바꾸는 것만으로도 카메라에 렌더링되는 모습은 완전히 바뀌게 됩니다.

우측의 예제는 Base Map 없이 ❸ Metallic Map의 값을 1로 만든 매터리얼을 적용한 모습입니다. Metallic이 적용되면 물체의 표면은 반사하는 성질을 띄게 되고, Smoothness 값에 의해 표면의 거칠기를 정합니다.

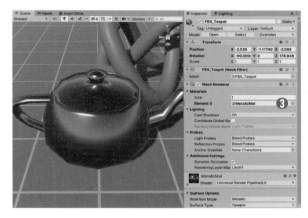

POINT

삭제하기

씬(Scene)에 배치가 되는 순간 에셋은 게임 오브젝트로 분류됩니다. 프로젝트 폴더 내에 에셋 데이터가 남아있는 한 언제든지 가져와서 사용할 수 있습니다. 프로젝트 폴더에서 에셋 데이터를 삭제한다면 씬에서는 Missing 데이터가 됩니다. 게임 오브젝트 내부에 링크시킨 매터리얼과 같은 링크된 위치를 선택한 후 Delete 를 누르면 연결된 정보가 삭제됩니다. ⊙ 버튼을 클릭한 후 나오는 팝업 창에서 가장 상단의 〈None〉을 선택하는 것도 링크 정보를 삭제하는 방법 중 하나입니다.

07 GameObject 메뉴 기능

게임 오브젝트(GameObject)는 디스크 폴더가 아닌 씬에 배치된 데이터입니다. 캐릭터, 카메라, 광원, 특수 효과, UI 등 게임에 존재하는 모든 것이 게임 오브젝트입니다. 프로젝트의 에셋 폴더로 드래그&드롭하면 프리펩이 생성됩니다.

Create Empty	Transform 정보만 있는 비어 있는 오브젝트를 생성합니다.
Create Empty Child	선택한 오브젝트의 아래에 비어있는 게임 오브젝트를 생성합니다.
3D Object	3D 오브젝트를 생성합니다.
2D Object	2D 오브젝트를 생성합니다.
Effects	이펙트로 분류되는 오브젝트를 생성합니다.
Light	광원 오브젝트를 생성합니다. 2D, 3D 광원을 제공합니다.
Audio	사운드 오브젝트를 생성합니다.
Video	비디오 플레이어를 생성합니다.
UI	UI 오브젝트를 생성합니다. UI 오브젝트는 Rect Transform을 지니고 있습니다.
Volume	Volume이 영향을 받는 카메라의 렌더링하는 방법을 결정하는데 사용됩니다.
Camera	카메라 오브젝트를 생성합니다.
Center On Children	자식 오브젝트의 위치로 부모의 Transform 값이 변경됩니다.
Make Parent	선택한 오브젝트들 중 먼저 선택된 오브젝트가 부모 오브젝트로 변합니다.
Clear Parent	선택한 자식 오브젝트가 하위 구조에서 벗어나게 됩니다.
Set as first sibling	선택된 자식 오브젝트의 순서를 가장 위로 올립니다.
Set as last sibling	선택된 자식 오브젝트의 순서를 가장 아래로 내립니다.
Move To View	선택한 오브젝트의 좌표를 씬 화면 중심으로 이동시킵니다.
Align With View	선택한 오브젝트의 좌표를 씬 카메라 위치로 이동시킵니다.
Align View To Selected	씬 뷰를 선택한 오브젝트 좌표로 이동시킵니다.
Toggle Active State	선택한 오브젝트의 Active 상태를 변경합니다(활성/비활성).

GameObject Component Tutorial Window

Create Empty	Ctrl+Shift+N
Create Empty Child	Alt+Shift+N
3D Object	>
2D Object	>
Effects	>
Light	>
Audio	>
Video	>
UI	>
Volume	>
Camera	
Center On Children	
Make Parent	
Clear Parent	
Set as first sibling	Ctrl+=
Set as last sibling	Ctrl+-
Move To View	Ctrl+Alt+F
Align With View	Ctrl+Shift+F
Align View to Selected	
Toggle Active State	Alt+Shift+A

다중 카메라 사용하기

게임(Game) 창은 카메라 화면에 들어오는 영역을 렌더링해서 출력합니다. 하나 이상의 카메라를 배치하고 사용할 수 있습니다.

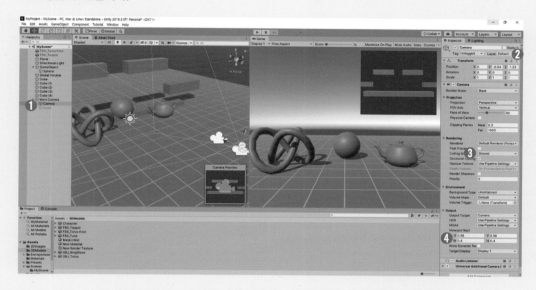

위 이미지에서는 게임 뷰에 두 개의 카메라가 렌더링되고 있습니다. 하이라키(Hierarchy)에서 Main Camera 안쪽에 ❶ Camera라는 게임 오브젝트를 한 개 더 생성해서 화면의 우측 상단에 출력하도록 만들었습니다. 씬 뷰에서는 모든 게임 오브젝트들이 출력되고 있지만, 게임 뷰에서 메인 카메라와 자식 카메라에 렌더링되는 부분에 차이가 있습니다. 이는 게임 오브젝트의 ❷ 레이어가 다르게 적용되어 있으며, 자식 카메라에서는 사각형 박스들이 사용하는 ❸ "Ground" 레이어만 출력하도록 설정되어 있기 때문입니다. 메인 카메라는 Culling Mask에서 "Ground" 레이어를 삭제함으로써 렌더링에서 제외되었습니다. ❹ 카메라의 Output에서는 Output Target과 렌더링되는 뷰의 사이즈, 화면 상의 위치를 2차원 비율로 입력할 수 있습니다. X, Y 두 개의 축이 있으며, X축은 가로 사이즈를, Y축은 세로 사이즈를 의미합니다.

컬링 마스크(Culling Mask)는 체크된 레이어만 렌더링하게 됩니다.

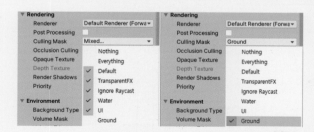

MainCamera의 Culling Mask   Camera의 Culling Mask

08 Component 메뉴 기능

컴포넌트(Component)는 게임 오브젝트라면 하나씩은 가지고 있는 기능입니다. 비어 있는 게임 오브젝트라도 Transform 컴포넌트를 가지고 있습니다. 게임 오브젝트에 포함된 컴포넌트 확인은 하이라키(Hierarchy)에 있는 오브젝트를 선택하면 나오는 인스펙터(Inspector)에서 확인할 수 있습니다.

Add	선택한 오브젝트의 인스펙터에서 Add Component 버튼을 누른 것과 같은 기능이 작동됩니다.
Mesh	3D Mesh의 모델 정보와 렌더링 관련 컴포넌트를 제공합니다.
Effects	파티클 시스템, 트레일, 렌즈플레어와 같은 이펙트 컴포넌트입니다.
Physics	3D 물리 컴포넌트를 제공합니다.
Physics 2D	2D 물리 컴포넌트를 제공합니다.
Navigation	내비게이션 컴포넌트를 제공합니다.
Audio	오디오용 컴포넌트를 제공합니다.
Video	비디오 플레이어 컴포넌트를 제공합니다.
Rendering	카메라, 라이트, 2D 라이트, 스프라이트, LOD 등의 렌더링 관련 컴포넌트를 제공합니다.
Tilemap	2D 타일 맵 컴포넌트를 제공합니다.
Layout	UI와 레이아웃 관련 컴포넌트를 제공합니다.
Playables	플레이어블 디렉터 컴포넌트를 제공합니다.
AR	AR 기능의 월드 앵커 컴포넌트를 제공합니다.
Miscellaneous	제약, 애니메이션, 빌보드, 그리드, 스프라이트 마스크 등 다양한 기능의 컴포넌트를 제공합니다.
UI	UI 제작을 위한 컴포넌트를 제공합니다.
Scripts	빌트인 되어 있는 스크립트들이 모여 있습니다.
Event	이벤트와 레이 캐스터 컴포넌트를 제공합니다.

Component	Tutorial	Window	Help
Add...			Ctrl+Shift+A
Mesh			>
Effects			>
Physics			>
Physics 2D			>
Navigation			>
Audio			>
Video			>
Rendering			>
Tilemap			>
Layout			>
Playables			>
AR			>
Miscellaneous			>
UI			>
Scripts			>
Event			>

컴포넌트와 게임 오브젝트

게임 오브젝트는 여러 개의 컴포넌트들로 구성되어 있습니다. 게임 오브젝트의 성격을 부여하게 되는 것이 바로 컴포넌트입니다. 게임 오브젝트가 상위 개념이므로 다수의 컴포넌트를 보유할 수 있습니다.

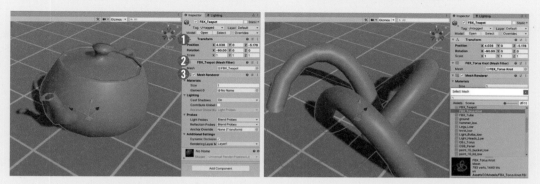

Import된 FBX 파일 또는 GameObject에서 생성한 3D Object를 선택하면 인스펙터에는 모두 3개의 컴포넌트가 적용되어 있습니다. ❶ Transform은 모든 게임 오브젝트에 존재하는 컴포넌트이며, ❷ Mesh Filter는 3D Mesh의 형태를 정하게 되는 Mesh라는 목록이 있습니다. ⊙ 아이콘을 클릭하면 사용할 수 있는 Asset의 다른 Mesh 모양을 선택할 수 있습니다. ❸ Mesh Renderer는 정점 정보만 있는 Mesh를 실제 화면에 출력하기 위한 렌더링 정보로, 셰이더를 사용하는 Material 정보와 광원에 대한 그림자 표현, Light Probes에 대한 Probes 설정, Dynamic Occlusion과 렌더링 레이어 마스크 설정을 할 수 있습니다. 인스펙터의 컴포넌트 중 사각형 체크 박스 ✓ 가 있다면 체크 해제 시 해당 컴포넌트는 작동하지 않게 됩니다.

Materials의 Size는 1개 이상 사용할 수 있고, Element에 있는 매터리얼을 변경하면 적용된 재질로 렌더링을 하게 됩니다. 매터리얼을 여러 개 쓸 때는 같은 Mesh를 사용하지만, 다른 느낌의 이펙트 재질을 주고 싶을 때 사용할 수 있습니다. Lighting의 Cast Shadow는 체크 해제 시 더이상 다른 물체에 그림자를 드리우지 않게 됩니다. 현재 사용하는 셰이더에 따라 작동하는 옵션이므로 Unlit과 같은 광원 적용이 없는 셰이더에서는 작동되지 않습니다.

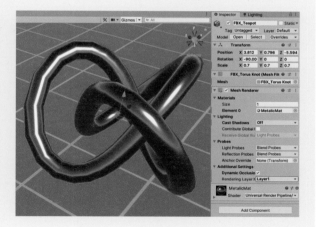

09 Window 메뉴 기능

윈도우(Window) 메뉴에는 Unity 사용을 위한 다양한 작업용 윈도우가 모여 있습니다. 열린 윈도우는 팝업 창으로 뜨거나 이미 열려있는 다른 창의 영역에 자동으로 배치되기도 합니다. 열 수 있는 모든 윈도우가 모여 있고, 새로운 Asset이나 패키지(Package)를 얻을 경우 다른 종류의 윈도우가 생길 수도 있습니다.

Next Window	열려있는 팝업 창 중 다음 창으로 이동합니다.
Previous Window	열려있는 팝업 창 중 이전에 선택되었던 창으로 이동합니다.
Layouts	Unity의 레이아웃을 관리할 수 있습니다.
Asset Store	에셋 스토어에 접속합니다.
Package Manager	Unity에서 제공하는 패키지를 관리할 수 있습니다.
Asset Management	설치한 Asset에 대해 관리할 수 있습니다.
TextMeshPro	TextMeshPro를 사용합니다.
General	Unity 툴의 기본 제작에 필요한 창들이 모여 있습니다.
Rendering	광원 설정과 Occlusion 관리를 할 수 있습니다.
Animation	애니메이션과 애니메이터를 관리할 수 있습니다.
Audio	Audio Mixer 창이 있습니다.
Sequencing	Timeline 창이 있습니다.
Analysis	Profiler와 디버깅을 위한 창들이 있습니다.
2D	Sprite Packer 창이 있습니다.
AI	Navigation 창이 있습니다.
XR	XR Plugin Manager가 설치되어 있어야 합니다. 필요한 Plugin도 함께 설치하면 기능 사용이 가능합니다.
UI	UI Elements Samples 창이 있습니다. UI 구현을 위한 샘플을 C#, USS, UXML 등으로 볼 수 있습니다.
Render Pipeline	Render Pipeline Debug 창이 있습니다.

에셋 스토어 사용하기

Asset Store는 Unity 전용 스토어입니다. 엔진 활용도를 높이기 위한 다양한 프로젝트와 에셋들을 사용자가 참여하여 제작하고 배포합니다. 만들고자 하는 비슷한 기능이 있다면 이를 참고해 새로운 기능으로 발전시키는데 사용할 수 있고, Proto Type용으로 사용할만한 무료 에셋들도 많이 있습니다.

Unity 계정을 만들고 ❶ 로그인합니다. 구매한 정보와 사용 권한이 모두 계정에 저장됩니다. 필요한 에셋은 검색 창에서 ❷ 이름으로 검색하거나 직접 ❸ 카테고리를 찾아보는 방법이 있습니다. 종류별로 나누어져 있어서 검색을 하다 보면 재미있는 에셋들을 많이 발견할 수 있습니다. 에셋 구매가 부담스러울 때는 ❹ Free Assets을 선택해서 무료 에셋들만 우선 사용해볼 수 있습니다. 퍼블리셔(Publisher)에 따라 기능 제한이 있는 Free Assets을 함께 배포하는 경우도 있습니다. 이미 소유한 에셋은 ❺ My Asset에서 재설치할 수 있습니다.

Unity의 에셋 스토어는 필요한 에셋을 구매할 수 있지만, 내가 만든 에셋을 판매할 수도 있습니다. 판매하고 싶은 에셋을 등록하면 심사를 거쳐 적합성이 판단될 경우 스토어에서의 판매가 이루어집니다. 판매를 하고 싶다면 ❻ Distribute 기능을 이용합니다. 유니티 퍼블리싱 포털(UDP 스토어)을 사용하면 세계 모든 곳에 퍼블리싱이 가능합니다(https://unity.com/kr/unity-distribution-portal).

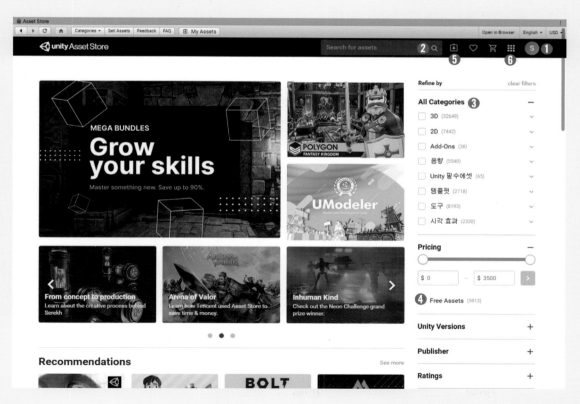

<u>10</u> Help 메뉴 기능

헬프(Help)는 Unity 사용에 있어서 필요한 도움말과 정보, 버그 리포트, 라이선스와 버전 관리 등 개발 이외의 추가적인 서비스 기능들이 모여 있습니다. Help 메뉴에 있는 Unity Manual은 Unity 사용에 필요한 기능과 API 작동 레퍼런스도 확인할 수 있어서 자주 사용하게 됩니다.

About Unity	Unity에 대한 정보 화면입니다.
Unity Manual	디스크에 저장된 Unity 문서를 웹 브라우저로 열어줍니다.
Scripting Reference	디스크에 저장된 스크립팅 레퍼런스를 웹 브라우저로 열어줍니다.
Premium Expert Help	검증된 Unity 커뮤니티 전문가와 1:1 온라인 레슨을 예약할 수 있습니다.
Unity Service	Unity 웹 페이지의 Support 페이지로 이동합니다.
Unity Forum	Unity의 기능별 주제에 대한 포럼 페이지로 이동합니다.
Unity Answers	전세계의 Unity 사용자들이 질문을 하고 답할 수 있는 공간입니다.
Unity Feedback	커뮤니티 포럼 중 피드백 관련 페이지와 연결되어 있습니다.
Check for Updates	Unity의 사용 버전을 체크하고 새로운 버전을 받을 수 있습니다.
Download Beta	개발 중인 베타 버전의 Unity를 다운받아 볼 수 있습니다.
Manage License	라이선스를 반환하거나 새 라이선스를 활성화할 수 있습니다.
Release Notes	배포 노트 페이지로 이동합니다. 문제 해결과 대응, 변경된 기능들에 대해 자세히 볼 수 있습니다.
Software Licenses	소프트웨어 라이선스에 대한 텍스트 파일을 확인합니다.
Report a Bug	버그 상황을 보낼 수 있는 버그 리포트 보내기 창이 뜹니다.
Reset Packages to defaults	설치된 패키지를 최초 디폴트 상태로 되돌립니다. 패키지 내용을 사용 중인 에셋이 있다면 데이터가 모두 깨질 수 있으니 주의해야 합니다.
Troubleshoot Issue	Unity Troubleshooter 팝업 창이 뜹니다. 버그 리포트 때 사용합니다.
Quick Search	Quick Search를 설치합니다. 사용을 위해 찾을 항목에 대한 체크가 필요합니다.

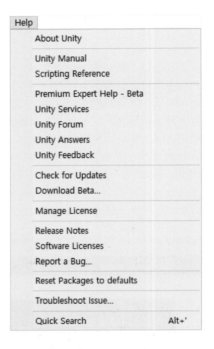

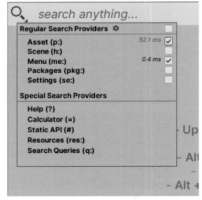

Quick Search의 목록 선택 화면

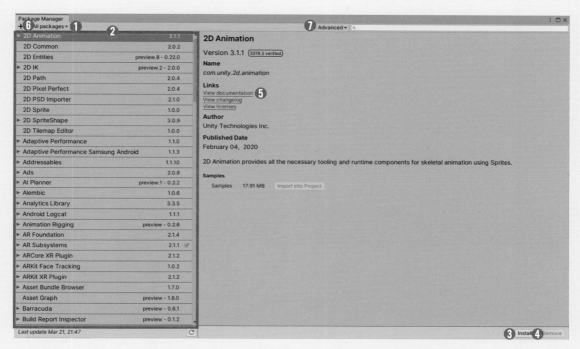

패키지 매니저의 ❶ 표시 형식에 따라 사용 가능한 모든 패키지를 표시할 수 있으며, 필요에 따라 빌트인 패키지 또는 설치되어 있는 패키지만 ❷ 좌측 리스트에 표시할 수 있습니다. 필요한 기능은 리스트에서 선택한 후 ❸ [Install] 버튼을 눌러 설치합니다. 제거가 필요할 경우 ❹ [Remove] 버튼을 눌러 제거할 수 있습니다. ❺ 패키지별 사용 방법에 대한 문서나 변경 사항에 대한 Change log, 라이선스 등을 인터넷 링크로 확인할 수 있습니다. ❻ [+] 버튼을 눌러 디스크에 있는 패키지 파일을 불러오거나 URL을 통해 불러올 수 있습니다. 패키지를 모두 초기화시켜야 하거나, 리스트가 보이지 않을 때는 ❼ Advanced 기능을 사용합니다.

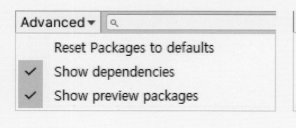

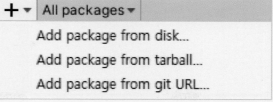

Unity 2020

Unity UI와 스크립팅

Unity는 UI 제작을 위한 UGUI 기능을 제공하고 있습니다. 미리 준비되어 있는 다양한 오브젝트와 컴포넌트를 통해 빠른 UI 개발이 가능합니다. 다양한 해상도 지원과 3차원 공간에 사용할 수 있는 UGUI는 강력한 연출 기능을 제공합니다. 대다수의 콘텐츠 제작에 핵심이 되는 UI 기능에 대해 알아보겠습니다.

01 UGUI와 Rect Transform

사각 트랜스폼(Rect Transform)은 UI 제작을 위해 사용되고 있는 2D 레이아웃 버전의 Transform 컴포넌트입니다. 사각 트랜스폼은 UI 요소를 안에 배치할 수 있으며, 상위 컴포넌트도 사각 트랜스폼인 경우 하위에 있는 사각 트랜스폼도 상위 사각형에 대한 상대적인 포지션과 크기를 지정할 수 있습니다.

01 프로젝트 생성과 설정

Unity를 실행하고 새로운 프로젝트를 생성해 보겠습니다. 템플릿은 2D로, 프로젝트 이름은 알아보기 쉽게 하고 [생성] 버튼을 눌러 프로젝트를 생성합니다. 버전은 최소 2019.3 이상으로 합니다.

02 에셋 스토어 데이터 받기

Window 메뉴에서 Asset Store를 실행하여 UI를 검색한 후 Free Asset을 선택해서 Prototype UI Pack을 설치합니다. 다른 무료 UI 에셋이어도 괜찮습니다. 에셋 스토어의 좋은 점은 필요한 무료 에셋이 매우 많고, 종류별로 존재한다는 점입니다. [Import] 버튼을 눌러 에셋을 다운로드 받습니다.

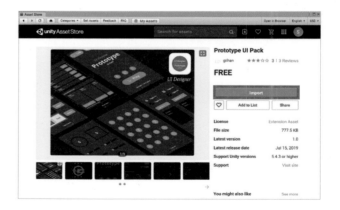

POINT

API 업데이트 진행

Unity의 버전에 따라 API 업그레이드 팝업 윈도우가 뜰 수 있습니다. [I Made a Backup, Go Ahead!] 버튼을 누르면 사용하는 Unity의 버전에 맞게 API 업그레이드가 자동으로 이루어집니다.

03 Canvas와 UI 이미지 만들기

GameObject 〉 UI 탭에 있는 Image를 선택하면 하이라키에 Canvas와 Image 게임 오브젝트가 생성됩니다. 게임 뷰를 확인하면 좌측 하단에 작은 사각형 박스가 생성된 것을 확인할 수 있습니다.

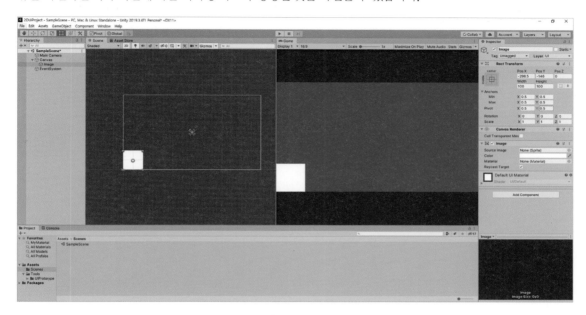

Canvas 오브젝트는 최초의 UI 관련 게임 오브젝트를 생성할 때 단 하나의 캔버스도 없을 경우 자동으로 만들어 집니다. 2D UI는 최소 한 개의 캔버스가 필요합니다. UI는 Canvas를 배치해서 렌더링합니다. 물론 3D 카메라에 UI를 출력할 수도 있습니다. UI용 캔버스에 배치된 게임 오브젝트들은 모두 Rect Transform이라는 사각 트랜스폼 컴포넌트를 지니고 있습니다.

Pos X, Pos Y, Pos Z	부모의 사각 트랜스폼 기준으로 X, Y, Z 축의 픽셀(Pixel) 좌표입니다.
Width, Height	가로, 세로의 픽셀(Pixel) 사이즈입니다.
Anchors Min	화면 비율로 앵커의 최소 지점을 정합니다.
Anchors Max	화면 비율로 앵커의 최대 지점을 정합니다. 해상도 1000pixel에서 0.1은 100pixel입니다.
Pivot	사각 트랜스폼의 중심점 위치로, (0,0)은 좌측 하단, (1,1)은 우측 상단 좌표입니다.
Rotation	로컬(Local) 회전 값입니다.
Scale	로컬(Local) 크기 값입니다.

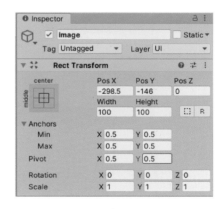

04 Rect Transform 이해하기

사각 트랜스폼(Rect Transform)은 다른 게임 오브젝트에 있는 트랜스폼(Transform)과 다르게 앵커(Anchors)와 피봇(Pivot) 기능이 존재합니다. 이는 화면 해상도에 따라 같은 영역의 이미지 출력이 가능해 집니다.

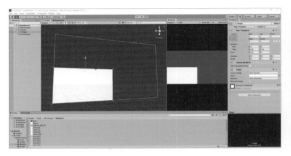 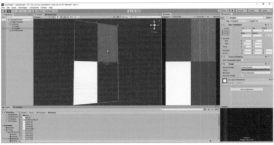

Pos X, Pos Y, Pos Z 값이 모두 0일 경우 앵커의 Min, Max 값에 의해 화면에서 차지할 이미지의 영역이 비율로 결정됩니다. 새로운 이미지 추가는 인스펙터의 게임 오브젝트를 선택한 후 Ctrl + C 를 눌러 복사한 후 Ctrl + V 를 눌러 붙여 넣기 하면 간단하게 복사됩니다. 복사된 이미지는 앵커의 X, Y 값을 각각 0.5,1 값으로 Min, Max 값을 설정하였습니다. 우측 이미지는 비율을 9 : 16으로 변경하였을 때의 출력 화면입니다. 화면의 영역은 유지한 채 이미지가 늘어나거나 줄어드는 것을 볼 수 있습니다.

이미지의 색상은 Image에 있는 Color 값을 변경하면 적용됩니다.

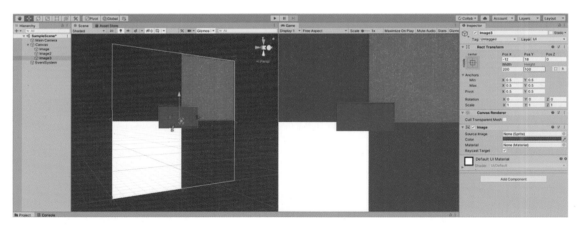

UI용 이미지를 하나 더 복사하였습니다. Canvas의 아래쪽에 위치할수록 렌더링이 미뤄지기 때문에 다른 이미지들보다 위로 올라오게 됩니다. Image3은 Width 값이 200이고 Height 값이 100입니다. 앵커와 피봇 모두 0.5 값을 지니고 있기 때문에 가로 Width, Height 값이 없으면 면적이 0이 되어 아무런 표시가 되지 않습니다. 이처럼 앵커는 부모 사각 트랜스폼을 기준으로 특정 지점에 고정하는 역할을 합니다.

05 UI 버튼 배치하기

사각 트랜스폼의 특징을 생각하며 바탕화면과 버튼, 텍스트 박스, 아이콘들을 배치합니다. 제작 화면의 가로 세로 비율은 9 : 16으로 세로가 더 길게 만들어져 있습니다.

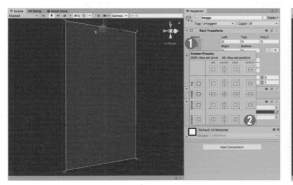 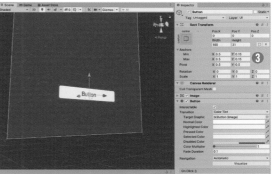

앵커 프리셋을 이용하면 빠르게 원하는 방향에 앵커를 붙일 수 있습니다. 좌측 이미지에서는 ❶ 앵커 프리셋을 ❷ 전체 화면이 나오도록 선택해서 바탕화면을 UI 캔버스 가득히 채운 모습 입니다. 상단 메뉴 바의 GameObject 〉 UI에서 Button을 선택하면 기본 사각 형태의 버튼이 만들어집니다. 버튼 게임 오브젝트를 선택한 후 앵커의 Y축 값을 ❸ 0.15로 입력하면 전체 화면의 세로 길이에서 0.15 위치에 해당하는 높이에 버튼이 위치하게 됩니다. 이때 Pos X, Pos Y의 값은 0이어야 합니다.

06 UI 텍스트 배치하기

상단 메뉴 바의 GameObject 〉 UI에서 Text를 선택하면 텍스트 박스를 설치할 수 있습니다. 텍스트 자체는 글씨만 출력하기 때문에 텍스트 배경을 보다 어둡게 만들고 싶다면 따로 이미지를 텍스트 아래쪽에 배치해야 합니다. 텍스트만 배치하려고 앵커의 X 사이즈를 (0.1, 0.9)로 입력하고, Pos Y는 -90 픽셀 이동시켰습니다. 여기에 사용되는 피봇은 Y축 값이 1입니다. 출력 비율이 변할 경우 화면 비율이 앵커에 정해진 값에 따라 맞춰 변하는 것을 볼 수 있습니다. 이 화면의 결과는 모니터의 출력 해상도에 따라 차이가 발생할 수 있습니다. 출력되는 UI의 해상도를 고정시키기 위해서는 Canvas의 출력 방식을 수정해야 합니다.

Special

TIP

Rect Tool과 Move Tool

Unity의 툴 바에는 Rect Tool이 있습니다. 이 툴은 UI의 Rect Transform을 눈으로 보며 쉽게 좌표를 편집하기 위해 존재하는 기능입니다.

UI에 배치된 이미지나 버튼 또는 다른 UI 요소들은 Rect Transform을 사용해서 직접 ❶ 모서리에 있는 점◯들을 씬 뷰에서 움직일 수 있습니다. 정확한 수치를 입력하기 전에 배치를 통해 적절한 위치에 UI 요소를 배치할 수 있습니다.

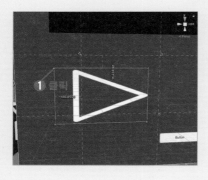
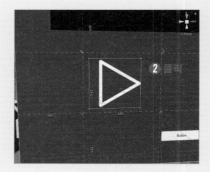

UI 앵커의 경우 Rect Tool과 일반 Move Tool 모두 이동이 가능합니다. 네 개의 귀퉁이에 있는 ❷ 삼각형 앵커◢를 드래그하면 1/100 단위의 앵커 편집을 할 수 있습니다.

Rect Tool의 Move Tool과 다른 기능 중 하나는 UI 요소의 Pivot을 직접 이동할 수 있다는 점입니다. Pivot 이동은 UI 요소의 중앙에 위치한 ❸ 둥근 아이콘◯을 클릭하고 드래그하면 값을 변경할 수 있습니다.

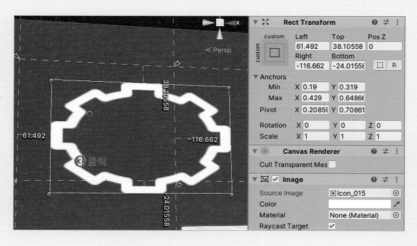

02 Canvas와 Camera

캔버스(Canvas) 안에는 모든 UI들이 배치됩니다. 대부분 UI 요소들의 가장 상단에 배치되며 모든 UI 요소들은 배치되어 있는 캔버스의 자식 오브젝트여야 합니다. 캔버스는 씬 뷰에서 사각형으로 나타나며, 게임 뷰 실행을 하지 않아도 UI 배치를 할 수 있습니다. 캔버스는 출력 해상도나 렌더링될 카메라를 선택할 수 있습니다.

01 캔버스(Canvas) 알아보기

캔버스 게임 오브젝트는 여러 개의 컴포넌트로 구성되어 있습니다. Rect Transform을 기본으로 Canvas, Canvas Scaler, Graphic Raycaster 등의 컴포넌트입니다. 캔버스의 사각 트랜스폼(Rect Transform)은 Render Mode가 World Space일 경우 수정이 가능합니다.

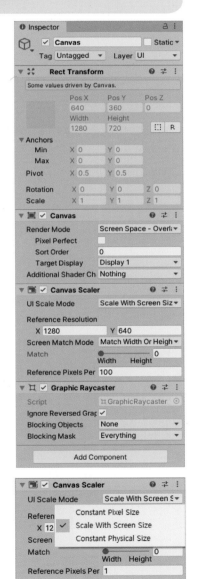

Render Mode	기본은 Screen Space – Overlay입니다. Screen Space–Camera는 선택한 카메라 앞에 놓여지며, World Space는 게임 월드에 배치할 수 있습니다.
Pixel Perfect	UI 구성 요소들의 Pixel이 흐려지지 않도록 맞춰 렌더링합니다.
Sort Order	여러 개의 캔버스가 존재할 경우 렌더링 순서를 결정하게 됩니다.
Target Display	Overlay에서 나오는 메뉴로, 어느 디스플레이로 출력할지 결정하는데, 대부분 Display1입니다.
Additional Shader Channels	UI에 셰이더 채널을 추가합니다.
UI Scale Mode	UI의 크기를 변경하는 기준을 정하는데, 보통 Scale With Screen Size로 작업합니다.
Reference Resolution	UI 레이아웃에 적합한 해상도를 정하는데, 해상도가 클수록 더 큰 UI가 스케일 됩니다.
Screen Match Mode	캔버스 영역을 스케일링하는 데 사용됩니다.
Match	너비나 높이를 레퍼런스 값으로 사용합니다.
Reference Pixel Per Unit	스프라이트 1 픽셀이 UI 유닛 하나에 해당됩니다.
Ignore Reversed Graphic	레이캐스터가 후면 그래픽스를 무시할지 결정합니다.
Blocking Objects	그래픽 레이캐스트를 막을 오브젝트 타입입니다.
Blocking Mask	그래픽 레이캐스트를 막을 마스크 타입입니다.

02 카메라에 Canvas 배치하기

카메라에 Canvas를 배치할 경우 해당 카메라를 기반으로 UI가 배치됩니다. 예제에서는 ❶ MainCamera를 연결시켰으며 캔버스와 카메라의 거리는 ❷ 10만큼 떨어져 있습니다. 렌더링 레퍼런스 해상도는 ❸ 1280 × 702 pixel로 입력하였습니다. 서비스 용도에 따라 FHD, UHD 등 필요 해상도를 입력하고 제작해야 합니다.

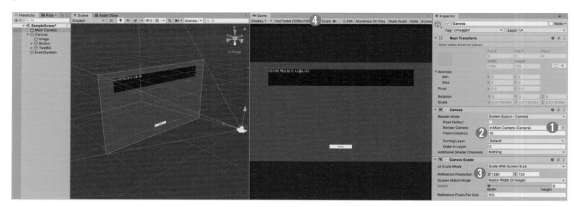

게임 뷰의 화면 사이즈를 비율로만 할 경우 내 모니터의 화면 해상도에 따라 크게 변할 수 있습니다. UI 화면은 Scale을 직접 지정해 주지 않으면 유동적으로 변하기 때문에 정확한 UI 요소들의 배치와 화면 결과를 위해 지정된 해상도를 입력하고 작업하기 바랍니다. 위 화면의 게임 뷰는 ❹ 1280 × 720pixel로 지정되어 있습니다.

캔버스의 내부에 있는 Image를 복사한 후 Offset으로 이름을 변경합니다. 그리고 내부에 있는 Image 컴포넌트를 삭제하면 사각 트랜스폼만 있는 비어있는 게임 오브젝트가 됩니다. 이제 나머지 오브젝트 요소들을 모두 Offset의 자식 오브젝트로 이동시킨 후 Offset을 회전/이동/크기를 변경시키면 만들어진 UI 화면이 3D 공간에 있는 것처럼 렌더링됩니다.

자식 오브젝트는 부모 오브젝트를 따라 가는 성격이 있습니다. 그래서 자식 오브젝트의 화면 크기나 배치는 유지된 채 부모인 Offset의 회전 값과 크기 값, 포지션 값에 영향을 받고 함께 움직이게 됩니다.

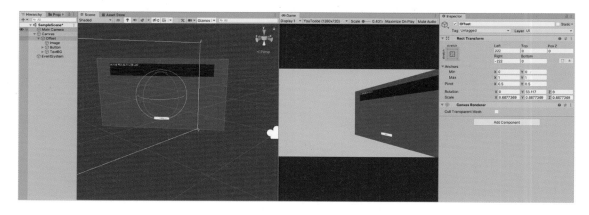

03 World에 배치되는 Canvas

캔버스는 여러 개 존재할 수 있으며, 각 캔버스를 카메라가 아닌 게임 월드에 직접 배치할 수도 있습니다. 이렇게 배치한 캔버스는 맵에 배치된 UI로 사용할 수 있습니다. Unity의 2D 이미지 출력은 보여지기에는 2D이지만 실제로는 3D 폴리곤입니다. 하나의 게임 오브젝트처럼 배치하고 사용할 수 있습니다.

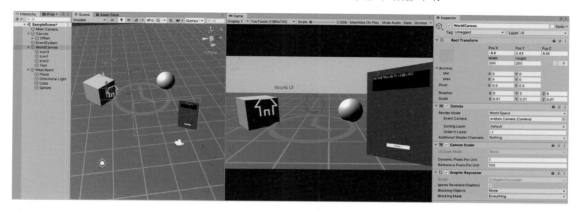

캔버스의 Render Mode가 World Space인 경우 맵 위에 직접 배치할 수 있습니다. 월드에 배치되어 있는 오브젝트 위에 필요한 정보나 아이콘, 버튼들을 올려놓고 사용할 수 있습니다. 버튼 배치를 하고 Play 버튼을 누르면 월드 상의 UI 버튼들도 작동하는 것을 확인할 수 있습니다.

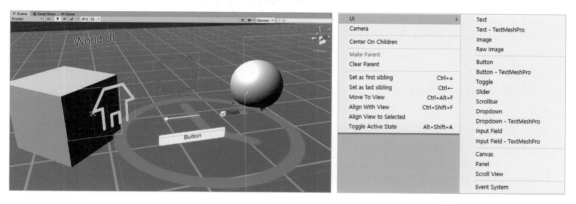

위 이미지에는 World Canvas에 여러 가지 버튼과 슬라이더, 토글 등의 UI 오브젝트를 생성한 것입니다. 상단 메뉴 바의 GameObject에서 UI로 들어가면 Unity에서 제공하는 기본적인 UI용 게임 오브젝트들을 불러와 사용할 수 있습니다. 게임 오브젝트의 생성은 하이라키(Hierarchy) 창에서 마우스 오른쪽 버튼을 누르면 되는데, 만들 수 있는 메뉴는 거의 같습니다.

Text 표시와 효과 적용

Text를 의도에 맞게 출력하기 위해서는 텍스트 창의 크기에 맞는 내용을 설정해 주거나, 폰트의 사이즈를 변경해야 합니다. 그러나 해상도가 바뀌거나 내용이 너무 많아졌을 때 해결하기 위한 다양한 방법이 있습니다.

텍스트 표시 공간보다 출력할 텍스트 양이 더 많으면 더이상 텍스트가 나오지 않게 됩니다. 보통은 출력되는 폰트 사이즈를 변경하거나, 출력될 텍스트 양을 조절하게 됩니다.

Text 컴포넌트의 Paragraph에서 정해진 텍스트 영역을 넘어가도록 설정할 수 있습니다. Horizontal Overflow와 Vertical Overflow의 값을 Overflow로 설정하면 텍스트 영역을 벗어나 출력됩니다. 이럴 경우 2D Mask를 사용해 텍스트 표시 영역을 조절할 수 있습니다.

Best Fit 옵션을 체크하면 폰트 사이즈가 Min, Max 사이에서 알맞게 변경됩니다. 이 때 Vertical Overflow는 Truncate로 설정해 두어야 합니다. Overflow가 되면 최대 사이즈로 폰트가 출력됩니다.

Text의 Inspector 창 하단에 있는 Add Component 버튼을 눌러 Shadow와 Outline 컴포넌트를 추가한 이미지입니다. 시스템 폰트에 효과를 주는 컴포넌트를 추가해 사용하면 그림자 효과나 아웃라인 효과를 줄 수 있습니다.

SECTION

03 UI 기능 익히기

Unity에서 제공하는 UI 게임 오브젝트를 모두 이용하여 작동되는 UI 창을 만들어 보겠습니다. 간단한 스크립트를 통해 UI 버튼과 컴포넌트, 텍스트를 연결해서 Unity의 UI가 동작하는 과정에 대해 알아보겠습니다.

01 새로운 캔버스(Canvas) 만들기

File에서 ❶ New Scene을 눌러 새로운 씬(Scene)을 만든 후 GameObject 메뉴의 UI 탭에서 ❷ Image를 하나 생성합니다. 앞에서 다운로드한 에셋은 2D Image만 사용할 예정입니다. 만들기에 앞서 Asset Store에서 UI용 무료 에셋을 미리 받아 두거나 UI 이미지를 준비하면 보다 개성적인 디자인의 UI를 제작할 수 있습니다. 예제는 HDRP 템플릿을 사용하는 프로젝트에서 제작되었습니다.

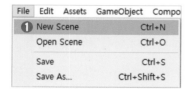

씬(Scene)에 배치된 캔버스가 단 하나도 없을 경우 UI용 이미지를 배치하는 것만으로도 Canvas가 함께 만들어집니다. Canvas만 만들고 싶다면 상단 메뉴에서 GameObject 〉 UI 〉 Canvas를 선택하여 만들 수 있습니다.
하이라키의 ❸ Canvas를 선택한 뒤 인스펙터에서 Canvas Scaler를 수정합니다. Screen Match Mode를 ❹ Match Width Of Height로 변경합니다. Reference Resolution은 Full HD 사이즈인 ❺ X 1920, Y 1080을 입력합니다.

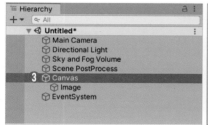
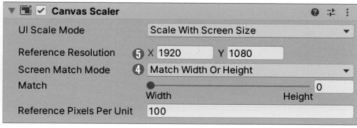

02 게임(Game) 뷰 해상도 변경하기

UI 요소들을 배치하기 전에 게임 뷰의 해상도를 먼저 정해야 합니다. 출력하는 화면 기준 해상도가 정해지지 않는다면 잘못된 결과물이 나올 수 있습니다. 게임 뷰의 ❶ 화면 비율 부분 메뉴 하단에 ❷ [+] 버튼을 누르면 나만의 해상도를 입력할 수 있습니다. ❸ Label은 Full HD라고 정하였습니다. 가로 세로 사이즈는 각각 1920과 1080입니다. ❹ Type이 Fixed Resolution일 경우 픽셀 해상도를 사용하게 됩니다. Type이 Aspect Ratio로 되어 있다면 입력된 비율로 화면의 해상도가 변합니다.

모두 입력을 하였다면 ❺ [OK] 버튼을 눌러 새로운 출력 해상도를 등록하고, 해당하는 해상도를 사용하도록 선택합니다. 이제부터 게임 뷰는 Full HD 해상도로 렌더링을 하게 되며, UI 역시 이 해상도에 맞춰 작업할 수 있습니다. 씬(Scene) 뷰에서 안정적인 1920 × 1080 해상도로 캔버스가 출력됩니다. 생성한 Image는 바탕화면으로 사용합니다. 화면의 반만 사용하기 위해 이미지 Anchor의 Min X 값을 ❻ 0.5로 맞추고 ❼ Left, Right, Top, Bottom 값은 모두 0으로 입력합니다.

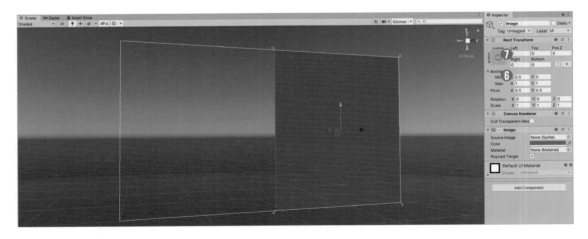

03 UI 요소들 배치하기

상단 메뉴 바의 GameObject 〉 UI 게임 오브젝트들을 배치합니다. 여기에서는 모두 8개의 게임 오브젝트를 배치하고 있습니다. 이미지를 제외하면 ❶ Toggle, ❷ Dropdown, ❸ Input Field, ❹ Slider, ❺ Button, ❻ Scroll bar, ❼ Scroll View, ❽ Text입니다.

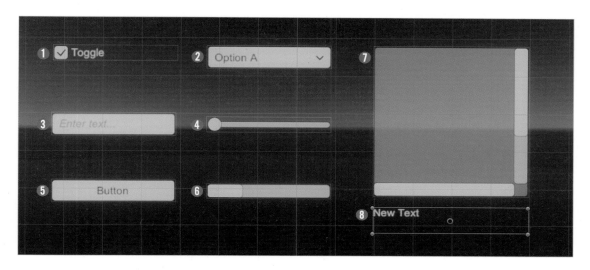

토글 버튼

토글 버튼은 자신의 기능을 알리는 라벨(Label)과 상태의 On/Off에 따른 checkmark 그리고, 체크 마크용 바탕화면으로 구성되어 있습니다. 각각의 Background와 Checkmark는 Image 컴포넌트가 적용되어 있어서 다른 이미지로 변경할 수 있습니다. Toggle 컴포넌트에 연결된 Graphic 이미지는 Is On 상태일 때 활성화 되지만 Is On이 꺼지면 비활성화 됩니다. Transition의 컬러를 변경할 경우 Target Graphic에 연결되어 있는 이미지의 색상을 상태에 따라 변경할 수 있습니다.

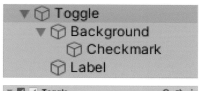

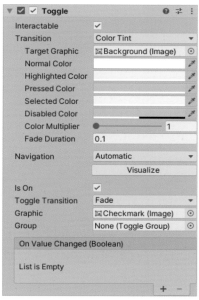

수정된 토글 버튼

드롭 다운

드롭 다운은 Play 상태에서 드롭 다운 메뉴를 누르면 ❶ Dropdown List라는 자식 오브젝트가 생성됩니다. 이 리스트를 수정하려면 비활성화 상태인 ❷ Template를 수정해야 합니다.

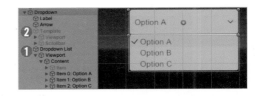

버튼의 이미지를 변경하지만 스케일이 맞지 않아 원하는 모양이 나오지 않는 경우가 있습니다. Image 컴포넌트 하단에 있는 ❸ Pixel Per Unit Multiplier의 값을 변경하면 의도하는 이미지 출력을 만들 수 있습니다. Dropdown 컴포넌트 아래쪽의 Option을 변경하면 클릭 시 뜨는 메뉴의 이름을 변경할 수 있습니다.

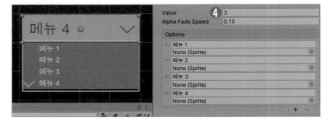

Play 상태에서 메뉴를 선택하면 인스펙터의 ❹ Value 값이 변하는 것을 확인할 수 있습니다. On Value Changed(Int32)에서 다른 스크립트의 함수를 호출할 수 있습니다.

인풋 필드

Text 파일을 입력받는 박스입니다. ❺ Text Component에 연결된 텍스트 상자에 입력 장치로 입력된 문자를 출력할 수 있습니다. ❻ Character Limit가 0이면 계속해서 Text 입력을 받을 수 있고, 입력받을 최대 글씨 수를 제한할 수도 있습니다. ❼ Line Type에 따라 한 줄 또는 여러 줄의 텍스트를 표시합니다. ❽ Select Color는 입력한 글씨를 마우스로 드래그해서 선택할 때 나오는 색상입니다.

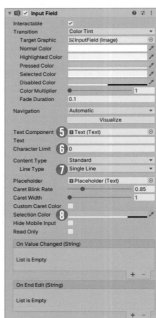

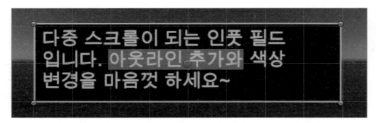

변경된 인풋 필드

슬라이더

슬라이더는 두 값의 최소~최대 값을 그래픽으로 제어할 수 있는 기능입니다. 긴 줄이 있는 텍스트나 수많은 리스트가 있는 아이템 창같은 곳에 사용될 수 있습니다.

Fill Area는 채워진 영역의 Bar 이미지이며, ❶ Handle Slide Area는 핸들 오브젝트가 움직일 영역과 핸들 아이콘으로 이루어져 있습니다. Slider 컴포넌트에서는 Fill Rect에 연결된 사각 트랜스폼과 Handle Rect에 연결된 사각 트랜스폼을 제어하고 있습니다. ❷ Direction은 슬라이더의 방향을 제어할 수 있는데, 상/하/좌/우 네 방향의 슬라이더를 사용할 수 있습니다. ❸ Min Value와 ❹ Max Value의 값을 변경시키면 0~1뿐만 아니라 음수 변화도 가능합니다. On Value Changed에 스크립트를 연결해서 ❺ Value 값이 바뀔 때마다 제어할 수 있습니다.

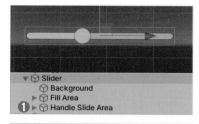

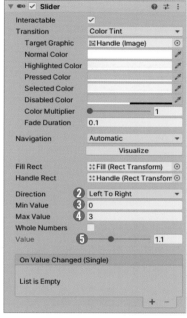

버튼

버튼의 기능은 터치나 클릭이 발생했을 때 외부에 연결된 스크립트의 함수를 호출할 수 있습니다. 대부분의 UI 기능들이 갖고 있는 Transition 기능을 지니고 있으며, 버튼용 바탕 이미지 하나와 내부에 들어가는 Text가 있지만, Text를 삭제해도 버튼 작동에 문제가 없습니다. ❻ Button 오브젝트의 자식 오브젝트에 새로운 Game Object 〉 UI 〉 Image 오브젝트를 생성하고 이미지를 변경합니다. 바탕의 사각형 모양도 둥근 이미지로 변경한 후 색상을 바꾸면 ❼ 새로운 버튼이 됩니다.

스크롤 바

슬라이더와 비슷한 구조를 지니고 있습니다. 차이가 있다면 스크롤되는 버튼 부분의 길이를 조절할 수 있다는 점입니다. 스크롤 바의 길이는 Size로 변경합니다.

스크롤 바의 핸들 길이는 ❶ Handle Rect에 연결된 사각 트랜스폼을 제어하며 만들어낸 결과입니다. 이곳에 연결된 사각 트랜스폼이 곧 스크롤 바가 됩니다. 스크롤 방향은 슬라이더와 마찬가지로 네 종류의 ❷ Direction을 제공합니다. ❸ Value는 0~1 사이 값만 갖습니다. 아래에 있는 ❹ Size는 스크롤 바의 최대 길이를 결정합니다. ❺ Number of Steps의 단계를 설정하면 스크롤 바를 드래그할 때 일정 값 단계마다 멈추듯 이동하게 됩니다.

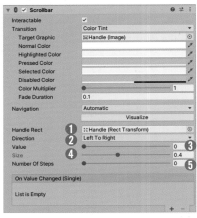

Level UP

UI 컴포넌트 연결하기

슬라이더와 스크롤 바를 사용하면 간단하게 컴포넌트 제어에 대해 이해할 수 있습니다. 슬라이더를 선택한 후 인스펙터에 있는 Slider 컴포넌트 하단의 On Value Changed(Single)에서 ❻ [+] 버튼을 눌러줍니다. Hierarchy에 있는 스크롤 바를 마우스로 드래그&드롭해서 ❼ None(Object) 부분에 넣어줍니다. 슬라이더는 잠금 버튼 🔒 을 누르면 좀 더 수월하게 편집할 수 있습니다. 오브젝트 링크 설정이 끝났으면 No Function을 클릭해서 나오는 팝업 창에서 Scrollbar > value를 선택합니다. 이제 실행하고 슬라이더 바를 움직이면 스크롤 바도 함께 움직이는 것을 확인할 수 있습니다.

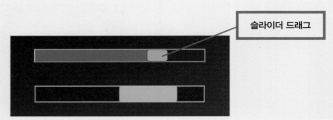

슬라이더 드래그

스크롤 뷰

Scroll View는 스크롤 바와 콘텐츠 뷰가 합쳐진 게임 오브젝트입니다. 콘텐츠 뷰는 사각 창 형태로 되어 있으며, 창의 영역을 넘어가는 이미지는 보이지 않습니다. 정해져 있는 영역 내에서만 정보를 보여주어야 할 때 사용할 수 있습니다.

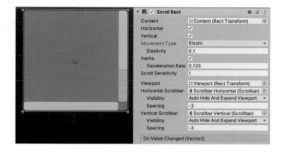

Content에 연결된 사각 트랜스폼을 제어합니다. 가로 혹은 세로 방향 모두 스크롤을 지원하는데, Horizontal 과 Vertical 체크를 해제하면 해당 방향은 더 이상 스크롤하지 않습니다. 다른 수치들은 스크롤 시 지연과 미끄러지는 느낌을 주는 등 모션 제어와 관계 있습니다.

Content	제어할 콘텐츠가 있는 사각 트랜스폼을 참조합니다.
Horizontal/Vertical	수평/수직 스크롤링을 활성화합니다.
Movement Type	무제한(Unrestricted)/탄성 있음(Elastic)/위치 한정(Clamped) 세 가지 모드가 있습니다.
Elasticity	탄성 있음 모드에서 사용하는 탄성의 정도 값입니다.
Inertia	관성 값입니다. 드래그 후 관성에 따라 콘텐츠가 계속 움직입니다.
Direction Rate	감속률은 관성이 설치되어 있을 때 얼마나 빠르게 정지하는지 결정합니다.
Viewport	콘텐츠의 부모 오브젝트에 있는 사각 트랜스폼을 참조합니다.
Visibility	스크롤 바를 사용하지 않는 경우 자동으로 숨기거나 뷰 포트도 확장할지 결정합니다.
Spacing	스크롤 바와 뷰 포트 간의 공간입니다.

Content 내에는 여러 개의 이미지나 텍스트를 넣을 수 있습니다. 잘 정리가 되어 있는 프리팹을 불러와서 Content의 자식으로 놓는다면 데이터를 관리하기 좋아집니다.

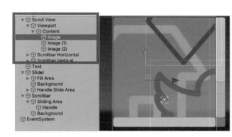

스크롤 뷰의 윈도우 영역에만 이미지가 나오는 비밀은 Viewport에 있습니다. 뷰 포트(Viewport)의 인스펙터에는 Mask 라는 컴포넌트가 추가되어 있는데, 마스크 기능으로 인해 뷰 포트 영역에만 이미지가 출력됩니다. Show Mask Graphic을 체크하면 마스크 영역을 뷰 포트에서 확인할 수 있습니다.

Texture와 Format 설정

이미지 편집기로 제작된 이미지들을 Asset 폴더에 넣어 사용할 수 있습니다. 이때 같은 이름의 Meta 파일이 생성되고, 이곳에 이미지들에 대한 속성이 저장됩니다. 이들 속성 값에 따라 2D 이미지들의 사용법이 결정됩니다.

이미지 Import하기

탐색기에서 선택한 이미지를 드래그&드롭으로 Assets 내부에 놓거나, 파일을 Assets 안으로 복사하면 Unity가 자동으로 이미지를 Import합니다. BMP, EXR, GIF, HDR, IFF, JPG, PICT, PNG, PSD, TGA, TIFF 파일을 지원합니다.

이미지를 선택하면 나오는 인스펙터 창에서 텍스처에 대한 다양한 옵션들을 설정할 수 있습니다.

Texture Type	Default/Normal map/GUI/Sprite/Cursor/Cookie/Lightmap/Single Channel을 지원합니다.
Texture Shape	2D/Cube 방식을 지원합니다. 기본은 2D입니다.
sRGB	sRGB는 감마가 공간에 저장되도록 지정합니다. smoothness 또는 metalness 등은 이 박스를 해제합니다.
Alpha Source	텍스처의 알파 값 또는 Gray Scale에서 알파 값을 사용할 수 있습니다.
Alpha is Transparency	알파 채널이 투명도인 경우 꼭 사용해야 합니다.
Non-Power of 2	텍스처 크기가 2의 거듭제곱 이외의 사이즈인 경우 이에 따라 임포트 시 스케일 동작을 정합니다.
Read/Write Enabled	텍스처 데이터를 스크립트에서 액세스할 수 있도록 합니다. 사용 메모리가 배가 됩니다. 비압축/DTX 압축 텍스처만 가능합니다.
Streaming Mip Maps	Unity가 메모리에 로드하는 밉맵 레벨을 제어합니다.
Generate Mip Maps	밉맵의 생성이 활성화됩니다.
Border Mip Map	색상이 낮은 밉 레벨의 끝에 묻어 나오는 일이 없어집니다. Light Cookie가 사용됩니다.
Mip Maps Filtering	밉맵의 필터링을 정합니다. Box 형태와 Kaiser 필터링이 있습니다.
Mip Map Preserve Coverage	생성된 밉맵의 알파 채널이 알파 테스트 동안 커버리지를 보존하도록 만듭니다.
Fadeout Mip Maps	Mip 레벨이 변할 때 밉맵이 회색으로 페이드됩니다.

Wrap Mode	텍스처를 바둑판 식으로 배열할 경우 텍스처가 동작하는 방법을 선택합니다. 반복(Repeat)/모서리 늘리기(Clamp)/미러링 반복(Mirror)/텍스처 한번만 미러링(Mirror Once)/Per−axis는 UV 축에 Unity가 텍스처를 래핑하는 방식을 개별 제어합니다.	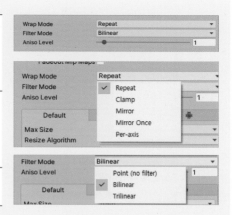
Filter Mode	3D 변환으로 텍스처를 늘리는 경우 텍스처가 필터링되는 방법을 선택합니다. – Point : 필터를 적용하지 않습니다. – Bilinear : 가까이에서 보면 흐릿하게 만듭니다 – Trainer : 서로 다른 MIP 레벨 간 흐릿하게 보입니다.	
Aniso Level	텍스처를 가파른 각도에서 볼 때 품질을 높입니다. 바닥/지면 텍스처에 효과적입니다.	

원본 이미지는 PSD나 BMP, PNG 등의 파일일 수 있지만 실제 Unity에서는 텍스처에 정해진 Format을 사용하게 됩니다. 텍스처의 Format은 서비스하는 디바이스와 사용하는 텍스처의 용도에 따라 맞는 형식을 지정해 주어야 합니다.

Override ...	각 디바이스별로 체크하게 되면 텍스처 포맷을 개별 설정할 수 있습니다.	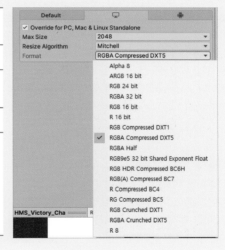
Max Size	최대 사이즈보다 이미지가 클 경우 Resize합니다.	
Resize Algorithm	이미지 크기를 줄일 때 사용하는 알고리즘을 선택합니다.	
Format	이미지 압축의 Format을 결정합니다.	
Format 설명	RGB 채널은 각각 Red, Green, Blue를 지니고 있으며 Color 데이터 입니다. A 채널은 알파 채널로입니다. 이미지에 따라 네 개의 채널을 모두 사용하는 경우 RGBA를 사용하게 됩니다. 채널 하나만 존재하는 데이터는 R 혹은 A 등으로 표시하고 있습니다. 채널 뒤의 글씨는 사용 용도에 따른 압축 방식을 뜻합니다.	

압축률과 메모리 용량

이미지의 압축 방식에 따라 메모리를 차지하는 용량이 달라집니다. 이미지 사이즈와 압축에 따른 용량은 이미지 하단에 정보가 나와 있습니다.

Sprite 설정하기

Sprite는 UI와 2D 게임 제작에 많이 활용되는 텍스처 타입입니다. 특정 구간을 반복하거나 타일 이미지, 애니메이션 이미지 등 활용이 다양합니다.

스프라이트 편집하기

등록된 Asset 중 스프라이트로 설정할 이미지를 선택한 후 인스펙터 뷰에서 ❶ Texture Type을 Sprite로 변경합니다. ❷ 스프라이트 모드는 Single과 Multiple, Polygon이 있습니다. Single은 단일 스프라이트이며 Multiple는 여러 개의 스프라이트를 지니고 있습니다. Polygon은 내부 스프라이트 폴리곤 형태를 설정할 수 있습니다.

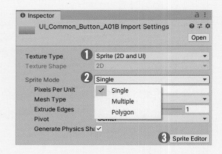

❸ [Sprite Editor] 버튼을 누르면 에디터 창이 뜹니다. 다중 스프라이트를 설정하거나, 스프라이트별 Border를 설정해서 반복할 부분을 만들어 줄 수 있습니다. ❹ Border 지정은 값을 직접 입력하거나 ❺ 녹색 선을 움직여 지정할 수 있습니다. Pivot은 스프라이트의 중심점이 되는 위치입니다. 게임 오브젝트 생성 시 해당 위치가 스프라이트의 중심이 됩니다. Custom으로 선택하면 자유롭게 중심점을 지정할 수 있습니다. ❻ Pivot Unit은 0~1의 범위 혹은 픽셀(Pixel) 값으로 지정할 수 있습니다.

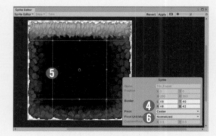

좌측 첫 번째 메뉴에서 Custom Outline, Custom Physics Shape을 선택하면 아웃라인과 물리 충돌체를 편집할 수 있습니다. 외곽선의 중앙을 마우스 왼쪽 버튼으로 클릭하면 점을 추가할 수 있고, Delete 로 삭제할 수 있습니다. 폴리곤 타입의 스프라이트 제작에도 선 편집을 사용해서 스프라이트의 형태를 변경할 수 있습니다.

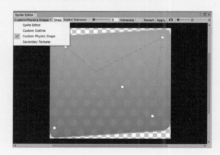

단일 스프라이트를 편집할 때는 이미지당 1개의 스프라이트 이미지가 생성됩니다. 다중 스프라이트의 경우 이미지 하나에 여러 부위의 스프라이트 이미지가 생성됩니다. 다중 스프라이트는 이미지 편집기에서 여러 요소들이 있는 상태를 가져와 하나씩 지정해 주거나, Sprite Atlas 기능을 이용해 만들 수도 있습니다. Sprite Atlas 기능을 사용할 때는 스프라이트 개별로 존재하는 Border나 Pivot 등의 설정이 모두 포함되며, 스프라이트 이름 또한 파일 이름을 따르게 됩니다.

다중 스프라이트 편집하기

등록된 Asset 중 스프라이트로 설정할 이미지를 선택한 후 인스펙터의 Sprite Mode가 Multiple일 때 다중 스프라이트를 편집할 수 있습니다. Generate Physics Shape은 필요 없을 경우 꺼주는 편이 최적화에 도움이 됩니다.

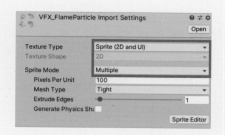

에디터 뷰의 상단에 Slice를 선택하면 스프라이트 이미지를 나눌 방법에 대해 선택할 수 있습니다. 자동(Automatic)으로 나눌 경우 편하지만, 알파 채널 기준으로 나눠지기 때문에 알파 채널을 의도대로 제작해 주어야 합니다. Cell Size는 픽셀 사이즈로 지정할 수 있으며 Cell Count는 가로 세로의 셀 개수로 지정할 수 있습니다. 일정 간격으로 이미지가 배치되어 있을 경우 Cell Count를 이용하면 쉽게 나눌 수 있습니다.

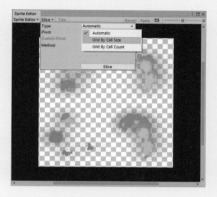

Cell Count는 가로 세로의 개수를 입력하는 Column과 Row의 개수대로 셀이 나눠집니다. Offset 값은 해당 방향 X, Y축으로 입력한 픽셀(Pixel)만큼 이동해 셀을 나누게 되고, Padding은 셀을 나눌 때 X, Y 값만큼 안쪽으로 여유를 둡니다.

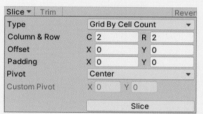

Apply 버튼 옆의 아이콘 ▣ ▸ ▣ 을 누르면 컬러 뷰와 알파 뷰 전환이 됩니다. 자동으로 나눠진 스프라이트는 각자 고유한 이름을 갖고 있습니다. 필요에 따라 알아보기 쉬운 이름으로 넣어주기 바랍니다. Slice 기능을 사용하지 않고 정하려면 마우스로 클릭&드래그하는 것만으로도 셀을 지정할 수 있습니다. 이미지의 종류와 알파 이미지 상태에 맞게 편집해야 합니다.

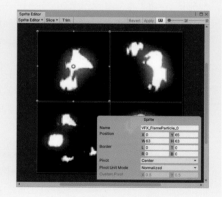

Sprite Atlas 설정하기

Sprite Atlas는 UI 혹은 스프라이트를 사용하는 게임 오브젝트의 드로우 콜을 최소화할 수 있습니다. 이미지가 작게 나눠져 있을수록 Atlas로 묶으면 매우 효율적으로 로드하거나 최적화할 수 있습니다.

Sprite Atlas 만들기

그래픽 편집 툴이나 외부 Asset을 사용하지 않아도 Unity에 내장된 기능으로 Sprite Atlas를 만들 수 있습니다. Sprite Atlas는 상단 메뉴 바에서 Asset 〉 Create 〉 Sprite Atlas로 만들 수 있고, Assets의 폴더 내에서 마우스 오른쪽 버튼을 클릭하여 뜨는 팝업 메뉴에서도 만들 수 있습니다. 만들어진 Atlas의 이름을 구별하기 쉬운 것으로 변경하기 바랍니다.

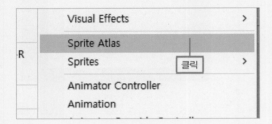

Sprite 등록하기

선택한 Sprite Atlas에 이미지를 등록하는 방법은 두 가지가 있습니다. 하나는 [+] 버튼을 눌러서 뜨는 이미지 팝업 창에서 선택해 추가하는 방법이고, 다른 하나는 Project 창에서 이미지를 선택한 후 드래그&드롭으로 Objects for Packing 글씨 위에 올리는 방법입니다. 이때 Sprite Atlas의 선택이 풀리지 않도록 인스펙터의 자물쇠 아이콘🔒을 클릭하고 진행하기 바랍니다. 주의할 사항은 추가하는 이미지는 **2D Sprite**만 적용됩니다.

해당 기능을 사용하려면 Part1에서 다룬 Edit 〉 Proect Setting에서 Editor 탭의 Srite Packer 기능이 Enable되어 있어야 가능합니다. Pack Preview 버튼을 누르면 미리보기도 볼 수 있습니다.

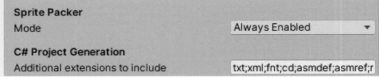

Sprite Atlas의 옵션

Packing의 옵션에 따라 Atlas의 생성 방법이 변하게 됩니다. Allow Rotation을 체크할 경우 이미지를 회전시키며 최적화된 방법으로 배치하고, Tight Packing을 선택하면 이미지의 빈 틈이 없도록 큰 이미지 사이에 작은 이미지를 배치하게 됩니다. Padding은 배치되는 스프라이트 이미지들 사이의 간격입니다.

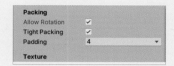

Editor의 옵션

Project Setting에 있는 Editor에서 Sprite Packer의 옵션에 따라 빌드(Build) 시 혹은 에디터 상의 플레이 시 빌드하고 사용하는지 선택할 수 있습니다.

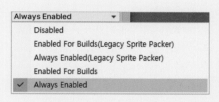

Disable	스프라이트 패커를 사용하지 않습니다.
Enable for Builds (Legacy Sprite Packer)	구 버전의 스프라이트 패커를 사용합니다. 빌드 시에만 Atlas를 생성/로드합니다.
Always Enable (Legacy Sprite Packer)	구 버전의 스프라이트 패커를 사용합니다. 빌드 시/Play 모드에서 모두 Atlas 생성/로드합니다.
Enable For Builds	빌드 시에만 Atlas를 생성/로드합니다. Play 모드에서는 개별 스프라이트를 사용합니다.
Always Enable	빌드 시/Play 모드에서 실행해도 Atlas를 생성/로드합니다.

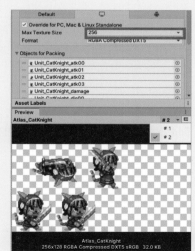

Atlas 생성 시 Max Texture Size보다 더 큰 텍스처가 생성될 경우 자동으로 페이지가 늘어나며 생성됩니다. 프리뷰에서 우측 상단의 **[숫자]** 버튼을 눌러 다른 페이지를 확인할 수 있습니다.

SECTION

04 UGUI와 스크립트(Script) 제어

UGUI와 스크립트를 사용하면 작동하는 UI를 간단하게 만들 수 있습니다. Java와 C# 등 언어를 이용해 제작할 수 있는데, 여기에서는 C#을 사용해 제작하겠습니다. 깊은 수준의 언어 사용법을 몰라도 간단하게 다루고 있습니다.

01 랜덤 숫자 UI 만들기

UI 버튼을 누르면 랜덤하게 숫자가 출력되는 기능을 만들어 보겠습니다. 캔버스에 버튼과 텍스트를 하나씩 배치합니다. 앞에서 만들었던 씬(Scene)에 배치된 UI 오브젝트들 중 버튼과 텍스트만 남겨두고 지워도 됩니다. 이미지 배치는 다음의 그림을 참고하여도 좋습니다. 간단한 타이틀 텍스트와 이미지들을 추가로 배치해도 되지만, 중요한 것을 게임 오브젝트 중 Button과 Text가 하나씩은 꼭 있어야 합니다. 배치가 끝났다면 Assets 내 Scripts 폴더 또는 스크립트를 만들고 폴더를 정해서 C# 스크립트를 하나 생성합니다. 스크립트 이름은 RandomUICount.cs입니다.

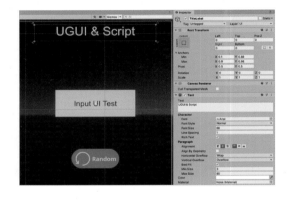

Project 폴더 내에서 마우스 오른쪽 버튼을 눌러 **Create > C# Script**를 선택합니다. 만들어진 스크립트를 더블클릭해서 열어줍니다. Visual Studio가 설치되어 있다면 바로 연결되어 열립니다. 편집기가 없을 경우 앞에 나오는 Unity HUB에서 추가 설치할 수 있습니다. Visual Studio Community는 무료로 사용할 수 있으며 Microsoft의 계정이 필요합니다. 만들어진 파일 이름과 스크립트 내의 Class 이름이 꼭 같도록 만들어야 합니다.

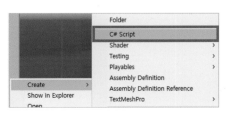

78

02 스크립트 만들기

다음은 0부터 100 사이의 랜덤 숫자를 생성한 후 Text로 출력하기 위한 코드입니다. 예제 코드를 참고해서 작성하기 바랍니다. Unity의 기능 중 UnityEngineUI를 사용해야 합니다. Public 으로 선언된 RandomCountSample 함수는 버튼에 연결해서 작동되도록 만들 예정입니다.

```
RandomUICount.cs

using UnityEngine;
using UnityEngine.UI; // Unity UI 사용 시 필요

public class RandomUICount : MonoBehaviour
{
    public Text TextOut;

    int randomCount;

    public void RandomCountSample()
    {
        randomCount = (int)Random.Range(0,100);
        TextOut.text = "" + randomCount;
    }
}
```

03 스크립트 오브젝트 만들기

하이라키(Hierarchy) 창에 만든 스크립트를 적용할 비어 있는 게임 오브젝트를 만들어 주고 이름을 GameManager라고 수정합니다. **하이라키 창 〉 마우스 오른쪽 버튼 〉 Create Empty**입니다. 제작한 RandomUICount.cs 파일을 게임 오브젝트의 인스펙터 창에 드래그&드롭하거나 Add Component 버튼을 눌러 적용시켜 줍니다. 이제 GameManager의 인스펙터에 TextOut이라는 변수가 하나 생성되었습니다.

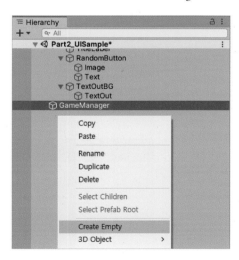
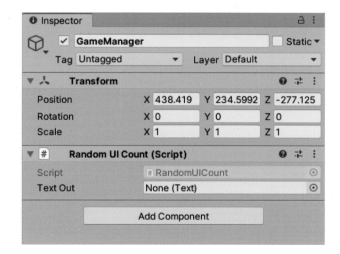

04 스크립트 연결하기

만들어 놓은 GameManager의 인스펙터에 있는 Random
UI Count 컴포넌트의 비어 있는 텍스트(Text) 부분에
Canvas에 있는 글씨를 출력할 텍스트 게임 오브젝트를
드래그&드롭으로 연결시킵니다. 여기에서는 TextOut이
라는 이름의 게임 오브젝트입니다. 또 다른 방법으로는
None(Text) ⊙ 부분을 클릭해서 나오는 리스트에서 연결
할 수도 있습니다. GameManager 오브젝트의 잠금 버튼
을 누르고 작업하면 다른 게임 오브젝트 선택 시 선택이
해제되지 않고 연결할 수 있습니다.

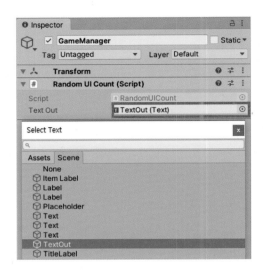

05 버튼 연결하기

만들어 놓은 버튼에 GameManager에 있는 RandomUICount 스크립트의 함수를 연결하면 클릭 시 함수 실행이
가능합니다. 버튼 게임 오브젝트를 선택하면 나오는 인스펙터 창의 Button 컴포넌트 아래 On Click() 부분이 있
습니다. 이곳에 있는 [+] 버튼을 눌러 나오는 리스트에 GameManager를 선택해서 드래그&드롭으로 연결시킵
니다. No Function 부분을 클릭한 후 스크립트에 만들어 놓은 함수 이름을 찾아서 선택합니다.

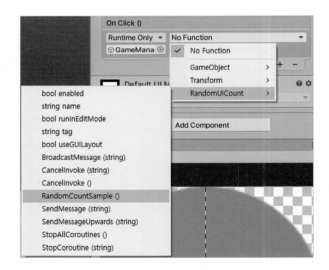

06 실행하기

Play ▶ 버튼을 눌러 만든 씬(Scene)을 실행합니다. 버튼을 누를 때마다 텍스트 상자의 텍스트가 불규칙적으로 변하며 출력됩니다. 버튼의 On Click() 리스트에 다른 함수를 추가로 등록할 여러 개의 함수들을 동시에 실행할 수도 있습니다. 지금은 Text 데이터를 출력했지만 다른 UI 슬라이더(Slider)의 Value 값을 변하게 할 수도 있고, 다른 게임 오브젝트의 함수를 실행할 수도 있습니다.

POINT

Start()와 Update() 함수

최초에 C# 스크립트를 작성하면 두 개의 함수가 미리 만들어져 있습니다. 하나는 Start()이고 다른 하나는 Update()입니다. Start() 함수에 작성된 코드는 Application 최초 실행 시 단 한번만 실행되며, Update() 함수에 작성된 코드는 1 프레임 마다 1번씩 작동합니다. 위의 스크립트에서 실행 시 텍스트 상자에 다른 글씨가 나오게 하려면 다음과 같은 코드를 추가하고 실행할 수 있습니다.

```
. . .
void Start()
{
        TextOut.text = "랜덤 버튼을 눌러주세요~!";
    }

public void RandomCountSample()
. . .
```

이벤트 함수의 실행 순서

Play 상태가 되면 지정된 순서에 따라 이벤트 함수가 실행됩니다. 씬의 로드부터 프레임 업데이트 전과 사이, 렌더링, 코루틴, 업데이트 후, 오브젝트 파괴 시점, 씬 종료 시점 등 스크립트의 라이프 사이클에 맞게 코드를 사용해야 합니다.

스크립트 라이프 사이클

Unity는 스크립트의 주기 동안 이벤트 함수의 순서를 지정하고 반복하는 작업을 합니다.

순서	함수	설명
첫 번째 씬 로드	Awake	프리펩이 인스턴스화된 직후에 호출됩니다. Start 함수 전에 호출되며, 게임 오브젝트가 비활성화된 경우 활성화될 때까지 호출되지 않습니다.
	OnEnable	오브젝트가 활성화 직후 이 함수를 호출합니다.
	OnLevelWasLoaded	새 레벨이 로드된 게임을 통지하기 위해 실행됩니다.
에디터	Reset	오브젝트에 처음 연결하거나 Reset 커맨드를 사용할 때 스크립트의 프로퍼티를 초기화하기 위해 호출합니다.
첫 번째 프레임 업데이트 전에	Start	첫 번째 프레임 업데이트 전에 호출됩니다. 스크립트 인스턴스가 활성화되어야 작동합니다.
프레임 사이	OnApplicationPause	일시 정지가 감지된 프레임의 끝, 일반 프레임 업데이트 사이에 호출됩니다. 그래픽스를 표시하도록 이 함수가 실행된 후 한 프레임이 추가로 실행됩니다.
업데이트 순서	FixedUpdate	프레임 속도가 낮은 경우 프레임 당 여러 번 호출될 수도 있습니다. 모든 물리 계산 및 업데이트는 FixedUpdate 후 즉시 발생합니다. 프레임 속도와 관계 없이 신뢰할 수 있는 타이머에서 호출됩니다.
	Update	프레임 당 한번 호출됩니다. 프레임 업데이트를 위한 주요 작업 함수입니다.
	LateUpdate	Update가 끝난 후 한번 호출됩니다. Update에서 수행된 모든 계산은 Late Update가 시작할 때 완료됩니다. 캐릭터 등의 움직임을 Update에서 처리하고 LateUpdate에서 움직임을 추적하며 작업을 수행할 수 있습니다.
애니메이션 업데이트 루프	OnStateMachineEnter	State Machine Update 동안 컨트롤로의 상태 머신이 Entry 상태를 통과하는 전환을 만들 때 이 Callback이 첫 번째 업데이트 프레임에 대해 호출됩니다. Controller 컴포넌트가 애니메이션 그래프에 있을 때만 발생합니다.
	OnStateMachineExit	State Machine Update 동안 컨트롤러의 상태 머신이 종료 상태를 통과하는 전환을 만들 때 이 Callback이 마지막 업데이트 프레임에 대해 호출됩니다. Controller 컴포넌트가 애니메이션 그래프에 있을 때만 발생합니다.
	Fire Animation Events	마지막 업데이트 시간과 최신 업데이트 시간 사이에 샘플링된 모든 클립에서 모든 애니메이션 이벤트를 호출합니다.
	StateMachineBehaviour	레이어가 최대 3개의 활성 상태를 가질 수 있습니다. 이 함수는 OnStateEnter/OnStateUpdate/OnStateExit 콜백을 정의하는 StateMachineBehaviour 컴포넌트가 포함된 각 활성 상태에 대해 호출됩니다. Controller 컴포넌트가 애니메이션 그래프에 있을 때만 발생합니다.
	OnAnimatorMove	업데이트 프레임마다 루트 모션을 수정할 수 있도록 각 Animator 컴포넌트에 대해 한번 호출됩니다.

순서	함수	설명
애니메이션 업데이트 루프	StateMachineBehaviour(OnStateMove)	이 Callback을 정의하는 StateMachineBehaviour가 포함된 각 활성 상태에 대해 한번 호출됩니다.
	OnAnimatorIK	애니메이션 IK를 설정합니다. IK Pass가 활성화된 각 애니메이터 컨트롤러 레이어에 대해 한번 호출됩니다. 휴머노이드 릭을 사용하는 경우에만 이벤트가 실행됩니다.
	StateMachineBehaviour(OnStateIK)	IK Pass가 활성화되어 있는 레이어에서 이 Callback을 정의하는 StateMachineBehaviour 컴포넌트가 포함된 각 활성 상태에 대해 호출됩니다.
	WriteProperties	다른 모든 애니메이션화된 프로퍼티를 메인 스레드에서 씬에 작성합니다.
유용한 프로파일 마커	Unity가 애니메이션을 처리할 때 호출되는 내부 함수이며, WriteProperties 또한 호출할 수 없는 이벤트 함수입니다. 이 함수에는 프로파일 마커가 있으므로 프로파일러를 사용하여 프레임에서 Unity가 호출하는 시간을 확인할 수 있습니다.	
	State Machine Update	이 단계에서 모든 상태 머신이 실행 시퀀스대로 평가됩니다. Controller 컴포넌트가 애니메이션 그래프에 있을 때만 발생합니다.
	ProcessGraph	모든 애니메이션 그래프를 평가합니다. 모든 평가 대상 애니메이션 클립에 대한 샘플링과 루트 모션 계산이 포함됩니다.
	ProcessAnimation	애니메이션 그래프의 결과를 블렌딩합니다.
	WriteTransforms	모든 애니메이션화된 트랜스폼을 워커 스레드에서 씬에 작성합니다.
렌더링	OnPreCull	카메라가 씬을 컬링하기 직전에 호출됩니다. 컬링은 어떤 오브젝트가 카메라에 표시할지 결정합니다.
	OnBecameVisible OnBecameInvisible	오브젝트가 카메라에 표시되거나/표시되지 않을 때 호출됩니다.
	OnWillRenderObject	오브젝트가 표시되면 각 카메라에 한번 호출됩니다.
	OnPreRender	카메라 씬 렌더링을 시작하기 전에 호출됩니다.
	OnRenderObject	모든 일반 씬 렌더링이 처리된 후 호출됩니다.
	OnPostRender	카메라가 씬 렌더링을 마친 후 호출됩니다.
	OnRenderImage	씬 렌더링이 완료된 후 호출되어 이미지의 포스트 프로세싱이 가능합니다.
	OnGUI	GUI 이벤트에 따라 프레임당 여러 번 호출됩니다. 레이아웃 및 리페인트 이벤트는 우선 처리되며, 각 입력 이벤트에 대해 레이아웃 및 키보드/마우스 이벤트가 다음으로 처리됩니다.
	OnDrawGizmos	시각화 목적으로 씬 뷰에 기즈모를 그릴 때 사용됩니다.
코루틴	yield	코루틴은 모든 Update 함수가 다음 프레임에 호출된 후 계속됩니다.
	yield WaitForSeconds	지정한 시간이 지난 후 모든 Update 함수가 프레임에 호출된 후 계속됩니다.
	yield WaitForFixedUpdate	모든 FixedUpdate가 모든 스크립트에 호출된 후 계속됩니다.
	yield WWW	www 다운로드가 완료된 후 계속됩니다.
	yield StartCoroutine	코루틴을 연결하고 MyFunc 코루틴이 먼저 완료되기를 기다립니다.
오브젝트를 파괴할 때	OnDestroy	오브젝트 존재의 마지막 프레임에 대해 모든 프레임 업데이트를 마친 후 호출됩니다.
종료할 때	OnApplicationQuit	애플리케이션 종료 전 모든 게임 오브젝트에 대해 호출됩니다. 에디터에서 사용자가 Play 모드를 중지할 때 호출됩니다.
	OnDisable	동작이 비활성화되거나 비활성 상태일 때 호출됩니다.

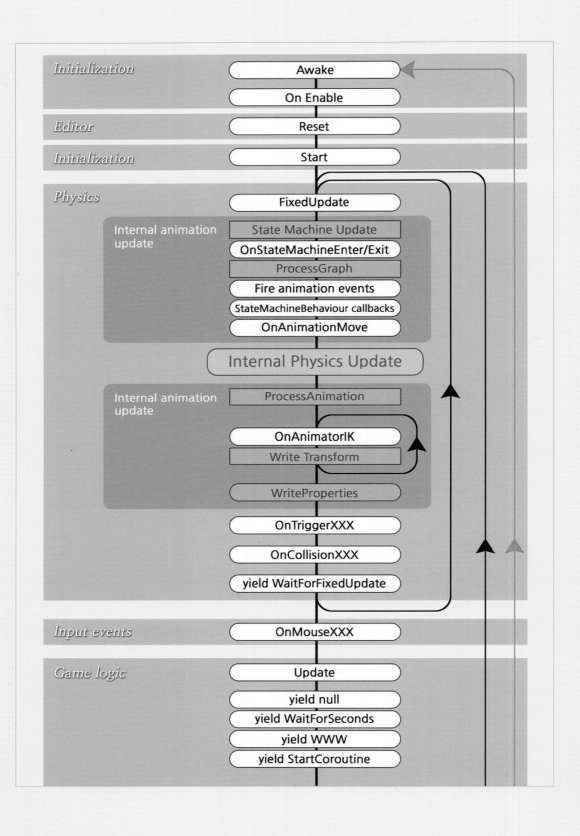

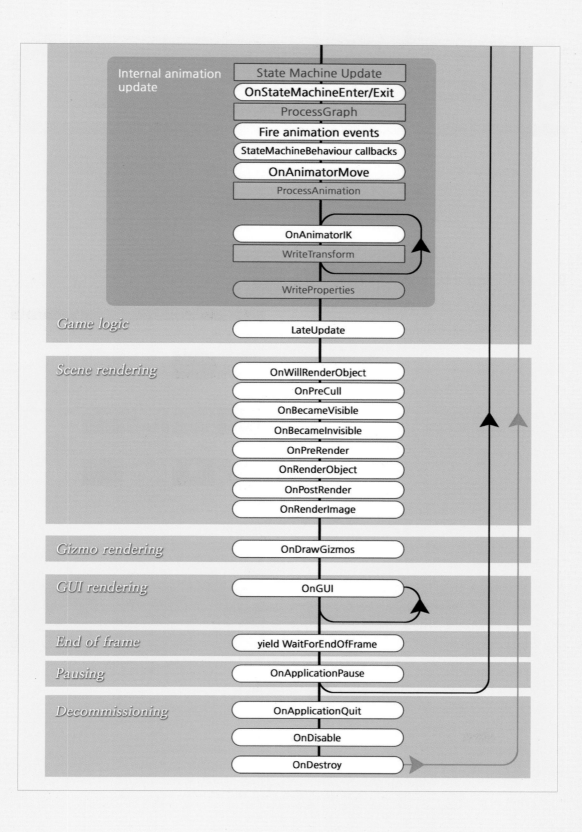

05 UI Joystick 사용하기

PC처럼 입력 장치가 키보드나 마우스가 아닌 모바일, 태블릿 등은 터치 방식의 입력 장치를 사용하고 있습니다. 이때 캐릭터의 이동 제어를 위해 버튼보다는 다른 입력 장치가 필요합니다. 가상 조이스틱은 최초의 터치 좌표로부터 움직인 좌표까지의 거리와 방향 벡터를 기반으로 그래픽을 표현합니다.

01 Asset Store의 UI Joystick 다운받기

Asset Store에는 이미 많은 종류의 UI Joystick을 제공하고 있습니다. 무료 조이스틱이어도 필요한 기능은 모두 갖추고 있습니다. 필요에 따라 제공하는 Joystick을 받은 후 목적에 맞게 고쳐 사용할 수 있습니다.

에셋 스토어에 접속한 후 Joystick을 입력합니다. 가격은 Free Assets를 눌러 무료 조이스틱을 찾습니다. 이 책에서는 Joystick Pack을 사용하였습니다. Asset을 선택한 후 다운로드/Import 버튼을 눌러 프로젝트에 추가합니다.

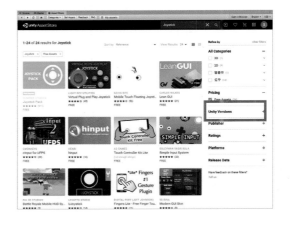

02 폴더 정리하기

다운로드한 Asset은 관리하기 쉽게 이동시켜 놓습니다. Tools라는 폴더를 만들어 옮겨놓았습니다. Joystick Pack 의 폴더를 살펴보면 Prefabs라는 폴더가 있습니다. 이곳에 프리펩을 배치하면 미리 만들어져 있는 조이스틱을 바로 사용할 수 있습니다.

모두 네 종류의 조이스틱을 지원하고 있습니다. 이중 고정된 Fixed 방식 또는 터치/클릭한 좌표에서 나타난 후 조작할 수 있는 Floating 방식을 주로 사용합니다. Dynamic은 클릭하면 등장해서 움직이는 영역을 따라다닙니다. Variable은 위 세 가지 특징을 선택적으로 정할 수 있습니다.

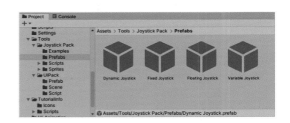

03 프리펩 배치하기

앞에서 제작한 Canvas 위에 Fixed Joystick 프리펩을 드래그해서 올려놓습니다. 주의해야 할 점은 꼭 Canvas의 자식 오브젝트로 배치해야 한다는 점입니다. UI용 게임 오브젝트들은 Canvas가 없으면 출력되지 않습니다.

기본 앵커는 좌측 하단으로 X, Y축의 모든 앵커 값이 0입니다. 화면 비율이 변하더라도 좌측 하단으로부터 일정한 Pixel 값만큼 떨어져 위치하게 됩니다. 인스펙터 뷰에서 Fixed Joystick 컴포넌트는 핸들의 거리 값, Dead Zone 그리고 X축과 Y축 중에서 이동 제약을 줄 좌표를 선택할 수 있습니다. Background에 링크된 사각 트랜스폼은 고정되어 있으며, Handle에 연결된 사각 트랜스폼이 유동적으로 움직입니다.

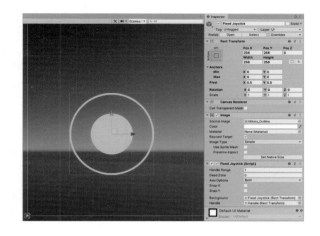

04 텍스트(Text) 배치하기

Joystick의 좌표 값 변화를 관찰하기 위한 텍스트를 배치합니다. 상단 메뉴 바에서 GameObject 〉 UI 〉 Text를 두 개 배치합니다. 위쪽 텍스트는 X축을, 아래쪽 텍스트는 Y축을 표시하겠습니다. 텍스트의 앵커 모두 X축, Y축 값을 조이스틱과 동일하게 0으로 주어 좌측 하단에 고정시킵니다. 캔버스 내에서 가장 아래쪽에 배치될수록 다른 UI 오브젝트보다 앞쪽에 렌더링됩니다. 배치한 텍스트들이 조이스틱보다 아래쪽에 배치하면 조이스틱에 가려지지 않게 됩니다.

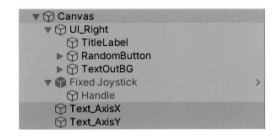

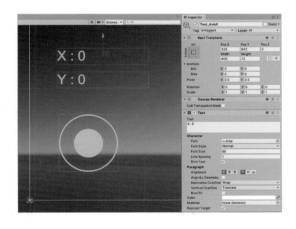

05 좌표 출력 스크립트 만들기

조이스틱의 핸들 값이 변하면 출력되는 X축, Y축 값의 변화에 대해 텍스트로 출력하는 스크립트를 만들겠습니다. 다음의 코드를 참고하여 작성합니다. 파일 이름은 JoystickDebug.CS입니다.

```csharp
using UnityEngine;
using UnityEngine.UI;

public class JoystickDebug : MonoBehaviour
{
    public FixedJoystick fJoystick; // 조이스틱의 컴포넌트를 연결합니다.

    public Text text_AxisX; // X축 값을 출력할 텍스트 입니다
    public Text text_AxisY; // Y축 값을 출력할 텍스트 입니다.

    void Update()
    {
        if (fJoystick)
        {
            text_AxisX.text = "X : " + fJoystick.Vertical;
            text_AxisY.text = "Y : " + fJoystick.Horizontal;
        }
    }
}
```

06 컴포넌트 연결하고 실행하기

JoystickDebug.CS 스크립트를 비어 있는 GameManager 오브젝트에 적용합니다. 스크립트에서 Public으로 선언된 부분들을 각각의 게임 오브젝트들(컴포넌트를 포함하고 있는)을 드래그&드롭으로 연결합니다. 연결이 끝나고 Play 모드에서 조이스틱을 움직이면 X, Y축의 값에 대한 데이터가 텍스트로 출력되는 것을 확인할 수 있습니다.

멀티 터치 구현하기

터치 방식의 입력을 지원하는 디스플레이가 보편화되어 있는 만큼 멀티 터치를 구현해야 하는 상황이 많습니다. Unity에서는 터치 입력이 되는 순서를 기억하고, 이들 간의 좌표를 계산할 수 있습니다. 다음의 스크립트는 간단한 멀티 터치 구현 예제입니다.

```csharp
using UnityEngine;

public class MultiTouchSample : MonoBehaviour
{
    float touchDistance = 0f;

    void Update()
    {
        TouchDistance();
    }

    void TouchDistance()
    {
        if(Input.touchCount == 2)
        {
            touchDistance = Vector2.Distance(Input.touches[0].position,
                                            Input.touches[1].position);

            if(Input.GetTouch(1).phase == TouchPhase.Began)
            {
                Debug.Log("멀티 터치 시작 거리" + touchDistance);
            }
            if (Input.GetTouch(1).phase == TouchPhase.Ended)
            {
                Debug.Log("멀티 터치 종료 거리" + touchDistance);
            }
        }
    }
}
```

Update( ) 함수 내 다른 함수를 호출할 경우 매 프레임마다 해당 함수를 실행하게 됩니다. Debug.Log( )는 Console 창에 텍스트를 표시합니다. 터치 입력이 2개일 경우에만 코드가 작동하며, Input.GetTouch(1) // 두 번째 입력 터치를 시작하거나 떼어질 때 텍스트를 출력하게 되어 있습니다. Float 형식의 거리 값을 저장하는 touchDistance는 vector2 형식 두 개의 좌표 간 거리를 구하는 Vector2.Distance로 거리 값을 구하고 있습니다. 이를 응용하면 멀티 터치 줌 인/아웃을 구현할 수 있습니다.

TouchPhase 상태

모바일이나 태블릿 PC같은 경우 손가락 터치를 이용한 입력을 받게 됩니다. 터치의 상태에 따라 입력 값의 정확한 상태를 파악하기 위해 5가지 상태를 추적합니다.

상태	설명
Began	손가락이 화면을 터치하는 순간의 상태
Canceled	터치 입력이 5개 이상 동시에 발생할 경우 시스템이 터치의 추적을 취소한 상태
Ended	손가락이 화면 위를 벗어나 떨어지게 되는 순간(터치가 끝나는 상태)
Moved	손가락이 화면 위에서 터치한 상태로 이동하고 있는 상태
Stationary	손가락이 화면을 터치했지만, 마지막 프레임에서 변화가 없는 상태

터치 입력에 대한 상태 파악을 위해 다음과 같이 Switch로 각 상태에 맞는 동작을 만들 수 있습니다.

```
void Update()
    {
        if (Input.touchCount > 0)
        {
            Touch touch = Input.GetTouch(0);

            switch (touch.phase)
            {
                case TouchPhase.Began:
                    Debug.Log("터치 페이즈 Began : " + touch.position);
                    return;

                case TouchPhase.Canceled:
                    Debug.Log("터치 페이즈 Canceled : " + touch.position);
                    return;

                case TouchPhase.Ended:
                    Debug.Log("터치 페이즈 Ended : " + touch.position);
                    return;

                case TouchPhase.Moved:
                    Debug.Log("터치 페이즈 Moved : " + touch.position);
                    return;

                case TouchPhase.Stationary:
                    Debug.Log("터치 페이즈 Stationary : " + touch.position);
                    return;

                default:
                    return;
            }
        }
    }
```

06 TextMesh Pro 사용하기

Text Mesh Pro는 Asset Store에서 판매하던 제품이었지만, 지금은 Unity에 정식 기능으로 포함되어 있는 패키지입니다. Text Mesh Pro를 사용하면 빠르고 예쁜 글자를 사용할 수 있습니다. 이미지 폰트이므로 한글의 경우 상용 한글약 2000자만 모아 제작하는 편입니다.

01 TextMesh Pro 설치하기

TextMesh Pro를 사용하려면 해당 패키지가 설치되어 있어야 합니다. Unity 버전에 따라 다소 차이가 있으나, ❶ 상단 탭의 Window 〉 TextMesh Pro 항목이 보이면 미리 설치되어 있는 경우이고, 구 버전의 경우 Package Manager에서 설치해야 사용할 수 있습니다. 패키지 매니저 팝업이 뜨면 ❷ TextMesh Pro를 찾아 [Install] 버튼을 누르면 설치됩니다. 최신 버전 업데이트 또한 패키지 매니저에서 할 수 있습니다.

02 상용 한글 구하기

상용 한글은 인터넷에서 공유하는 파일이 많습니다. 출판사의 파일을 다운받거나 인터넷에서 **상용 한글**로 검색하면 상용 한글 2350자 또는 **KS1001**을 검색해서 나오는 텍스트 파일을 사용하기 바랍니다.

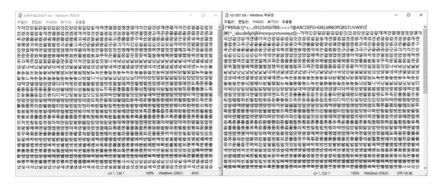

03 Font Asset Creator와 TMP Importer

폰트를 만들기 위해 TextMesh Pro 탭에 있는 Font Asset Creator 메뉴를 선택합니다. Text Mesh Pro를 처음 사용한다면 TMP Importer 창이 활성화되는데, TMP Essentials와 TMP Examples&Extras도 모두 설치하기 바랍니다. 예제 파일과 추가 기능이 포함되어 있습니다. 설치한 파일은 Assets 폴더 아래 TextMeshPro 위치에 생성됩니다.

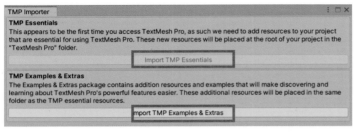

[Import] 버튼 누르면 설치

04 Font Atlas 만들기

기본 설정은 Character Set이 ASCII입니다. 전용 폰트를 사용할 예정이므로 Character Set을 ❶ Custom Characters로 변경합니다. Character Set 아래쪽에 새로운 ❷ Select Font Asset이 생성되고, Custom Character List가 나오게 됩니다. Select Font Asset 기본은 None으로 되어 있는데, 따로 지정하지 않으면 디폴트로 생성됩니다. ❸ Custom Character List의 빈 칸에 메모장으로 다운받은 폰트 파일을 열어서 모두 선택한 후 Ctrl + C 와 Ctrl + V 로 붙여넣기합니다. 만들고자 하는 폰트의 소스는 Source Font File에 연결시킨 후 ❹ Generate Font Atlas 버튼을 눌러 폰트를 생성합니다.

> **POINT**
> ---
> ### 파일을 영문으로 표기하기
> 나눔 고딕은 파일 이름 기본이 한글입니다. 폰트 파일의 이름에 한글이나 다른 특수문자가 포함되면 읽을 수 없게 됩니다. 가급적 파일 이름은 영문으로 표기하여야 합니다.

05 Font Atlas 저장하기

Font Asset Creator를 아래쪽으로 스크롤하면 Save, Save AS 버튼이 있습니다. Save 버튼을 눌러 파일을 저장합니다. 저장된 파일의 확장자는, Asset입니다.

06 TMP 컴포넌트에 연결하기

UI 게임 오브젝트들 중 − TextMeshPro가 붙어 있는 것은 위에서 제작한 폰트를 연결해서 사용할 수 있습니다. 이름이 TextMeshPro로 되어 있는 컴포넌트의 Font Asset 부분에 연결해 텍스트를 사용하면 제작한 폰트를 사용할 수 있습니다. 인터페이스상 약간의 차이는 있지만 기본 Text에서 지원하는 옵션들과 비슷한 기능들을 제공하고 있으며, 따로 컴포넌트 추가 없이 Color Gradient를 사용할 수 있습니다. Font Atlas의 특성에 따라 셰이더를 사용해 특수 이펙트를 적용할 수도 있습니다.

07 Font Settings

커스텀 폰트 생성 시 옵션에 따라 제작되는 폰트 에셋에 차별화를 줄 수 있습니다. 폰트 Atlas의 사이즈나 글자간 크기, 렌더 모드에 따른 폰트의 표현 방식이 차이납니다.

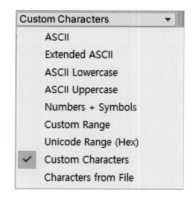

- **Sampling Point Size** : 폰트의 크기를 결정합니다. Auto면 자동으로 계산하지만, Custom Size는 입력한 Pixel 크기의 사이즈로 생성됩니다.
- **Padding** : 글씨 이미지 사이의 간격을 정합니다. 아웃라인 셰이더 사용 시 Padding이 작으면 나오지 않을 수 있습니다. 충분한 간격이 필요합니다.
- **Packing Method** : Fast/Optimum이 있습니다. 패킹 시 최대한 좋게 만들려면 Optimum을 선택해야 합니다. Atlas에 배치되는 폰트의 밀도나 순서에도 차이가 생깁니다.
- **Atlas Resolution** : Atlas의 가로 세로 Pixel 크기를 정합니다. 실제적인 텍스처이며, 디스크 용량을 결정합니다.
- **Character Set** : 문자 세트의 추출 방식을 결정합니다. 추출하고자 하는 글자나 전체 글자, 숫자와 특수문자 등 선별할 수 있습니다. 앞서 나온 추출 방법은 Custom Character List를 사용한 원하는 글자만 추출하는 방법입니다.

ASCII	표준형 아스키 문자 집합을 추출합니다. 7비트를 사용하여 문자를 표현합니다.
Extended ASCII	확장 아스키 문자 집합을 추출합니다. 악센트, 도형, 특수문자나 기호 등 부가 문자를 128개 추가할 수 있게 된 부호입니다.
ASCII Lowercase	아스키 코드의 소문자를 추출합니다.
ASCII Uppercase	아스키 코드의 대문자를 추출합니다.
Number + Symbols	숫자와 심볼을 추출합니다.
Custom Range	폰트의 글자 위치를 이용하여 Atlas로 만들 글자를 정합니다. 완성형 한글의 범위는 44032–55203입니다.
Unicode Range(Hex)	국제 코드 규약인 유니코드의 범위를 정합니다.
Custom Characters	직접 지정한 문자를 추출합니다.
Characters from file	Text Asset 파일을 직접 지정하여 추출합니다.

08 Render Mode

커스텀 폰트 생성 시 옵션에 따라 제작되는 폰트 에셋에 차별화를 줄 수 있습니다. 폰트 Atlas의 사이즈나 글자 간 크기, 렌더 모드에 따른 폰트의 표현 방식이 차이납니다.

SMOOTH_HINTED	Anti-aliasing과 Hinting이 적용된 글꼴 렌더링으로, 문자의 크기가 변해도 라인이 부드럽게 연결됩니다.
SMOOTH	Anti-aliasing만 적용된 글꼴 렌더링입니다. Real time 사용 시 가장 렌더링이 빠릅니다.
RASTER_HINTED	Hinting만 적용된 글꼴 렌더링입니다.
RASTER	원본 폰트 그대로 출력합니다.
SDF	거리에 따라 선명도를 계산하여 보여주는 방식으로, 셰이더를 통해 글자를 꾸밀 수 있다는 장점이 있습니다. 필요한 문장을 추가하며 사용하는 것을 추천합니다.
SDFAA_HINTED SDFAA	SDF 방식에 Anti-aliasing 또는 Hinting을 적용해서 렌더링하는 방식입니다. 기본 동작은 SDF 방식입니다.

폰트의 렌더링 방식 중 SDF를 제외하고는 셰이더를 통해 글씨 꾸미기에 부적합한 방식입니다.

POINT

Anti-aliasing과 Hinting

- **Anti-aliasing :** 계단 현상을 개선하는 기술로 Pixel들의 배치 시 Pixel이 튀는 것을 부드럽게 개선해 줍니다.
- **Hinting :** 글자가 스스로 모양을 변형하는 기술로, 글씨 폰트의 윤곽선 정보에 약간의 힌트를 주어 폰트를 비트맵으로 변환할 때 글자의 변형이나 왜곡 없이 더 나은 출력 결과를 얻게 만드는 기술입니다. 모니터상에서 더 뚜렷하게 보이게 글자 모양을 약간 변형시킵니다.

Special TIP — Font와 라이선스

대부분의 폰트는 제작한 회사가 있고, 유료인 경우가 많습니다. 사용권에 따라 개인이 사용할 때와 단체가 사용할 때 다른 라이선스가 작동됩니다. 폰트 라이선스에 대해 알아보고, 무료로 사용할 수 있는 폰트에 대해 알아보겠습니다.

폰트 파일 확장자의 차이

- **TTF** : Apple과 Microsoft가 함께 만든 폰트 파일 형식으로, 문서 작업에 유용하며 비교적 속도가 빠릅니다. 단점으로는 곡선 처리가 미흡한 점이 있습니다.
- **OTF** : Microsoft와 Adobe가 합작하여 만든 폰트 파일 형식으로, 그래픽 디자인 출력에 좋지만 속도가 느립니다. 일반 모니터 화면에서는 OTF보다 TTF가 더 매끄럽게 보일 수 있지만 출판에서는 OTF 파일이 곡선 표현에 더 섬세합니다.

라이선스

인터넷에서 쉽게 구할 수 있는 폰트들은 '비상업적인' 용도로 사용할 때만 무료입니다. 개인적으로 사용하는 것은 문제 없지만, 창작물을 만들어 인터넷, 출판, 간판, 배포할 경우 법무법인의 합의금 요구가 발생합니다. 폰트는 제작사/제작자의 분명한 이익 권리가 있으니 써야 한다면 구매해서 사용해야 합니다. 폰트들 중에는 상업적으로 사용하여도 무료인 것들이 존재합니다. 각 라이선스는 폰트를 제공하는 회사의 정책에 따라 변동이 발생할 수 있으니, 배포 전에 꼭 확인하기 바랍니다.

상업용 무료 폰트 사이트

'눈누'라는 사이트에서는 상업용 무료 폰트를 모아 정보를 제공하고 있습니다. 원하는 글씨를 써서 폰트 미리보기 기능도 제공하고 있으므로 유용합니다. 2020년 기준 링크는 **https://noonnu.cc** 입니다.

MEMO

Unity 2020

2D 기능과 개발 툴 활용하기

Unity는 2D 게임 제작에 있어 최고의 개발 환경을 제공합니다. 새로운 URP 프로젝트는 고품질의
2D 라이팅과 그림자를 제공합니다. PSD 파일의 레이어를 살린 Bone 방식의 캐릭터 제작도 지원합니다.
다양한 추가 패키지를 활용해서 2D 기반의 프로젝트를 쉽게 개발할 수 있습니다.

01 Unity의 2D 게임 기능

Unity는 2D 게임 제작에 있어서 매우 자유롭고 빠른 개발 기능들을 제공하고 있습니다. 2D이지만 실제 작동은 3D 오브젝트와 같습니다. 기본 템플릿을 2D로 설정하면 물리부터 라이팅, 월드 구성 공간을 2D 프로젝트 사용에 편리하도록 구성해 줍니다.

01 2D 게임 오브젝트

기본으로 제공하는 2D 기능은 상단 메뉴 바의 GameObject 〉 2D Object에 있습니다. 2D 프로젝트를 사용하기 위해 템플릿 선택을 2D로 하는 것이 좋습니다. Scene 뷰에서 Shaded 모드 표현에 있어서 2D, 3D, URP, HDRP 모두 차이가 있으며, 물리값 적용 상태와 툴의 편의 기능이 모두 2D에 맞춰져 나옵니다.

2D Object	>	Sprite
Effects	>	Sprite Mask
Light	>	Tilemap
Audio	>	Hexagonal Point Top Tilemap
Video	>	Hexagonal Flat Top Tilemap
UI	>	Isometric Tilemap
Volume	>	Isometric Z As Y Tilemap

2D 게임 오브젝트의 기본은 Sprite입니다. 스프라이트 이미지를 배치하고 월드를 구성하며, 캐릭터를 움직입니다. Sprite는 사용법에 따라 가공하는 방법에 차이가 있습니다.

Sprite	Sprite Renderer 컴포넌트를 가지고 있는 스프라이트 게임 오브젝트를 생성합니다. 2D 게임 이미지를 처리하는 기본 오브젝트입니다.
Sprite Mask	스프라이트 또는 스프라이트 그룹을 숨기거나 보여주는데 사용합니다. Sprite Render 컴포넌트를 사용하는 오브젝트에만 영향을 줍니다.
Tilemap	2D 레벨을 생성하기 위해 타일 에셋을 저장하고 처리하는 시스템입니다. Grid 오브젝트의 자식 오브젝트로 Tilemap 오브젝트가 생성됩니다.
Hexagonal Point Top Tilemap	Grid 오브젝트의 Cell LayOut이 Hexagon 타입으로 생성됩니다. Cell Swizzle이 XYZ로 설정됩니다.
Hexagonal Flat Top Tilemap	Grid 오브젝트의 Cell LayOut이 Hexagon 타입으로 생성됩니다. Cell Swizzle이 YXZ로 설정됩니다.
Isometric Tilemap	Grid 오브젝트의 Cell LayOut이 Isometric 타입으로 생성됩니다. Cell Swizzle이 XYZ로 설정됩니다.
Isometric Z As Y Tilemap	Grid 오브젝트의 Cell LayOut이 Isometric Z As Y 타입으로 생성됩니다. Cell Swizzle이 XYZ로 설정됩니다.

02 Sprite Renderer 컴포넌트

Sprite는 Sprite Renderer 컴포넌트를 가지고 있습니다. 스프라이트에 사용할 이미지는 Asset에서 Sprite(2D and UI)로 등록되어 있어야 사용할 수 있습니다.

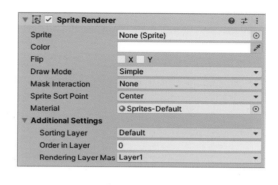

Sprite	사용할 이미지(Sprite)를 설정합니다.
Color	스프라이트의 Vertex Color를 설정합니다. 기본 이미지에 색이 곱해집니다.
Flip	이미지를 X축 혹은 Y축으로 반전시킵니다.
Draw Mode	스프라이트를 그리는 방법에 대해 설정합니다. Simple/Sliced/Tiled가 있습니다.
Mask Interaction	Sprite Renderer가 Sprite Mask와 상호 작용할 때 취하는 동작을 설정합니다.
Sprite Sort Point	스프라이트와 카메라 간의 거리를 계산할 때 스프라이트의 중심 또는 피벗 포인트 중 선택합니다.

03 스프라이트 Border 설정하기

드로우 모드(Draw Mode)를 사용하기 위해 스프라이트 이미지 파일의 Border 설정이 필요합니다. Project 창에서 이미지를 선택한 후 ❶ Sprite Editor 버튼을 눌러 ❷ Border를 편집합니다. ❸ Texture Type은 Sprite(2D and UI)로 되어 있어야 합니다. Sprite Mode에 따라 내부에 있는 이미지의 개수 차이는 있지만 Border를 설정하는 방법은 같습니다.

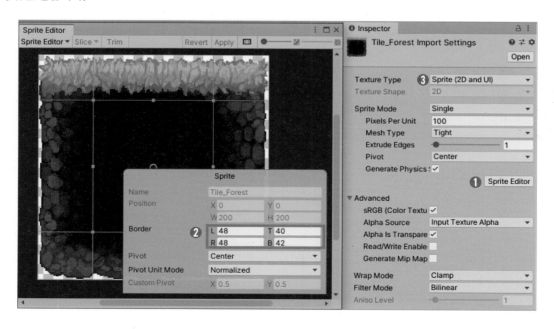

04 Draw Mode 특징

Simple은 이미지의 모양과 형태를 그대로 표현하는 방법입니다. 하지만 Tiled와 Sliced는 Border를 기준으로 차이를 보입니다.

- **Sliced** : 각각 Border들의 사이 영역이 이미지의 Size가 커지는 만큼 늘어납니다.
- **Tiled** : 각각 Border들의 사이 영역이 이미지의 Size가 커지는 만큼 반복됩니다.

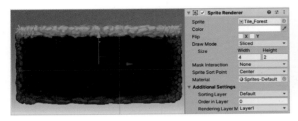

Sliced가 적용된 스프라이트

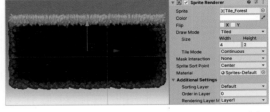

Tiled가 적용된 스프라이트

스프라이트의 Size 설정은 Tiled 또는 Sliced에서만 할 수 있습니다. 여기서 값 1은 100pixel입니다. 이 값은 Inspector의 Pixel Per Unit에서 변경할 수 있습니다. 기본 값은 100Pixel입니다. Tile Mode에서는 반복되는 타일의 배치를 Continuous와 Adaptive 중 선택할 수 있습니다. Continuous는 스프라이트 이미지의 Size가 Border의 크기와 관계 없이 다소 잘려나가도 Pixel 사이즈를 유지하며 배치되지만, Adaptive는 정해진 Border가 스프라이트의 Size 내부에 정확하게 루프되도록 배치됩니다. 이러한 특징 때문에 반복되는 이미지가 조금 늘어나거나 줄어들어 보일 수 있지만, 스프라이트 이미지와 Border의 경계가 정확하게 맞는 장점이 있습니다. Border 영역의 스프라이트 이미지는 서로 타일에 맞게 루프되도록 제작하는 편이 좋습니다.

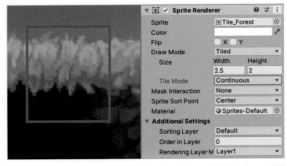

Continuous로 설정된 Border 패턴

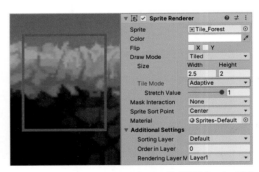

Adaptive로 설정된 Border 패턴

05 Color와 Flip

Unity에서 제공하는 기본 스프라이트 셰이더는 Vertex Color와 텍스처 컬러를 곱해서 출력합니다. Sprite Renderer에 있는 Color가 Vertex Color 영역의 색상을 변경합니다. 흰 색상의 텍스처는 Color에서 설정한 색상이 그대로 반영되지만, 어두운 텍스처일수록 Color 값에 따라 더욱 어두워지게 됩니다. Photoshop과 같은 이미지 편집 프로그램 레이어 옵션의 Multiply와 같은 기능입니다. Additive 또는 Overlay와 같은 효과를 내야 한다면 Material을 변경해 주어야 합니다. Material 관련 부분은 Unity의 셰이더 제작에 대해 알아둘 필요가 있습니다. 셰이더 제작과 관련된 Vertex&Fragment 정보문화사의 『게임 비주얼 이펙트 테크니컬 입문 with 유니티』 도서에서 자세히 다루고 있습니다.

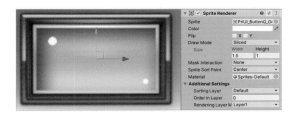 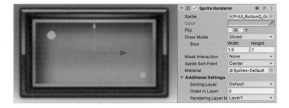

Flip 기능은 Sprite 캐릭터의 좌우 반전에 활용하기 좋습니다. Scale의 X축 값을 −1로 주어도 반전되지만, Pivot 중심으로 Flip을 켜주는 것만으로 쉽게 이미지를 반전시킬 수 있습니다. 캐릭터의 Scale을 변형시켜 좌우 반전 이미지를 만들 경우 자식 오브젝트로 붙는 이펙트 또는 컴포넌트를 지닌 오브젝트에 대해 주의해서 작업해야 합니다.

06 Additional Settings

스프라이트의 레이어 설정과 렌더링 순서를 결정할 수 있는 파라미터가 있습니다. 특히 렌더링 순서를 잘 정리할 필요가 있으며, 이펙트 렌더링 순서나 환경 효과의 제작에도 영향을 주기 때문에 계획적으로 배치해야 합니다. Sorting Layer는 아래쪽에 배치될수록 늦게 렌더링됩니다. 늦게 렌더링될수록 다른 이미지보다 위에 렌더링됩니다. Add Sorting Layer 버튼을 눌러 레이어를 관리할 수 있습니다. 원경, 그라운드, 캐릭터, 사물, 근경과 같이 대분류로 나눠 사용하고, Sprite의 레이어를 해당 레이어로 분류시킵니다. Order in Layer는 같은 Sorting Layer 상에 존재하는 다른 스프라이트 이미지들과의 렌더링 순서에 영향을 줍니다. 다른 레이어에 존재한다면 영향을 주지 않습니다. Rendering Layer Mask는 스프라이트 마스크 사용에 영향을 줍니다.

07 Sprite Mask

스프라이트 마스크(Sprite Mask) 기능을 사용하면 스프라이트 그룹을 숨기거나 보여줄 수 있습니다. Sprite Renderer 컴포넌트를 사용하는 오브젝트에만 영향을 줍니다. 스프라이트 마스크를 생성하기 위해서 상단 메뉴바의 GameObject 〉 2D Object 〉 Sprite Mask를 선택합니다. 하이라키(Hierarchy)에서 마우스 오른쪽 버튼을 누르면 나오는 메뉴에서 2D Object 〉 Sprite Mask를 선택할 수도 있습니다. Sprite Mask에 사용하는 이미지의 알파 값을 Cutoff한 상태가 마스크로 적용됩니다. 마스크를 적용할 스프라이트의 경우 마스크 안쪽에만 나오게 할지 마스크 영역 밖에 이미지가 나오게 할지 정할 수 있습니다.

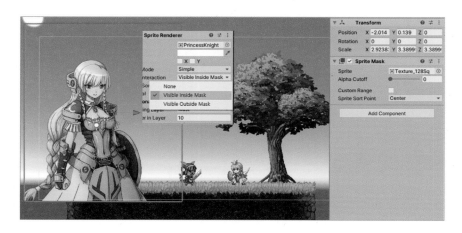

2D 템플릿으로 제작된 프로젝트라면 씬 뷰에서 Shaded 버튼을 눌러 마스크 영역의 상태를 체크할 수 있습니다. 마스크 영역이 반투명화되어 나오고, 마스크에 영향받는 이미지는 약간 어둡게 출력됩니다.

08 Sorting Group과 마스크

Card 게임과 같이 특정 프레임 안에 이미지가 들어가야 하고, 여러 장의 카드가 겹쳐지는 스프라이트 이미지일 경우 Sprite Mask의 영역이 어디에나 적용되기 때문에 따로 그룹으로 묶어서 해당 그룹에만 마스크가 적용되도록 만들 수 있습니다. 스프라이트의 Sorting Layer를 추가한 후 Sprite Mask의 Custom Range를 사용해 각각의 스프라이트에 맞는 Sorting Layer를 적용하면, 자신의 그룹에 있는 Mask에만 영향을 받게 됩니다. 2D UI의 경우 Mask가 자신의 자식 오브젝트에만 자동으로 적용되지만, 2D 스프라이트의 경우 레이어 별로 따로 관리해야 합니다.

모든 이미지에 적용되는 Mask

Sorting Layer에 영향을 받은 Mask

스프라이트 꾸미기

배경용 스프라이트는 하나의 완성된 이미지를 사용하는 것보다 각각의 부분으로 만들어 조합 형식으로 사용하면 좋습니다. 다음의 이미지는 나무 기둥과 잎사귀가 따로 제작되어 있는 리소스를 조합해서 만든 예제입니다. 나무 기둥보다 더 먼 곳의 잎사귀는 어둡고, 덩어리로 된 잎사귀들을 배치한 후 움직임을 주면 바람에 흔들리는 효과를 줄 수 있습니다. 조합형 오브젝트는 하나의 Atlas로 묶여 있는 스프라이트 이미지여야 Draw call을 줄일 수 있습니다.

배치된 스프라이트의 영역은 씬 뷰에서 Shaded Wireframe을 선택하면 폴리곤 Mesh의 밀도를 확인할 수 있습니다. 2D 이미지이지만 Pixel 그대로 출력되는 것이 아닌 폴리곤을 사용하는 텍스처입니다. 스프라이트 인스펙터에서 Mesh Type을 Full Rect로 선택했다면 사각형 박스로 나오지만, Tight로 선택하는 경우 이미지의 알파 값에 따라 좀 더 많은 폴리곤이 생성됩니다.

구름 스프라이트의 Mesh Type이 Tight로 되어 있는 Wire Frame

Asset Store의 학습용 2D Project

Asset Store에서는 Unity의 학습에 도움을 주는 무료 2D 프로젝트들이 있습니다. 일부는 이미지만 제공되기도 하고 일부는 월드 설정부터 캐릭터 이동과 아이템, 라이팅 적용 등 다양합니다. 도움이 될만한 무료 Asset 몇 가지를 소개합니다.

Lost Crypt 2D 샘플 프로젝트

Unity Technologies에서 공식으로 제공하는 2D 프로젝트입니다. 2019.3 버전 이상을 지원하고 있는 가장 최신의 2D 프로젝트 샘플이며, Universal Render Pipeline을 활용하고 있어서 스프라이트에 라이팅 효과를 주거나, 동적인 환경 변화와 2D 공간에 그림자 효과 등을 쉽게 만들어내는 방법에 대해 학습할 수 있습니다. Unity의 거의 모든 2D 기능을 사용하고 있는 프로젝트입니다. 가장 진보한 2D 개발 에셋이지만 그만큼 사용 난이도가 높고, 초급 개발자가 접근하기에는 어렵습니다. 초기에는 일반 2D 리소스나 2D 스크롤 뷰 게임 프로젝트를 먼저 학습한 후 접근하는 것을 추천합니다.

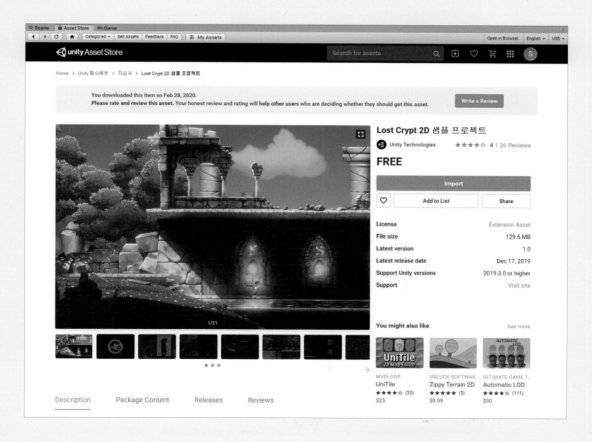

2D Sprites pack

Unity Technologies 공식 에셋으로, Unity의 기능 학습에 사용할 수 있는 2D 스프라이트들이 다량 포함되어 있습니다. 물리, 관절, 간단한 게임 제작 실험에 사용할 수 있습니다.

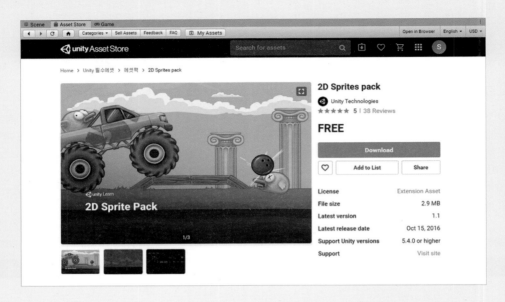

2D Game Kit

Unity Technologies 공식 에셋으로, **Lost Crypt 2D** 이전까지 가장 추천하던 에셋입니다. 2D 횡 스크롤 액션 게임 개발과 맵 오브젝트와의 이벤트 처리, 이펙트와 이동, 키 아이템 등을 학습하고 나면 하나의 2D 게임 개발을 이해할 수 있는 단계가 됩니다.

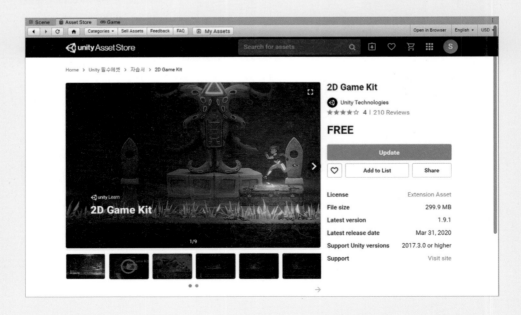

02 2D 타일 맵 만들기

타일 맵(Tilemap) 기능은 사각형이나 헥사곤(Hexagon) 타입의 이미지를 배치하여 맵을 만드는 기능입니다. 탑 뷰 방식의 RPG나 액션, 필드를 돌아다니며 모험을 하는 게임 개발에 적합합니다. 정해진 그리드를 페인팅하듯 채워나갈 수 있습니다.

01 Tilemap 게임 오브젝트 배치하기

타일 맵을 사용하기 위해 먼저 하이라키(Hierarchy)에 Tilemap을 생성합니다. 만든 후 좌표는 원하는 위치에 놓으면 됩니다. Tilemap의 다른 생성 옵션들도 기본 Tilemap의 확장형입니다. Cell Layout에 따라 사각형인 헥사곤, Isometric으로 분류됩니다. 타일 맵 제작에 필요한 이미지 스프라이트도 Assets 폴더 내에 저장합니다. Texture Type은 Sprite로 되어 있어야 합니다. Tile Map 게임 오브젝트가 생성되면 Scene 뷰에 Grid라는 게임 오브젝트가 생성되며, 자식 오브젝트로 Tilemap이 생성되어 있습니다. 씬 뷰에 사각형 Grid가 생성되어 있는데,

이 그리드 1칸당 타일을 배치할 수 있습니다. Grid 컴포넌트의 Cell Size에서 타일 1개에 대한 사이즈를 정할 수 있습니다.

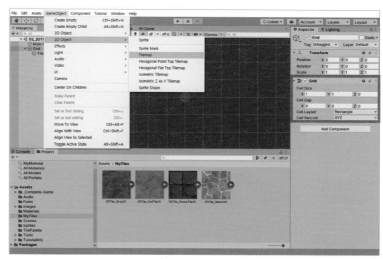

타일 맵을 배치하려면 상단 메뉴 바에서 Window 〉 2D 〉 Tile Palette를 선택해 타일 팔레트(Tile Palette) 창을 띄워야 합니다. Tile Palette는 타일 맵에 사용할 스프라이트 이미지를 관리하고 배치, 편집할 수 있는 기능입니다.

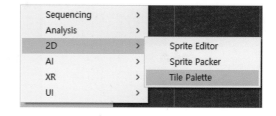

02 Tile Palette 사용하기

Tile Palette는 새로운 Palette를 만들거나 기존에 생성된 Palette를 불러와 작업할 수 있습니다. Create New Palette 버튼을 눌러 새로운 Palette를 만들어줍니다. 팔레트의 Name은 다른 Asset들과 분류하기 좋은 것으로 설정합니다. Grid 타입에 따라 사각형 또는 육각형 타일을 저장할 수 있습니다. Cell Size는 자동으로 생성되지만, Manual로 변경할 수 있습니다.

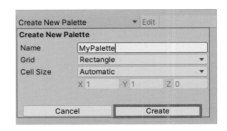

팔레트를 Assets 폴더 내 만든 후 등록해 두었던 이미지들을 드래그&드롭으로 가져오면 자동으로 해당 이미지에 대한 Assets을 생성하는 팝업이 뜹니다. Asset 파일은 다중 스프라이트의 경우에도 하나씩 생성되며, 사용하는 이미지 스프라이트에 대한 정보를 가지고 있습니다. Asset들의 미리보기 아이콘은 등록한 스프라이트의 이미지와 같습니다. 따로 저장된 타일 에셋을 모아놓을 폴더를 만들어 옮겨 둡니다.

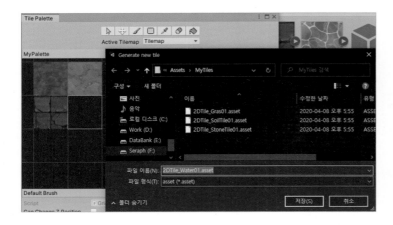
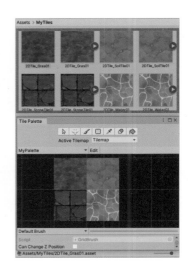

03 Tile Palette의 메뉴

사용할 타일들을 배치하거나 삭제할 수 있고, 이동시킬 수 있으며 이미지 편집 툴과 같이 페인트 통 붓기 기능을 사용해 같은 영역을 모두 같은 타일로 채워 넣을 수도 있습니다.

Select an area of the grid S ⬉	씬 뷰에 배치된 타일들을 드래그해서 선택할 수 있습니다.
Move selection with active brush M ✥	씬 뷰에서 선택된 타일들을 이동시킵니다.
Paint with active brush B ✎	브러시 툴로 선택된 타일을 배치합니다.
Paint a fill box with active brush U ▢	선택된 타일을 드래그해서 배치합니다. 넓은 면적을 배치하기 좋습니다.
Pick or marquee select new brush I ✐	스포이트 툴을 사용해 씬 뷰에 배치된 타일을 선택할 수 있습니다.
Erase with active brush D ◈	씬 뷰에서 지우개 상태로 선택한 타일들은 삭제됩니다.
Flood fill with active brush G ◧	페인트 통을 이용하면 일정 영역에 한 종류의 타일들을 동시에 교체할 수 있습니다.

04 Tile Palette를 사용한 타일 배치

지금까지 등록한 타일들을 배치해 보겠습니다. 각각의 툴을 사용하며 그림 그리듯 배치할 수 있습니다. 중요한 점은 타일 1의 값은 스프라이트의 Unit당 Pixel 수에 영향을 받습니다. 128 pixel의 스프라이트 타일이라면 인스펙터의 Pixel Per Unit을 128로 설정해야 합니다.

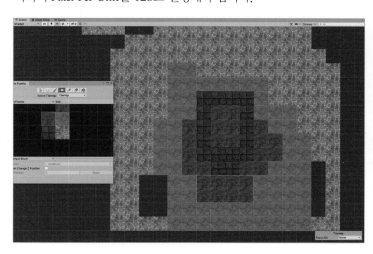

05 Tilemap 설정

Tilemap의 설정에 따라 회전 방향을 바꾸거나, 축을 변경할 수 있습니다. 이는 Grid를 X, Y축으로 설정할지, X, Z축으로 설정할지에 따라 타일의 회전이 필요하기 때문이며, 개별 타일의 앵커(Anchor)의 위치를 변경할 수도 있습니다. Grid의 Cell Swizzle를 X, Z, Y로 설정할 경우 X, Z축으로 타일을 배치할 수 있게 되지만, 타일들이 90도로 세워져 출력됩니다. 이때 Tilemap의 Orientation을 X, Y에서 X, Z로 변경하면 원하는 방향으로 배치할 수 있습니다.

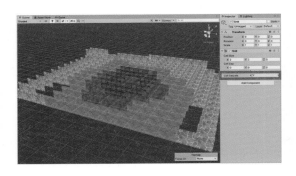 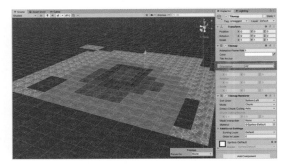

06 타일 패턴 배치하기

Tile Palette에 타일들을 특정 형태로 배치한 후 이를 가지고 패턴 형식으로 배치할 수 있습니다. 만든 패턴을 타일 팔레트에서 드래그로 선택한 후 맵 위에 브러시 툴을 사용해 배치합니다. 연속되는 형태 또는 조합형 타일 이미지는 패턴으로 만들어 배치하기 적합합니다.

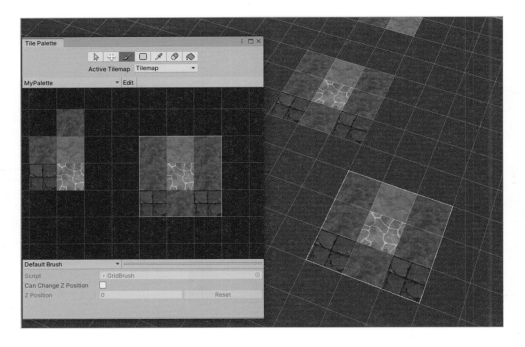

07 오브젝트 추가하기

지형 타일 맵을 만들었다면 그 위에는 건축물이나 자연물과 같은 오브젝트를 배치해야 합니다. 이를 위해서는 Grid 내에 새로운 Tilemap이 하나 더 배치되어야 합니다. Grid를 선택한 후 GameObject 〉 2D 〉 Tilemap을 선택하면 선택한 Grid의 자식 오브젝트로 새로운 Tilemap(1)이 하나 생성됩니다. 구분하기 좋은 이름으로 변경합니다. 타일 맵 오브젝트의 Tilemap Renderer 컴포넌트의 Order in Layer는 1을 줍니다. 바닥에 배치되는 타일 맵보다 레이어가 높아야 합니다.

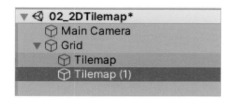
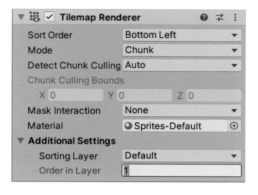

위에 올라가는 오브젝트들도 Tile Palette에 추가한 후 배치합니다. 스프라이트 고유의 크기만큼 배치되며, 스프라이트의 Pivot 위치 기준으로 타일에 배치할 수 있습니다. 기존의 Tilemap과 Orientation이 같지 않다면 다른 축으로 회전된 채로 스프라이트가 출력될 수 있습니다. 스프라이트를 원래 이미지보다 작거나 크게 표현하고 싶다면, 스프라이트 이미지 Pixel Per Unit의 크기를 변경합니다. 배치한 오브젝트의 영역별 상하 관계는 Sort Order에 따라 변합니다. Top Left는 왼쪽 상단에 배치된 물체를 먼저 렌더링하기 때문에 우측 아래에 배치될수록 늦게 렌더링됩니다.

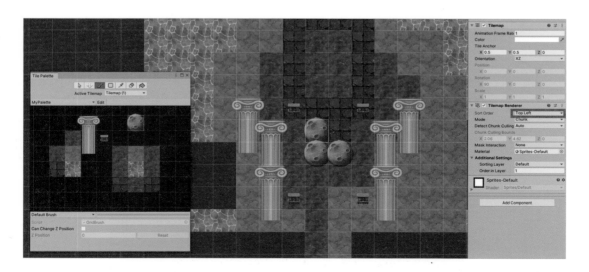

레이어와 게임 성능

이미지 편집 툴을 접해보았다면 익숙한 기능이 바로 레이어(Layer)입니다. 레이어는 층 또는 막을 뜻하는 말로, Unity의 2D에서는 렌더링 순서를 결정해주는 Order in Layer 기능이 있습니다. 앞서 등장했던 Sprite의 경우 Sorting Layer에 의해 렌더링 순서를 정하는 그룹이 나뉘기도 했습니다. 렌더링되는 순서이다보니 아무리 카메라에 더 가까이 배치되어 있어도 먼저 렌더링을 하게 되면 이후 렌더링되는 이미지가 위에 있는 것처럼 보입니다.

맵 위의 오브젝트를 맵보다 늦게 렌더링하는 경우   맵 위의 오브젝트를 맵보다 빠르게 렌더링하는 경우

렌더링을 늦게 해서 위로 올라갈 때 알파 채널이 없다면 뒤쪽의 이미지를 완전히 가리게 됩니다. 이럴 경우 불필요한 곳까지 이미지를 배치하고 렌더링하는 낭비를 만들게 됩니다. 게임의 성능을 저하시키는 가장 큰 원인 중 하나가 바로 넓은 면적의 화면을 여러 번 지속적으로 그려가며 덮어 씌우는 것입니다. 보이지 않는 면은 만들지 않거나, 카메라에서 렌더링하지 않도록 설정(Occlusion Culling)하여 성능을 올릴 수 있습니다. Occlusion Culling의 경우 카메라가 비추는 곳만 그리는 기능으로, 화면에 이미 비춰지고 있지만 전혀 렌더링될 일 없이 가려진 오브젝트들은 직접 삭제해 주는 편이 좋습니다. 씬 뷰의 Shaded를 Overdraw로 변경하면 얼마나 많은 이미지들이 겹쳐 출력되는지 확인할 수 있습니다. 게임의 최적화를 할 때 맵뿐만 아니라 이펙트까지 포함하여 Overdraw 상태를 체크하고 해결해야 합니다.

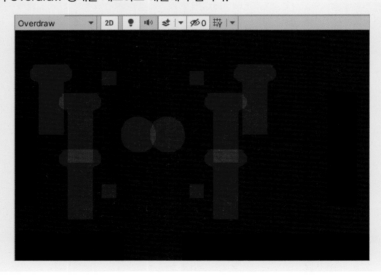

SECTION

03 Sprite Shape 사용하기

Sprite Shape은 스프라이트 이미지를 곡선으로 휘어지게 만들거나, 면의 각도에 따라 벽면이 생성되기도 하고 모서리가 변하기도 하는 편리한 맵 제작 도구입니다. 유니티 버전에 따라 Package Manager에서 인스톨 후 사용할 수 있습니다.

01 Sprite Shape 설치하기

상단의 메뉴 바에서 Window 〉 Package Manager를 실행합니다. All packages에서 2D SpriteShape을 찾아 [install] 버튼을 눌러 설치합니다. 2D Sprite Shape에서 하단의 Samples를 받으면 샘플로 제공되는 이미지들을 사용해 볼 수 있습니다.

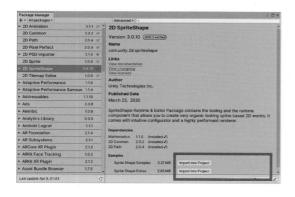

02 Sprite Shape Profile 만들기

상단 메뉴 바에서 Assets〉 Create〉 Sprite Shape Profile 또는 프로젝트 창에서 마우스 오른쪽 버튼을 눌러 Sprite Shape Profile을 만들 수 있습니다.

Open Shape와 Closed Shape이 있습니다. 설정에 약간의 차이만 존재하는데, 하나의 스프라이트를 전방위에 사용할지, 90도 간격마다 다른 스프라이트를 사용할지 초기값 차이가 있습니다. Open Shape으로 에셋을 만들고 이름을 설정합니다.

03 Sprite Shape Profile 설정

Profile 설정에서 사용할 바닥 타일과 반복 패턴을 지정할 수 있으며, 사각 모서리 부분에 채워 넣을 이미지도 지정할 수 있습니다. 사용하는 스프라이트의 Mesh Type은 Full Rect로 되어 있어야 합니다.

Use Sprite Borders	체크하지 않으면 그라운드 타일 스프라이트의 Border를 사용하지 않고 삭제합니다.
Texture	폴리곤 영역의 내부를 채울 반복 패턴 이미지를 정합니다.
Offset	채우는 텍스처의 모서리에 대한 폴리곤 영역 Offset 값을 변경합니다.
Angle Ranges	폴리곤 각도별 출력할 이미지를 설정합니다.
Angle Range(360)	Open Shape은 360도 모두 같은 텍스처를 사용하도록 설정되어 있습니다. Closed Shape은 90도 간격으로 설정되어 있습니다.
Sprites	스프라이트를 추가해서 해당 각도의 폴리곤에 출력될 이미지를 정합니다.
Corners	Sprite Shape의 모서리 부분에서 출력할 스프라이트 이미지를 정합니다. 각각의 모퉁이마다 설정할 수 있습니다.

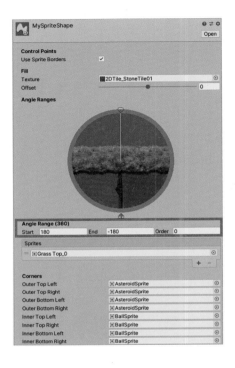

04 Angle Range 변경하기

Angle Range 값을 변경하고 추가하면 보다 다양한 각도에 맞춰 지형 스프라이트를 변경할 수 있습니다. 둥근 원형의 끝에 있는 모서리 아이콘을 클릭&드래그로 이동하거나 Angle Range의 Start와 End 값을 변경해서 수정할 수 있습니다. 새로운 각도를 추가하려면 빈 곳의 원을 클릭한 후 [+] 버튼을 눌러 새로운 스프라이트를 등록합니다. 스프라이트 등록은 여러 개 할 수 있습니다.

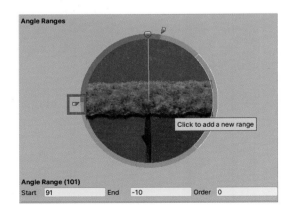

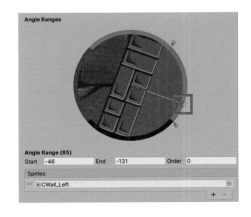

05 Sprite Shape 만들고 편집하기

GameObject > 2D Object에 Sprite Shape을 눌러 하이라키(Hierarchy)에 생성합니다. Sprite Shape Controller 컴포넌트에 있는 Profile에 앞에서 만든 Sprite Shape Profile을 연결시키면 설정한 값대로 지형 스프라이트가 출력됩니다. 다음의 이미지에서 왼쪽은 Corner에 운석 이미지를 추가하였으며 90도마다 다른 이미지가 오도록 설정한 것이고, 오른쪽은 Corner 이미지를 삭제하고 360도 모두 같은 지형 이미지가 나오도록 설정한 것입니다.

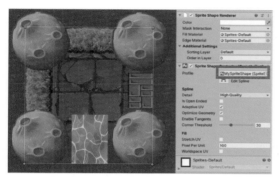
여러 개의 이미지 추가

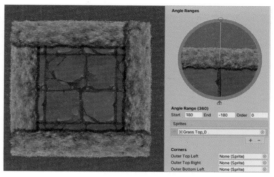
360도 하나의 지형 스프라이트

06 지형 곡선 편집하기

Edit Spline의 ![icon] 아이콘을 누르면 점 편집에 들어갑니다. 정점의 상태에 따라 뾰족하거나 부드러운 곡선을 만들 수 있습니다. 정점의 속성은 Tangent Mode의 ![icon] 아이콘을 누른 후 점 좌우에 나오는 컨트롤 포인트를 드래그해서 편집합니다. 정점이 ![icon] Linier 타입의 경우 뾰족한 모양을 하게 되지만, ![icon] Continuous는 곡선 형태의 제작이 가능합니다. ![icon] Broken은 마음대로 정점의 좌우 탄젠트를 편집할 수 있습니다.

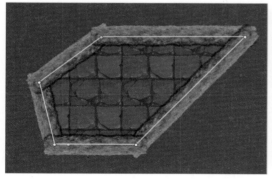
Linier 형태의 정점

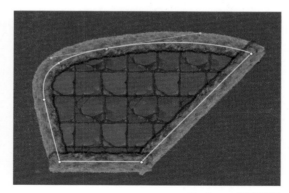
Continuous 형태의 정점

07 Sprite Shape Controller 설정

정점을 선택한 후 Height 값을 변경하면 1보다 클 경우 지형의 정점 폴리곤이 넓어지고, 1보다 작을 경우 얇아집니다. 정점들마다 두께를 설정해 줄 수 있기 때문에 Sprite Shape Profile에서 Angel Range에 등록한 Sprite가 여러 개면 정점에서 사용할 스프라이트를 Sprite Variant에서 선택할 수 있습니다. Sprite Variant의 선택은 각 정점마다 개별적으로 선택할 수 있습니다.

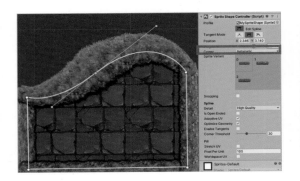 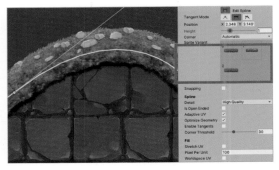

Is Open Ended를 체크하면 하단 부분에 연결되어 있는 지형이 삭제되며, 내부를 채우고 있던 Fill 텍스처도 함께 사라집니다. Adaptive UV 체크 시 일정한 타일 사이즈 내에서 UV가 늘어나거나 줄어들며 텍스처를 사용하지만, 체크 해제 시 Border 부분이 늘어나는만큼 추가되면서 텍스처를 사용합니다. 맵 타일의 Border 부분이 더 자연스럽게 연결되는 것은 Adaptive UV입니다.

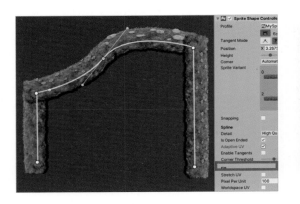 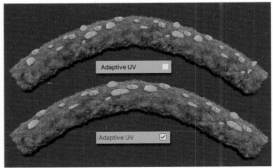

08 Collider 적용하기

Sprite Shape은 대부분 지형 제작을 위해 사용되고 있습니다. Collider를 적용하면 물리가 적용된 유닛(Unit)과 지형 간의 충돌을 만들 수 있습니다. 하이라키(Hierarchy) 창에서 Sprite Shape 오브젝트를 선택한 후 상단 메뉴 바에 있는 Component > Polygon Collider 2D를 선택해서 컴포넌트를 추가합니다. 컴포넌트 추가 시 자동으로 Collider가 Sprite Shape의 지형 형태를 따라 만들어집니다.

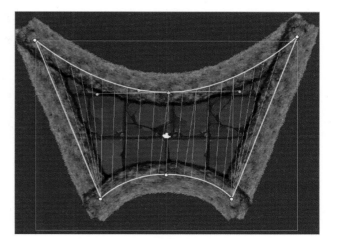

인스펙터 창에 있는 Sprite Shape Controller 하단 부분에 Collider 가 추가되어 있습니다. 새로운 컴포넌트인 Polygon Collider 2D 의 Points는 Sprite Shape 모양에 맞춰 자동으로 생성됩니다. Update Collider가 체크되어 있으면 실시간으로 지형이 변할 때마다 Polygon Collider를 계산해서 만들어 줍니다. 체크 해제 시 지형의 변화가 있었다면 수동으로 Update Collider를 눌러 Polygon Collider를 재배치 해주어야 합니다. Offset 기능은 현재 생성된 Collider의 볼륨을 늘리거나 줄일 수 있습니다. 대부분 가장 밖에 위치한 지형보다 작게 생성되기 때문에(Fill Texture 기준으로 생성) 좀 더 크게 늘려줄 필요가 있습니다. Optimize Collider 선택 시 생성된 Collider를 최적화 해줍니다.

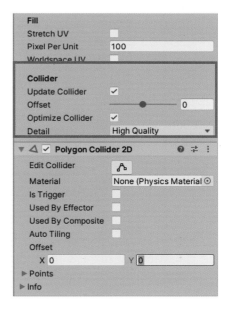

Collider 2D와 Rigidbody 2D

콜라이더(Collider)는 다른 오브젝트들과 물리 충돌 처리를 위한 오브젝트의 형태를 정의합니다. 렌더링되는 요소는 아니며 오브젝트 형태와 같을 필요는 없습니다. 2D와 3D의 차이는 충돌체 계산을 2차원 혹은 3차원 계산을 하는지에 있습니다. 리지드바디(Rigidbody)와 콜라이더(Collider) 모두 Component 메뉴에 있으며, 컴포넌트를 게임 오브젝트에 추가해서 사용합니다.

여러 모양을 제공하고 있으며, Composite Collider 2D를 제외하고 단일 콜라이더만으로 동작할 수 있습니다. 박스나 원형, 선, 캡슐 형태는 미리 지정된 형태로 크기나 위치를 조절하며 배치할 수 있으며, Polygon Collider는 정점을 추가해서 특별한 형태를 만들어 내기도 합니다. 복합 콜라이더인 Composite Collider는 고유의 모양을 정의하지 않는 대신 사용자가 설정하는 박스나 원형, 폴리곤 콜라이더 2D 모양을 통합하여 사용합니다.

리지드바디(Rigidbody)와 Collider가 함께 적용된 오브젝트는 물리 시뮬레이션을 하게 됩니다. 리지드바디는 물리 계산과 동작만 할뿐 콜라이더가 없으면 충돌하지 않습니다. 하나의 Rigidbody2D에 Composite Collider 2D를 적용하고 여러 개 다른 모양의 Collider2D를 Composite 체크해서 복합적으로 사용할 수 있습니다. 움직이지 않는 필드상에 존재하는 Static 오브젝트는 충돌 처리만 하면 되기 때문에 리지드바디를 사용하지 않고 콜라이더만 사용합니다.

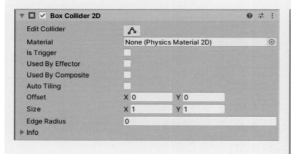
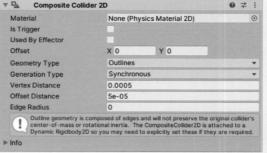

일반 콜라이더를 Composite Collider와 함께 두고 Used By Composite를 체크하면, 컴포지트 콜라이더의 정보를 사용하게 됩니다. Is Trigger를 체크할 경우 해당 콜라이더는 더 이상 충돌체로 작동하지 않고, 트리거로 동작합니다.

04 Joint 2D와 Physics 2D

2D 조인트(Joint)들은 여러 개의 2D 게임 오브젝트를 연결하는 역할을 합니다. 2D로 된 조인트들은 2D 물리, 2D 게임 오브젝트와 함께 사용할 수 있습니다. 조인트로 연결된 게임 오브젝트의 특성과 움직임에 대해 알아보 겠습니다.

01 Joint 2D 종류

Joint2D는 Component 메뉴에서 추가할 수 있으며, Physics 2D로 분류되어 있습니다. 2020년 기준 9가지의 조 인트를 제공합니다.

Distance Joint 2D	거리(Distance) 조인트는 물리로 제어되는 두 게임 오브젝트를 서로 연 결하고, 일정 거리를 유지하도록 합니다.	Distance Joint 2D Fixed Joint 2D Friction Joint 2D Hinge Joint 2D Relative Joint 2D Slider Joint 2D Spring Joint 2D Target Joint 2D Wheel Joint 2D
Fixed Joint 2D	고정(Fixed) 조인트는 두 오브젝트의 상대적인 포지션을 항상 주어진 위 치와 각도에 고정시킵니다.	
Friction Joint 2D	마찰(Friction) 조인트는 물리로 제어되는 두 오브젝트 사이의 속도를 줄 이고 정지시킵니다.	
Hinge Joint 2D	힌지(Hinge) 조인트는 물리로 제어되는 게임 오브젝트를 회전축에 해당 하는 공간의 한 점에 연결할 수 있습니다.	
Relative Joint 2D	상대(Relative) 조인트는 물리로 제어되는 두 게임 오브젝트가 서로의 포 지션을 기준으로 유지할 수 있습니다.	
Slider Joint 2D	슬라이더(Slider) 조인트는 물리로 제어되는 게임 오브젝트가 공간상의 선을 따라 미끄러질 수 있습니다.	
Spring Joint 2D	스프링(Spring) 조인트를 사용하면 물리로 제어되는 두 게임 오브젝트를 스프링이 연결된 것처럼 할 수 있습니다.	
Target Joint 2D	타깃(Target) 조인트는 어떤 Rigidbody 오브젝트에 연결되지 않고 특정 타깃에 연결됩니다. 일종의 스프링 타입 조인트입니다.	
Wheel Joint 2D	휠(Wheel) 조인트는 휠, 서스펜션을 시뮬레이션하는 조인트입니다.	

2D 조인트는 Rigidbody 2D 컴포넌트가 있어야 작동됩니다. Rigidbody 2D의 Body Type은 3종류입니다.

- **Dynamic** : 중력/힘에 영향을 받습니다.
- **Kinematic** : 중력/힘에 영향을 받지 않습니다. 질량이 무한합니다.
- **Static** : 움직일 수 없는 바디 타입입니다. Static 타입들 간에 충돌할 수 없지 만 Dynamic 타입과는 충돌합니다.

02 Distance Joint 2D 사용하기

일정 거리를 유지하며 물리 시뮬레이션되는 조인트입니다. 일정 거리를 유지해야 하는 게임 오브젝트에 Distance Joint 2D를 적용시킵니다. Connected Rigid body에 따라다닐 ❶ 타깃 오브젝트(Rigidbody 2D 컴포넌트가 있는)를 드래그해서 연결합니다. Distance 값은 Scene 뷰에 현재 있는 거리 값이 입력되며, ❷ Auto Configure Distance가 활성화되어 있을 때에는 에디터에서 타깃 오브젝트의 움직임에 따라 Distance 값이 동적으로 변할 수 있습니다. ❸ Break Force의 값을 설정한 경우, 해당 값보다 Distance 값이 커지게 되면 조인트 컴포넌트가 삭제됩니다. Play 모드에서 조인트 컴포넌트의 타깃 오브젝트를 움직이면 일정 간격으로 따라가는 모습을 확인할 수 있습니다. 중력 값이 있으면 물체는 아래로 떨어지면서 진자 운동을 합니다.

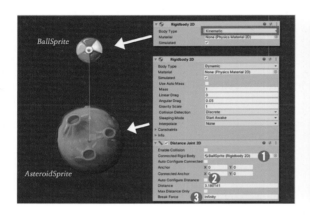
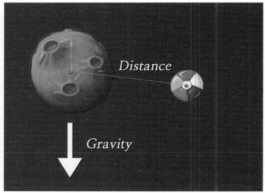

03 Fixed Joint 2D 사용하기

고정 조인트를 사용하면 두 점 사이의 상대적인 포지션과 각도 오프셋을 유지하게 됩니다. 탄성을 지니지 않고 견고하게 연결된 것처럼 반응해야 하는 물리적인 게임 오브젝트를 구성하는데 사용합니다. Break Force 값과 Break Torque 값을 설정하면 해당하는 값 이상의 힘이 주어지면 조인트가 삭제됩니다. Auto Configure Connected Anchor가 체크되어 있으면 에디터 상에서 링크된 Rigid Body가 움직일 경우 자동으로 연결된 앵커 값이 업데이트됩니다. 슬링샷 게임의 건축물같은 곳에 사용할 수 있으며, 평소 어떠한 형태이건 단단하게 고정되어 있다가 다른 물체와 충돌할 경우 Force와 Torque 값에 의해 무너져 내리도록 만들 수 있습니다.

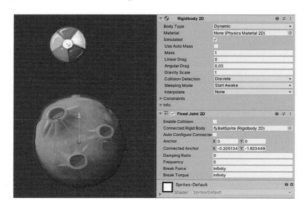

04 Friction Joint 2D 사용하기

마찰 조인트가 적용되어 있으면 2D 오브젝트 간 속도를 줄이는 역할을 합니다. 예를 들어, Gravity 값이 1이어도 Friction Joint 2D의 Max Force 값이 크면 물체가 떨어지지 않고 공중에 고정됩니다. 마찰이 이는 것같은 물리 게임 오브젝트를 구성하려면 이 조인트를 사용하게 됩니다. Max Force가 클수록 직선으로의 움직임이 어려워지고, Max Torque가 클수록 각도상 움직임이 어려워집니다. 마찰과 관련된 게임 오브젝트에 사용할 수 있습니다. 바퀴 오브젝트일 경우 지면의 상태와 뻑뻑한 상태에 따라 같은 물리 힘을 받아도 회전이 힘들거나 바닥에서 움직임을 멈추는 속도가 빠를 수 있습니다. Rigidbody 2D가 적용된 게임 오브젝트는 Gravity Scale 값이 있으면 아래로 떨어집니다. 경사진 곳에 닿을 경우 Circle Collider2D 컴포넌트가 적용되어 있다면 구르면서 떨어지게 됩니다. 이곳에 마찰 조인트를 사용할 경우 앵커에 고정되거나 힘들게 회전하도록 만들 수 있습니다.

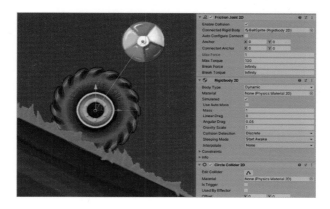

05 Hinge Joint 2D 사용하기

힌지 조인트를 사용하면 Rigidbody 2D 물리가 제어하는 공간 내 특정 지점에 붙어서 회전할 수 있도록 합니다. 회전은 충돌에 의해 반응하거나 모터 토크로 능동적으로 발생시킬 수 있습니다. 충돌에 의해 회전이 발생할 경우 Angle Limits를 주어 특정 각도 이상은 회전하지 않도록 할 수 있습니다. Motor Speed 값을 입력한 후 Use Motor를 체크하면 자동으로 회전합니다. Rigidbody 2D에서 중력 값이 입력되어도 힌지 조인트는 추락하지 않고 고정된 장소에 붙어 있습니다. 모터 사용 시 Angle Limits와 관계 없이 지속적으로 회전하게 됩니다.

06 Relative Joint 2D 사용하기

상대 조인트는 물리가 적용되는 두 게임 오브젝트가 서로의 포지션을 유지하게 만듭니다. 대상이 되는 물체가 회전하면 회전하는 거리를 따라 유지할 수 있으며 Angular Offset 값의 지정으로 대상과의 기본 각도 차이를 정할 수 있습니다. 중력 값에 따라 아래로 추락할 수 있으며, Correction Scale이 0이 되면 따라 움직이지 않고, 1이 될 경우 매우 민감하게 포지션을 유지하면서 반동이 발생합니다. 상대 조인트는 Gravity 적용 시 공중이나 상대에 고정되지 않고 추락합니다. 중력에 의해 바닥에 추락해야 하는 경우를 제외하면 Gravity는 0으로 두고 사용합니다. 상대 물리 오브젝트 지점과의 위치와 회전을 모두 유지하면서 탄성있게 위치를 찾아가는 물리 오브젝트에 사용할 수 있습니다.

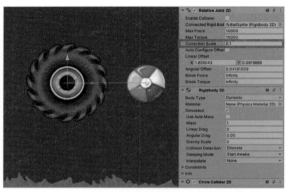

07 Slider Joint 2D 사용하기

슬라이더 조인트를 사용하면 미닫이 문처럼 공간에서 선을 따라 미끄러지게 됩니다. 오브젝트 간의 충돌이나 힘을 받아 선이 허용하는 공간에서 어디로든 자유롭게 움직입니다. 모터에 의해 제어될 수 있는데, 양수/음수 값의 모터 힘에 따라 움직임의 좌표가 변합니다. Use Limits를 체크하고 Transition Limits 값을 주면 해당 거리 내에서만 움직입니다. 이동 값에 제한이 없을 경우 외부의 충격이나 Motor speed 값에 의해 끝없이 움직이게 됩니다. 캐릭터가 진입하면 자동으로 열리거나 닫히는 미닫이 문에 사용할 수 있으며, 기계적인 한 축으로 일정 거리만큼의 운동을 하는 장치에 활용할 수 있습니다. 슬라이더 조인트는 Rigidbody 2D의 중력 값이 있어도 미끄러지지 않습니다. Body Type이 Dynamic일 때 작동하며, Kinematic, Static에서는 Motor Speed 값이 변경되어도 반영되지 않습니다.

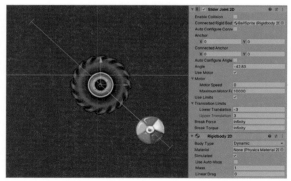

08 Spring Joint 2D 사용하기

스프링 조인트는 리지드바디 물리가 제어하는 두 게임 오브젝트가 스프링처럼 서로 붙어 있게 만듭니다. 연결된 Rigid Body Object를 기준으로 탄성있는 스프링처럼 움직이는데, 중력 값이 있다면 아래로 추락합니다. 상대 조인트가 각도를 유지한 채 탄성있는 속도로 움직였다면 스프링은 각도를 포함해서 유지하지 않고, 시계 진자처럼 좌우로 흔들리는 운동도 보여줍니다. Frequency 값은 물체가 특정 거리에 도달하는 동안 스프링이 진동하는 주파수로, 값이 클수록 더 많이 진동하게 됩니다. 중력이 없는 물체가 스프링에 의해 회전 운동을 할 경우 주파수가 클수록 복잡하게 움직입니다. Damping Ratio 값에 따라 스프링의 진동을 억제합니다. 0~1의 범위이며 값이 높을수록 움직임이 줄어듭니다.

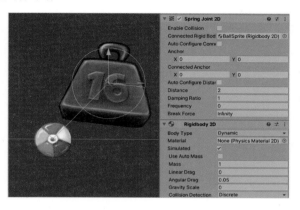

09 Target Joint 2D 사용하기

타깃 조인트는 스프링 타입으로, 다른 물리 오브젝트에 연결되는 것은 아니며 특정 타깃에 연결됩니다. 특정 타깃은 Target에 있는 X, Y축의 값으로 Auto Configure Target이 체크 해제되어 있을 경우 Target을 부드럽게 따라다닙니다. Auto Configure Target이 체크되어 있을 경우 즉시 타깃으로 이동합니다. Target 자체의 좌표 값은 스크립트에서 변경해야 합니다. 마우스 좌표를 따라가거나, 타깃이 되는 게임 오브젝트의 포지션 좌표 값을 스크립트에서 제어해 줄 수 있습니다. Frequency 값이 클수록 스프링이 뻑뻑하게 작동합니다. 최대값은 1,000,000 입니다. Frequency 값이 0이 되는 것은 특별한 경우로, 스프링이 최대한 뻑뻑하게 만들어집니다. Damping Ratio(0~1) 값이 높을수록 스프링이 거의 움직이지 않으며, 낮으면 스프링이 움직입니다.

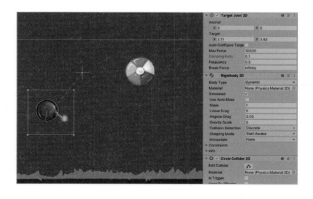

10 Wheel Joint 2D 사용하기

휠 조인트는 자동차의 바퀴와 같은 휠을 시뮬레이션합니다. 이 조인트는 2D 자동차를 만들며 시험해 볼 수 있습니다. Connect Rigidbody에 연결된 다른 오브젝트는 공간상 한 포인트에 고정됩니다. 만약 자동차 프레임에 바퀴를 연결했다면, 자동차 프레임의 자식 오브젝트가 아니더라도 차체와 바퀴는 함께 움직입니다.

- **Suspension** : 스프링 효과를 내는 기능입니다. 스프링이 단단하거나 느슨할 수 있으며, 앞서 등장한 스프링 조인트처럼 진동 빈도를 설정할 수 있습니다.
- **Motor** : 모터의 회전을 사용해서 바퀴를 굴립니다. 콜라이더가 연결되어 있으면 마찰에 의해 연결된 Rigidbody 오브젝트도 함께 이동합니다.

POINT

Joint 2D의 프로퍼티 기능

조인트 별로 다양한 옵션들이 존재하지만, 비슷한 항목들이 있습니다. 이들을 알고 사용하면 제어에 용이합니다.

Enable Collision	연결된 두 오브젝트가 서로 충돌할 수 있다면 체크박스를 활성화합니다.
Connected Rigidbody	이 프로퍼티가 있으면 Rigidbody가 적용된 게임 오브젝트를 연결시킬 수 있습니다.
Auto Configure Connected Anchor	이 기능이 활성화되어 있으면 앵커 위치를 자동으로 설정합니다. Connected Anchor 필드 값을 변경하는 것이 아닌, 이 기능을 활성화시키고 편집해야 합니다.
Motor	모터 기능이 있는 조인트는 이 값 사용 시 회전 운동을 할 수 있습니다.
Break . . .	해당 Joint 2D를 파괴하고 삭제하는 데 필요한 값들을 정합니다. Infinity로 되어 있을 경우 삭제되지 않습니다.
Frequency	스프링 계열의 조인트에 있는 진동 빈도값입니다. 진동의 빈도는 초당 계산하며, 범위는 0~1,000,000입니다.
Damping Ratio	값을 억제하는 데 쓰이는 값으로, 0~1의 값을 가지고 있습니다. 높을수록 움직임이 적어집니다.
Force/Torque	직선적인 힘(Force)과 회전하는 힘(Torque)을 담당하고 있습니다.

05 Joint 2D 자동차 게임 만들기

Joint2D 예제와 Unity UI를 활용해 간단한 자동차 시뮬레이션을 제작해 보겠습니다. 리소스 대부분은 Unity Technologies에서 제공하고 있으며, 지형 제작은 Sprite Shape을 사용합니다.

01 지형 만들기

프로젝트는 2D 템플릿을 기준으로 제작되어 있습니다. 앞서 나왔던 Package Manager의 2D 기능들과 2D Sprite Shape이 필요하며, Asset Store의 2D Sprite Pack 이미지를 사용하고 있습니다. 비어 있는 씬을 하나 만든 후 2D Object > Sprite Shape으로 바닥 지형을 만들어 줍니다. 지형 제작을 위해 Assets에서 Sprite Shape Profile을 하나 만들어 줍니다. Section 03 Sprite Shape 사용을 참고하며 지형을 제작합니다. 지형의 이름은 Ground입니다.

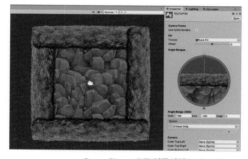
Open Shape으로 만들어진 Sprite Shape

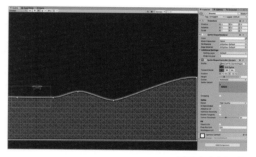
굴곡이 편집된 지형

02 지형 꾸미기

지형을 꾸미는 요소들을 배치합니다. 하늘이나 구름, 나무, 오브젝트 무엇이든 좋습니다. 필수는 아니지만 꾸밀 경우 보다 풍성해 보이는 배경을 감상할 수 있습니다. 스프라이트의 Sorting Layer와 Order in Layer를 활용해 배치합니다. 예제에서는 자동차가 우측으로 이동해야 하므로 가로로 길게 제작되었습니다.

씬에 배치된 배경

03 지형에 Collider 적용하기

Sprite Shape으로 만들어진 지형을 선택한 후 Polygon Collider 2D 컴포넌트를 적용합니다. 상단 메뉴 바에서 Component > Physics2D 또는 인스펙터(Inspector) 뷰 하단에 있는 [Add Component] 버튼을 눌러 추가할 수 있습니다. Sprite Shape은 자동으로 지형에 맞게 Collider를 만들어줍니다. Update Collider 체크와 Offset 조절을 통해 지형과 Collider가 적절하게 만들어 줍니다.

04 자동차 유닛 만들기

다운받은 Asset의 이미지를 이용해 자동차를 만듭니다. 차체와 타이어를 배치하고, Rigidbody 2D 컴포넌트가 모두 적용되어 있어야 합니다. 바퀴에는 Circle Collider 2D 컴포넌트를 추가합니다. 이미지보다 약간 작게 콜라이더를 배치합니다.

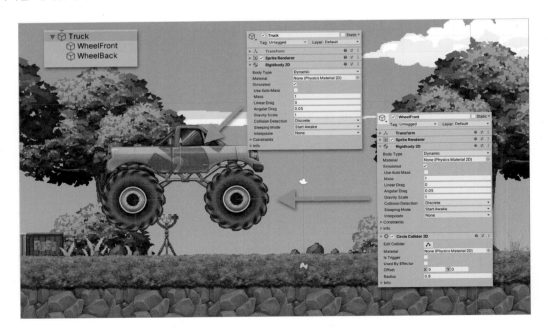

05 바퀴에 Wheel Joint 2D 적용하기

두 개의 바퀴에 Wheel Joint 2D 컴포넌트를 추가합니다. Connected Rigid Body에 드래그&드롭으로 차량의 몸체를 연결합니다. 차량 몸체에는 반드시 Rigidbody 2D 컴포넌트가 적용되어 있어야 합니다. Connected Anchor의 위치는 바퀴가 장착되어 있어야 할 위치에 마우스로 드래그해서 맞춰줍니다.

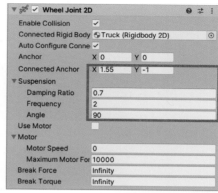

06 차량에 Box Collider 2D 적용하기

차량 몸체에 Collider를 적용하면 다른 지형 혹은 바퀴 오브젝트와 충돌을 구현하게 됩니다. 바퀴 오브젝트와 몸체 오브젝트가 충돌하기 위해서는 Wheel Joint 2D에 있는 Enable Collision을 체크해야 합니다. 오브젝트 이동을 할 때 Ctrl 을 누른 상태로 드래그하면 Grid Snap이 작동되어 0.25 단위로 이동하게 됩니다. Grid and Snap 설정은 씬 뷰 상단에 있습니다.

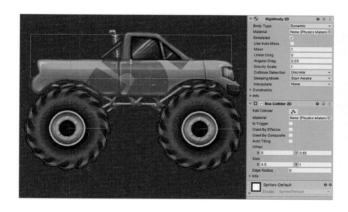

07 UI 캔버스 설정하기

차량을 움직이기 위한 UI를 만들어 줍니다. 상단 메뉴 바의 GameObject 〉 UI 〉 Button을 선택하면 하이라키 (Hierarchy)에 Canvas와 Button 오브젝트가 만들어집니다. Sorting layer는 가장 아래에 UI를 만든 후 UI를 지정해 줍니다. 다른 레이어에 있는 스프라이트보다 늦게 렌더링되기 때문에 가장 위에 렌더링됩니다. Add Sorting Layer를 선택하면 레이어를 편집/관리할 수 있습니다. Canvas의 인스펙터 뷰에서 Render Mode를 Screen Space – Camera로 선택한 후 Render Camera를 Main Camera로 선택합니다. Plane Distance는 1로 주었습니다.

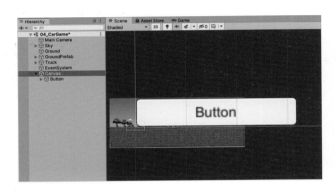 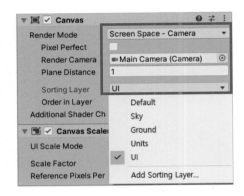

08 UI 캔버스 설정하기

차량을 제어하기 위한 버튼을 배치합니다. Button 타입은 두 개로 하나는 가속 페달이며, 다른 하나는 브레이크 페달입니다. 차량의 후진을 위해 토글 버튼도 하나 배치합니다. 버튼을 배치한 후 페달을 닮은 이미지로 교체해도 좋습니다. Canvas의 Canvas Scaler는 Scale With Screen Size이며 해상도는 X : 1920, Y : 1080입니다.

09 차량용 스크립트 만들기

차량의 바퀴를 제어할 스크립트를 다음의 코드를 참고하여 작성합니다. 스크립트 이름은 CarControll.cs입니다. 제작된 코드는 차량 몸체에 적용됩니다. 제공되는 UI 기능으로만 제어하기 위해 간단하게 작성되었습니다.

```csharp
using UnityEngine;

public class CarControll : MonoBehaviour
{
    public WheelJoint2D wheelFront;
    public WheelJoint2D wheelBack;
    JointMotor2D jMortor;  // WheelJoint 내부에 있는 Motor를 제어하기 위해 필요합니다.

    public bool FRGear = true;

    public float carSpeed = 200f;
    float spd;

    private void Start()
    {
        spd = carSpeed;
    }
    public void PedalDown()
    {
        if (FRGear) { spd = carSpeed; } else { spd = -carSpeed; } // 기어 상태에 따라 전진 또는 후진합니다.

        wheelFront.useMotor = true;
        wheelBack.useMotor = true;
        jMortor.motorSpeed = spd;
        jMortor.maxMotorTorque = 10000f;

        wheelFront.motor = jMortor;  // motor 값을 제어하기 위해 사용하는 방법입니다.
        wheelBack.motor = jMortor;
    }

    public void PedalUp() // 페달을 뗄 경우 모터 사용을 중지합니다.
    {
        wheelFront.useMotor = false;
        wheelBack.useMotor = false;
    }

    public void CarBreak() // 브레이크 기능입니다.
    {
        wheelFront.useMotor = true;
        wheelBack.useMotor = true;
        jMortor.motorSpeed = 0f;
        jMortor.maxMotorTorque = 50f;

        wheelFront.motor = jMortor;
        wheelBack.motor = jMortor;
    }

    public void GearSetup() // 기어 상태에 따라 전진 후진을 변경합니다
    {
        if (FRGear) { FRGear = false; } else { FRGear = true; }
    }
}
```

10 차량에 스크립트 적용하기

제작한 차량의 몸체에 스크립트를 적용하고, 만들어진 두 개의 바퀴를 연결합니다. 이때 바퀴에 적용되어 있는 컴포넌트 Wheel Joint 2D가 연결됩니다. 기어의 현재 상태에 따라 토글 방식으로 전진/후진이 되도록 제작되었습니다. 후진의 원리는 간단합니다. Motor의 속도가 역으로 작용하면 후진합니다. 차량을 Prefab으로 만들어 놓으면 언제든지 Assets 폴더에서 가져와 사용할 수 있습니다.

11 UI 버튼에 차량 제어 함수 연결하기

앞서 제작한 코드에서 Public으로 선언된 함수들은 UI 버튼이 눌러질 때 실행할 수 있습니다. Acceleration 페달은 CarControll에 있는 **PedalDown( )** 함수를 연결하고, Break 페달은 **CarBreak( )** 함수를, 토글 버튼은 **GearSetup( )** 함수를 연결합니다. 토글의 경우 Is On을 true로해 CarControll의 전진/후진을 결정하는 **FRGear** 값과 같은 상태로 시작하게 설정합니다. UI 버튼에 연결할 때, 컴포넌트 하단에 있는 OnClick( )에 있는 None(Object) 오브젝트 연결 부분에 드래그&드롭으로 넣어줍니다.

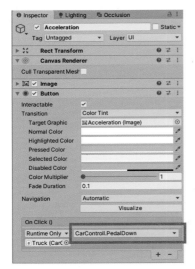

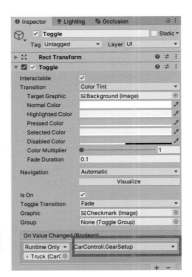

12 오브젝트를 따라다니는 카메라 만들기

테스트 차량 혼자 카메라 밖으로 멀어지게 됩니다. 카메라가 움직이는 자동차를 따라가지 않으면 이내 화면에서 사라집니다. 메인 카메라는 배경과 캐릭터로부터 X, Y, Z축으로 일정 거리만큼 멀어져 있어야 하며, 좌표는 자동차를 따라다녀야 합니다. 다음을 참고하여 카메라의 구조를 조금 변경합니다.

비어 있는 게임 오브젝트를 생성한 후 CameraPosition으로 이름을 변경합니다. CameraPosition의 좌표를 Truck과 같은 Position 좌표로 맞춰줍니다. Main Camera를 Camera Position의 자식 오브젝트로 이동시킵니다.

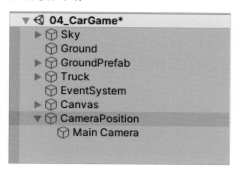

13 카메라 이동 스크립트 만들기

CameraPosition 게임 오브젝트에 TargetFallow.cs 스크립트를 제작하여 컴포넌트로 등록합니다.

```csharp
using UnityEngine;

public class TargetFallow : MonoBehaviour
{
    public Transform TargetTransform;
    Vector2 refVelocity;

    public float smoothSpeed = 1.0f;
    public float gizmoSize = 2f;

    void FixedUpdate()
    {
        if(TargetTransform != null)
        {
            transform.position = Vector2.SmoothDamp(transform.position,
            TargetTransform.position, ref refVelocity, smoothSpeed); // 타깃을 부드럽게 따라갑니다.
        }
    }

    private void OnDrawGizmos() // 씬 뷰에 기즈모를 보여줍니다.
    {
        Gizmos.color = Color.green;
        Gizmos.DrawWireCube(transform.position, Vector3.one * gizmoSize);
    }
}
```

Vector2 또는 Vector3는 SmoothDamp( ) 기능을 지원합니다. 사용 방법은 (현재의 위치, 대상 타깃의 위치, ref 레퍼런스 벡터, 따라가는 시간)입니다. FixedUpdate( )는 고정된 시간마다 연산이 이루어지기 때문에 지속적으로 상태를 추적해서 좌표 값을 변경시킵니다.

```
transform.position = Vector2.SmoothDamp(transform.position, TargetTransform.position, ref refVelocity,
smoothSpeed);
```

OnDrawGizmos( )는 에디터 뷰에서 기즈모를 그리기 위해 제공되는 함수입니다. Gizmos.color로 기즈모의 색상을 정하고, Gizmos.DrawWireCube로 와이어 형태의 박스를 그리게 됩니다. 기즈모를 사용하면 비어 있는 게임 오브젝트의 좌표를 씬 뷰에서 파악하기 편리합니다.

```
Gizmos.color = Color.green;
Gizmos.DrawWireCube(transform.position, Vector3.one * gizmoSize);
```

Gizmos.DrawWireCube(기즈모를 출력할 위치/기즈모 사이즈)입니다.

CameraPosition 게임 오브젝트에 컴포넌트를 추가한 후 TargetTransform에 트럭 게임 오브젝트를 드래그해서 연결시킵니다. Smooth Speed 값을 크게 할수록 천천히 카메라가 이동합니다. Gizmo Size를 변경하면 자동차를 따라다니는 기즈모 박스의 크기가 변경됩니다.

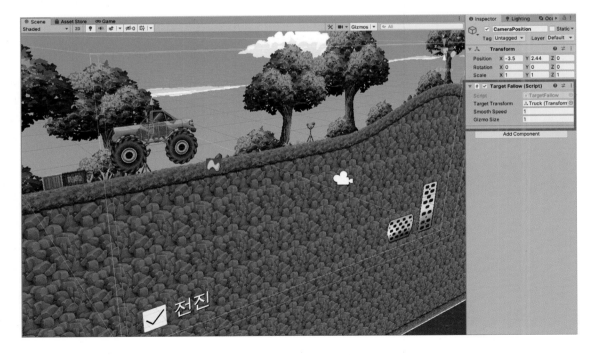

14 테스트하기

상단의 [Play] 버튼을 누르면 게임이 실행됩니다. Acceleration 페달을 누르면 자동차가 오른쪽으로 이동하고, 브레이크 페달을 누르면 멈춥니다. 토글 버튼을 눌러 비활성화시킨 후 Acceleration 페달을 누르면 자동차가 후진합니다. 바퀴의 회전에 의한 마찰력으로 달리는 자동차를 제작해 보았습니다. 경사 각도가 높으면 못가는 곳도 있습니다. 마찰과 토크, 회전 속도를 변경하며 실험하면서 본인의 콘텐츠 환경에 맞는 물리 값을 찾아내 적용합니다.

2D 파티클 이펙트 적용하기

파티클 시스템을 사용해 보다 풍성하게 게임 화면을 구성할 수 있습니다. 카툰(Cartoon) 스타일의 이펙트는 타일 방식의 스프라이트 애니메이션 시트를 사용합니다.

파티클 시스템(Particle System)과 2D 프로젝트

파티클 시스템 자체는 3D 월드 기반이지만, 2D 프로젝트에 사용할 수도 있습니다. 상단 메뉴 바에서 GameObject 〉 Effects 〉 Particle System을 선택해서 생성합니다.

최초로 만들어진 파티클의 모습입니다. 언제나 카메라를 향해 정면으로 렌더링되는 Bill board 타입입니다. 파티클 시스템의 이미지를 변경하기 위해서는 Renderer의 Material을 변경해야 합니다. Assets에서 새로운 매터리얼을 만든 후 사용하고자 하는 이미지를 연결해서 사용합니다.

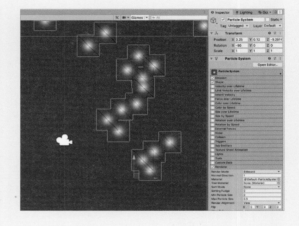

매터리얼은 Mobile/Particles 카테고리에 있는 셰이더들 중 Alpha Blend를 사용하겠습니다. 매터리얼 설정이 끝났다면 파티클 시스템에 있는 Renderer의 Material 부분에 드래그&드롭으로 연결해 줍니다. 모바일 셰이더의 종류에 따라 표현이 달라지는데, Additive는 더하기, Multiply는 곱하기, Alpha Blend는 알파 채널의 투명도를 사용할 수 있는 셰이더입니다.

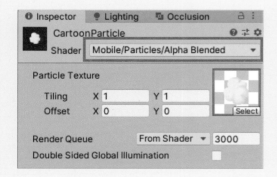

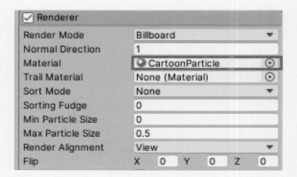

파티클 시스템 수정하기

파티클 시스템이 월드 좌표상에서 움직일 때만 파티클이 만들어지도록 하기 위해 다음과 같이 Emission 값과 Particle System 값을 수정합니다.

Particle System

- **Start Lifetime** : 파티클의 수명을 정합니다. 최소 1초에서 최대 3초로 설정하였습니다.
- **Start Speed** : 파티클의 이동 속도를 결정합니다. 초당 2~4칸(미터)을 이동합니다.
- **Start Size** : 파티클의 시작 크기를 결정합니다. 1~2미터 크기입니다.
- **Start Rotation** : 파티클 최초 생성 시 회전 각도를 결정합니다.

Emission

- **Rate over time** : 초당 만들어지는 파티클의 개수를 0으로 입력합니다.
- **Rate Over Distance** : 1칸 이동할 때마다 지정된 개수만큼의 파티클을 만들어줍니다.

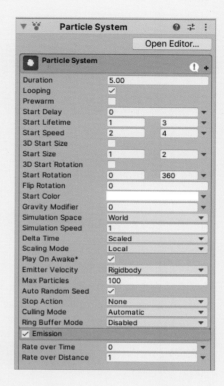

파라미터 설정 시 값의 범위 설정을 위해 우측 끝에 있는 세모 화살표를 클릭하여 변경합니다. 파라미터는 숫자(Constant)와 커브(Curve) 값으로 설정 가능하며, Random은 두 개의 파라미터 내에서 값이 정해집니다.

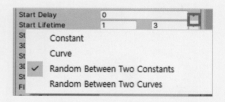

씬 뷰에서 파티클 시스템을 선택하면 Particle Effect 창이 나옵니다. Distance 기준으로 생성되기 때문에 Rate over Distance에 입력된 숫자만큼 이동 거리마다 파티클을 만들어 줍니다. 파티클이 정지 상태에서는 Rate over Time이 0이기 때문에 나오지 않습니다.

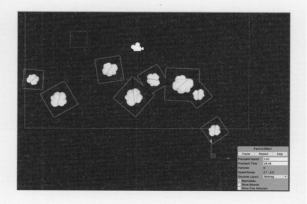

파티클 적용하기

앞에서 제작한 자동차 게임 오브젝트의 자식 오브젝트로 파티클 시스템을 등록해서 테스트를 진행해 보겠습니다. 파티클을 자동차 본체 쪽으로 드래그하면 자식 오브젝트로 등록됩니다. 뒷바퀴 아래쪽 지면과 가까운 곳에 위치를 맞춰 줍니다.

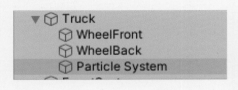

실행 버튼을 눌러 게임을 실행합니다. 자동차가 이동할 때마다 바퀴 뒤쪽에서 연기가 나오는 모습을 확인할 수 있습니다. 파티클 시스템뿐만 아니라 다양한 효과 제작과 이펙트용 셰이더 제작에 관한 내용은 정보문화사의 『게임 비주얼 이펙트 테크니컬 입문 with Unity』를 참고하면 보다 많은 정보를 얻을 수 있습니다.

06 2D 라이트 사용하기

Universal Render Pipeline에서는 2D 스프라이트를 사용하는 프로젝트에 광원과 그림자를 사용할 수 있습니다. 기존에 사용하던 2D 프로젝트도 렌더링 파이프라인을 변경하면 URP를 사용할 수 있습니다.

01 URP(Universal Render Pipeline) 사용하기

URP를 사용하기 위해 두 가지 방법이 있습니다. 최초 프로젝트 생성 템플릿을 Universal Project Template로 선택하는 것과, 2D 템플릿으로 작업하다가 Universal RP를 설치해서 설정하고 사용하는 방법입니다. 렌더 파이프라인의 변경을 위해서는 Package Manager에서 Universal RP를 찾아 Install해야 합니다.

URP 신규 템플릿 시작하기

기존 프로젝트를 URP로 변경하기

02 Universal Render Pipeline Asset 만들기

기존 프로젝트를 업그레이드하려면 먼저 Project 창의 Assets 폴더 내에 Universal Render Pipeline Asset을 만들어야 합니다. 마우스 오른쪽 버튼을 누르면 나오는 팝업창 또는 Assets 메뉴에서 Create〉 Rendering 〉 Universal Render Pipeline 〉 **Pipeline Asset(Forward Renderer)**를 선택해서 만들어 줍니다. 2D 사용을 위한 **2D Renderer(Experimental)**도 만들어 줍니다.

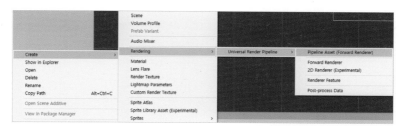

03 Project Setting 설정하기

UniversalRenderPipelineAsset의 Renderer List에 만들어진 2D Render Data를 연결합니다.
UniversalRenderPipelineAsset_Renderer는 URP Asset을 만들면 함께 생성됩니다. Edit 〉 Project Settings를 선택해서 Graphics를 편집합니다. 만들어 놓은 UniversalRenderPipelineAsset을 Scriptable Render Pipeline Settings에 연결합니다.

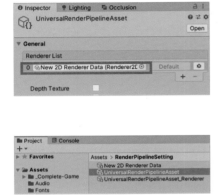

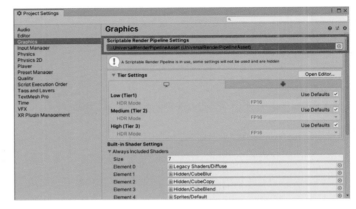

04 프로젝트 업그레이드하기

렌더 파이프라인 스크립트 연결만으로 바로 화면에 적용되지 않습니다. 렌더 파이프라인을 업그레이드해 주어야 화면에 적용됩니다. Edit 메뉴에서 Render Pipeline 〉 Universal Render Pipeline 〉 2D Renderer 〉 Upgrade Project to 2D Renderer (Experimental)을 선택해 2D 프로젝트 타입의 URP로 변경합니다.

Game Object 〉 Light 〉 2D 메뉴에서 (Experimental) 관련 2D 라이트들이 모두 사용 가능해진 것을 확인할 수 있습니다. 기존 2D 프로젝트를 사용 중이었다면 라이트가 없음으로 화면이 검게 나올 수 있습니다. Global Light2D를 사용하면 화면 전체에 2D 라이트를 골고루 적용합니다.

05 2D 라이트 특징과 사용 방법

2D 라이트는 5가지 종류의 라이트를 제공하고 있습니다. 2D 프로젝트 상황에 맞게 라이팅될 영역을 직접 지정해 줄 수 있으며, 3차원 축이 아닌 2차원 축만 지원합니다.

Freeform Light 2D

자유롭게 형태를 정할 수 있는 라이트입니다. Edit Shape 버튼을 눌러 라이트의 정점들을 추가/삭제하거나 모양을 편집할 수 있습니다. Falloff 영역만큼 부드럽게 라이트가 감쇠합니다.

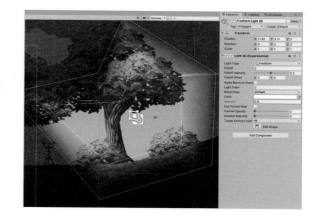

Sprite Light 2D

스프라이트 이미지를 라이트로 사용할 수 있습니다. 라이트의 강도나 Volume 효과의 흐림 수준, 블렌드 스타일 등을 설정할 수 있습니다. 스프라이트도 라이트이므로 그림자에 영향을 줄 수 있습니다.

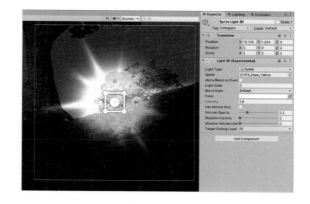

Parametric Light 2D

Sides에 정해진 숫자만큼 정점이 생성되는 라이트입니다. 정점 편집은 불가능하지만 간단하게 사용할 수 있습니다. 2D 라이트에 있는 Falloff Offset을 활용하면 한쪽 방향으로 빛을 쏘는 듯한 효과를 줄 수 있습니다.

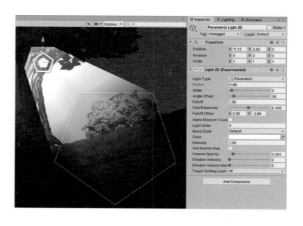

Point Light 2D

한 점에서 원형으로 펼쳐질 수 있는 라이트 입니다. Inner Angel과 Outer Angle을 조절해서 형태를 변경할 수 있습니다. Radius의 스케일을 변경하면 Offset 효과를 줄 수 있으며, Sprite 이미지를 라이트처럼 추가해서 사용할 수 있습니다.

Global Light 2D

화면 전체에 작용하는 라이트를 조절할 수 있습니다. 라이트의 색상(Color), 라이팅 강도(Intensity)를 변경해 전체적인 무드를 조절합니다.

설치된 2D Light들은 Light Type에서 언제든지 다른 타입의 라이트로 변경할 수 있습니다. Target Sorting Layer를 사용하면 특정 레이어에 속한 스프라이트들만 라이트에 영향받도록 설정할 수 있으며, 2D 특성상 라이트들 간 렌더링 순서를 정하는 Light Order 기능도 있습니다. 앞서 나온 자동차 예제에서 Point Light 2D를 사용하면 자동차 헤드라이트를 만들 수 있습니다. 해당 라이트는 자동차 몸체의 자식 오브젝트로 두어야 함께 이동하게 됩니다.

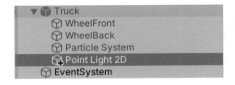

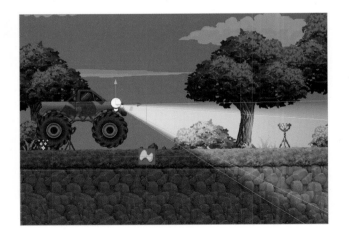

06 그림자 캐스터 적용하기

2D 라이트에 반응하는 그림자를 만들게 하려면 Shadow Caster를 설치해 주어야 합니다. 게임 오브젝트에 Shadow Caster 2D 컴포넌트를 추가하기 위해 Add Component를 누르거나, 상단 Component 메뉴에서 Rendering > 2D > Shadow Caster 2D(Experimental)을 선택하면 사용할 수 있습니다.

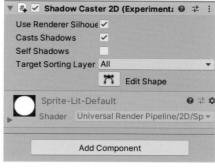

07 그림자 캐스터 편집하기

그림자 캐스터는 Edit Shape 버튼을 눌러서 필요한만큼 정점들을 편집한 후 라이트의 영역 내에 캐스터가 있을 때 그림자가 생성됩니다. 이미지들의 형태가 모두 다르고, 용도에 따라 캐스터가 이미지 오브젝트 위 혹은 아래에 필요할 수 있으니 만들어지는 그림자 형태를 파악해서 캐스터를 제작해야 합니다.

- **Use Renderer Silhouette** : 캐스터가 사용된 게임 오브젝트 이미지의 알파 값을 참고해서 그림자를 만들어 줍니다. 자신의 이미지 영역은 그림자가 만들어지지 않습니다.
- **Cast Shadows** : 활성화 시 그림자를 만들어 줍니다.
- **Self Shadows** : 자신의 오브젝트 위 모든 캐스터 영역에 그림자를 만들어 줍니다.
- **Target Sorting Layer** : 그림자를 표현할 레이어를 선택합니다. 정해진 레이어에만 그림자를 표현하도록 설정할 수 있습니다.

07 2D Animation 기능과 Photoshop

Unity에서 Spine 2D 혹은 Live 2D와 같이 2D 이미지를 가공해서 Bone 관절을 사용하거나, 정점(Vertex으로 움직임을 줄 수 있는 캐릭터 제작 방법에 대해 알아보겠습니다.

01 패키지 설치하기

2D Animation의 기능은 Window 〉 Package Manager에서 찾아볼 수 있습니다. 2D Animation과 함께 2D Common, Mathematics, 2D sprite와 같은 기능들을 함께 요구하고 있으니 패키지 매니저에서 요구하는 기능들 모두 설치하기 바랍니다. 2D PSD Importer 패키지는 Adobe Photoshop PSB 파일 포맷을 사용하기 위한 기능입니다. 이 기능도 함께 설치합니다.

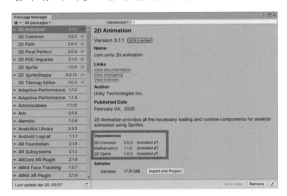
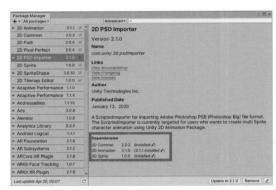

02 PSB 파일 준비하기

만들어 놓은 캐릭터 파일을 사용하거나, 첨부된 예제 파일을 사용해 캐릭터를 만들어 보겠습니다. 캐릭터의 관절을 움직이기 위해 필요한만큼 Layer를 분리해 만들어 줍니다. 예제 이미지의 파일은 PSB_CatKnight.PSB로 Dungeon Tab Fighter에 나오는 고양이 검사 캐릭터입니다. 파일은 유니티의 Asstes 폴더 내에 드래그&드롭으로 Import합니다.

03 PSB 파일 Import하기

PSB 파일을 가져오면 지금까지의 단순한 이미지와는 다른 구조를 확인할 수 있습니다. 파일 이름 아래쪽에 레이어 이름들이 각각 위치해 있으며, Atlas 형식의 이미지 파일과 스프라이트 타입의 이미지 파일 데이터가 모두 하나로 묶여 있습니다. 미리 보기에 대한 스케일 조절은 ━━━● 슬라이더를 움직여 변경할 수 있습니다.

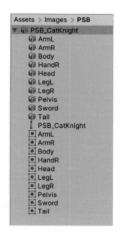
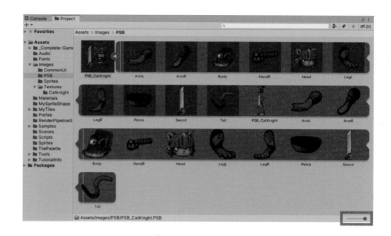

Import된 PSB 파일을 선택하면 Inspector 뷰에 정보가 나옵니다. 기본 Texture Type은 Sprite로 되어 있습니다. Mosaic, Charater Rig, Use Layer Grouping 등 캐릭터 리깅과 관련된 옵션들이 추가되어 있습니다. Sprite Editor 버튼을 눌러 스프라이트 에디터 창을 열어줍니다. PSB 원본 파일과 다르게 각 레이어의 이미지가 자동으로 정렬되어 있습니다.

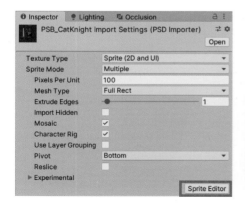
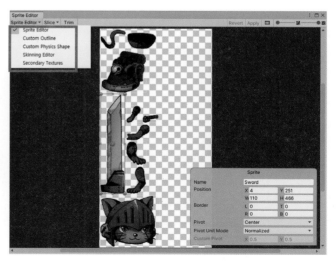

04 Skinning Editor 모드

Sprite Editor 버튼을 클릭해 Skinning Editor로 변경합니다. 스키닝 에디터(Skinning Editor) 창에서는 원본 PSB 파일의 레이어 상태가 유지되어 나타납니다. 해당 기능을 사용하기 위해서는 본 애니메이션과 스키닝에 대한 지식이 필요합니다.

- **Bones** : 본을 만들거나 편집/삭제하며 하나의 본을 여러 개로 나눌 수 있습니다.
- **Geometry** : 스프라이트 이미지를 폴리곤 형태로 나누고, 각 정점들을 편집할 수 있습니다.
- **Weights** : 본(Bone)에 붙는 정점들의 Weights 값을 편집할 수 있습니다.

05 Bone 편집하기

Create Bone으로 뼈대를 만들어 줍니다. 새로운 Bone 생성 시 부모가 될 Bone을 선택하고 만들면 선택된 Bone의 자식 뼈대로 생성됩니다. 언제든지 뼈대는 Delete 버튼을 눌러 삭제할 수 있으며 Edit Bone 모드에서 편집할 수 있습니다. Preview Pose 상태에서는 뼈대를 움직여 자세를 변경할 수 있습니다. 모든 뼈대는 Weights 값 적용 이전에 필요한 위치에 두어야 합니다.

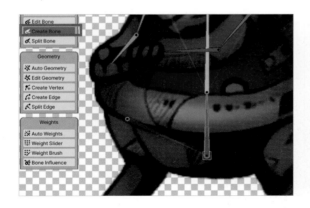
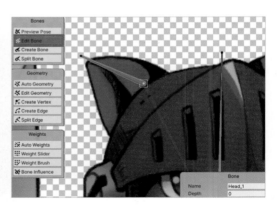

06 Geometry 편집하기

Auto Geometry 버튼을 누르면 자동으로 스프라이트 이미지의 폴리곤 면을 나눠줍니다. 최적화된 정점을 만들려면 직접 Create Vertex로 만들어줄 수 있고, Delete를 누르면 정점이 삭제됩니다. 폴리곤 면에 대한 많은 연습이 필요한 부분입니다. Auto Geometry 버튼을 누르면 나타나는 Geometry 창에서 Generate For All Visible 버튼을 눌러 폴리곤 면을 만들어 줍니다. 편집이 완료되면 Apply 버튼을 눌러야 저장됩니다.

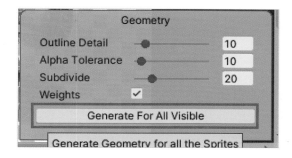
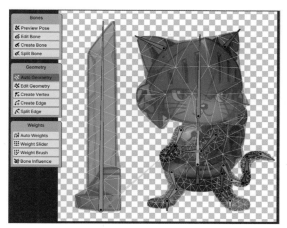

자동으로 생성된 폴리곤 면은 원하는 부위에 Vertex가 없거나, Edge가 마음에 들지 않을 수 있습니다. 이런 부분들을 Geometry 기능으로 편집해 줍니다. Edit Geometry 상태에서 각각의 정점(Vertex)들을 이동하거나 삭제할 수 있으며, 정점들의 추가는 Create Vertex 버튼을 활성화한 후 추가할 수 있습니다. 선을 추가하거나 나누려면 Create Edge, Split Edge 버튼을 활성화한 후 편집해야 합니다. 필요 이상으로 많은 정점이 만들어졌다면, 각각의 정점(Vertex)들을 삭제하는 것도 방법입니다. 편집할 Geometry를 마우스로 더블클릭해 주어야 선택됩니다.

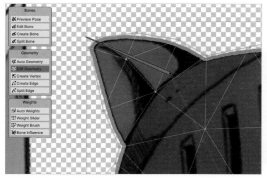

귀 부분의 정점 편집

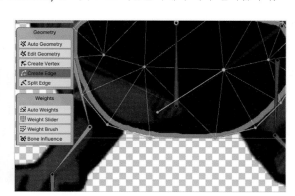

Create Edge로 폴리곤 선 재설정

07 Weights 편집하기

각각의 뼈대(Bone)가 움직일 때 함께 움직일 정점들마다 무게(Weights) 값을 정할 수 있습니다. 1이면 100% Bone의 움직임을 따라가게 됩니다. Auto Geometry에서 자동으로 Bone마다 Vertex들의 무게 값이 자동으로 배치된 상태입니다. 좋은 움직임을 만들어내기 위해 Vertex들의 무게 값을 정리할 필요가 있습니다.

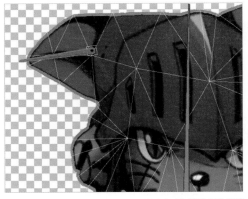

Weight 값 편집 이전 상태

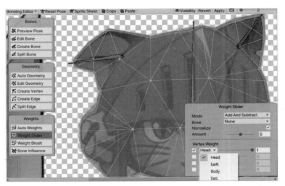

Weight slider로 편집된 상태

위 그림에서 귀를 제외한 부분의 정점들은 Head 본에만 최대값(1)으로 Vertex Weight를 주었습니다. 뼈대는 Preview Pose에서 변경하고 작업한 후 Reset Pose 버튼을 눌러 초기 상태의 뼈대 포즈로 되돌릴 수 있습니다. 필요에 따라 언제든지 자세를 잡고 뼈대 Vertex의 Weights 값을 편집하는 작업을 하다가 초기의 Pose로 되돌릴 수 있습니다. 작업이 어느 정도 될 때마다 Apply 버튼을 눌러 저장합니다. Revert 버튼을 누를 경우 Apply 이전 상태로 되돌아 갑니다. Bone Influence 기능을 사용하면 자동으로 설정되어 있던 Weights 값의 Bone들 중 필요 없는 뼈대를 제외할 수 있습니다. 여러 개의 뼈대가 교체하는 곳에서 일부 뼈대를 제외하고 나면 정점들에 있는 Weights 값을 편집하기 수월해집니다.

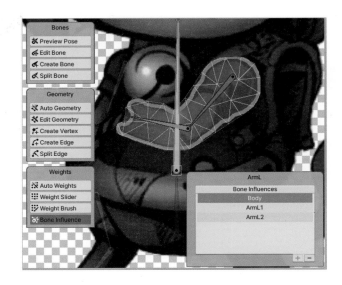

Weight Brush는 관절들을 Preview Pose로 변형을 준 뒤 원형으로 나오는 브러시를 Vertex 위에 문질러서 사용할 수 있습니다. 무게 값을 주고 싶은 Bone을 선택한 후 정점 위에서 브러시를 색칠하듯 클릭합니다. 브러시의 크기는 Size로 조절할 수 있으며, Hardness 값이 높을수록 강하게 적용됩니다.

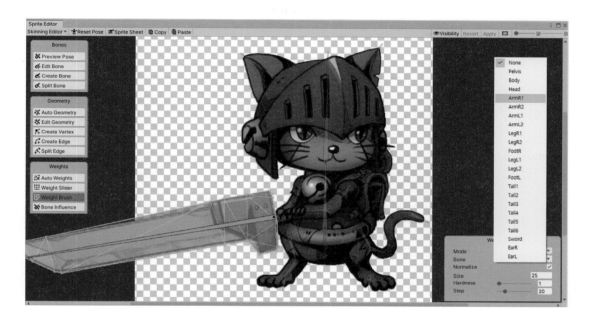

08 Scene에 배치하기

편집이 끝난 PSB 파일을 Scene 뷰에 드래그&드롭합니다. 만약 검게 나올 경우 Global Light 2D를 설치해주면 텍스처 색상이 원래대로 출력됩니다. 하이라키(Hierarchy)에 있는 PSB 파일은 지금까지 작업한 Bone의 값을 모두 포함한 데이터의 트리 구조가 나타납니다. 편집하고 싶은 Bone을 선택한 후 위치를 이동시키면 기본 자세를 편집할 수 있습니다.

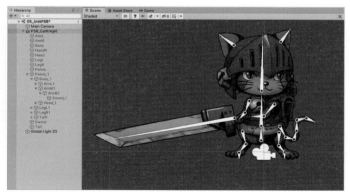

2D에 입체감 주는 방법

Live2D나 Spine 그리고 Unity의 PSB 파일 제작에 있어 평면적인 2D 이미지를 3D의 입체적인 움직임을 갖기 위한 방법을 알아보겠습니다.

2D와 3D 그리고 모니터

3D Mesh는 각 정점에 Z 값이 있고, 카메라의 Field of View 값에 따라 카메라 대비 멀리 있는 정점들은 적게 움직이고 가까이 있는 정점들은 더 빠르게 움직입니다. 이를 통해 우리는 입체감이 있다고 느끼게 됩니다. 다음의 그림에서 카메라 뷰의 두 물체 크기는 같아 보이지만, 실제 Scene에 배치는 카메라로부터 큰 물체가 2배 먼 거리에 존재합니다. FOV 값은 45 기준입니다.

카메라 뷰에서의 오브젝트

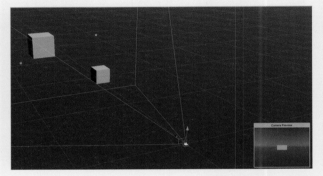

실제 씬에 배치된 오브젝트

2D에서 입체를 주는 간단한 방법은 Bone에 붙은 정점들의 움직임 속도가 다르도록 만드는 것입니다. 다음의 공은 중간의 점들은 움직이는 Bone에 Weight 값이 많이 설정되어 있지만, 아웃라인 쪽의 정점들은 Weight 값이 적게 설정되어 있습니다.

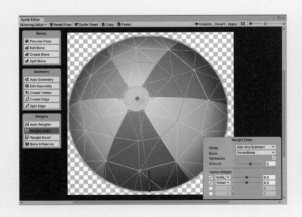

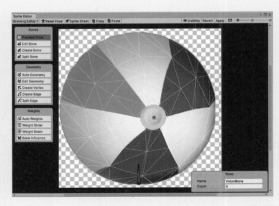

08 2D 모션 만들기

Unity에서 Animator와 Animation 기능을 사용한 PSB 캐릭터 모션 제작과 메카님 사용에 대해 알아보겠습니다. UI와 캐릭터, 배경의 동적 오브젝트 중 대부분의 움직임 연출은 Unity의 Animation으로 제작 가능합니다.

01 Animator 컴포넌트

게임 오브젝트에 Animator 컴포넌트를 추가합니다. 가장 부모에 해당하는 게임 오브젝트에 추가할 경우 자식 오브젝트에 대한 애니메이션 제작이 가능합니다. 상단 메뉴 바에서 Component 〉 Miscellaneous 〉 Animator를 선택해 게임 오브젝트에 추가합니다. Add Component에서 직접 찾아 추가할 수도 있습니다.

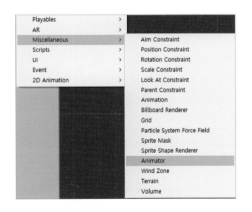
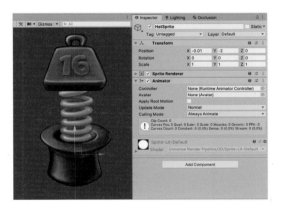

단축키 Ctrl + 6 을 눌러서 나오는 Animation 창에서 [Create] 버튼을 누르면 새로운 애니메이션이 만들어집니다. 해당 애니메이션 창은 Window 〉 Animation에서 열 수 있습니다.

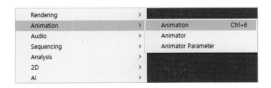
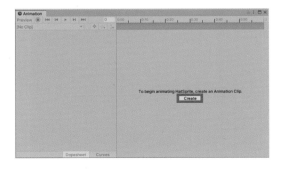

02 Animation 파일 만들기

Animation 창이 열리면 화면 중앙에 있는 [Create] 버튼을 눌러 새로운 애니메이션 파일을 만들어 줍니다. 애니메이션을 저장할 경로를 선택하고 이름을 결정한 후 저장합니다. 애니메이션 파일이 만들어진 후 새로운 애니메이션 클립을 추가하려면, 좌측 상단 애니메이션 이름(예제에서는 MyAnimation01)을 누른 후 Create New Clip을 눌러 새로운 애니메이션 클립을 만들 수 있습니다.

03 Animation 창 기능

애니메이션 창에서는 애니메이션 클립 하나 하나에 대한 모든 기록을 녹화하거나 재생할 수 있으며, 특정 타임라인에서 이벤트를 처리할 수 있습니다. 애니메이션의 기본 프레임은 초당 60 프레임입니다. 타임라인 가장 우측에 있는 ⋮ 아이콘을 눌러서 나오는 팝업 창에서 단위 표시 혹은 초당 Sample Rate를 설정할 수 있습니다.

⏺	활성화되면 Scene에서 조절하는 Inspector의 변화가 기록됩니다.
▶	제작된 Animation Clip을 재생합니다.
⏮ ⏭	애니메이션의 시작 또는 끝으로 이동합니다.
◀ ▶	선택된 애니메이션 정보의 다음 변화 정보로 이동합니다.
◈	선택된 오브젝트의 애니메이션 값만 보여줍니다.
◈₊	현재 타임라인에 있는 오브젝트들의 상태가 키 프레임으로 추가됩니다.
0₊	새로운 이벤트를 추가합니다. 이벤트에서 스크립트를 호출할 수 있습니다.

애니메이션 타임라인

152

04 애니메이션 Key 만들기

Add Property 버튼을 눌러 변화시키고 싶은 값을 추가하거나, 녹화 버튼을 누른 후 씬 뷰에서 조절하는 방법이 있습니다. 특정 시간(키 프레임)에 도달하면 크기나 위치, 회전하거나 이미지의 색상 변경, 특정 컴포넌트의 활성/비활성 등 Inspector에서 발생하는 거의 모든 설정 값에 대한 애니메이션이 가능합니다. 이중 캐릭터의 모션은 주로 Transform 값을 변경해서 만들게 됩니다. 좌측 하단의 Dopesheet가 기본으로 되어 있지만, Curves 탭을 눌러 커브 에디터로 변형 후 각 프레임마다 변환 정도의 커브 값을 편집할 수 있습니다.

키 값 입력

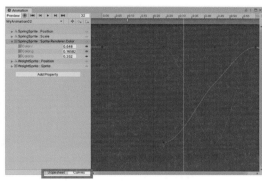

커브 편집이 가능한 Curves 탭

애니메이션 제작에서 Curves의 편집은 매우 중요한 요소입니다. 간단한 회전 값이나 Position의 이동 값을 만들었을 경우 커브값은 가속/감속이 기본으로 설정되어 있는 경우가 많습니다. 회전이나 이동을 하더라도 시작 또는 도달 시점에 서서히 그 값이 증가 혹은 감소하게 됩니다. 커브 값은 해당 키 프레임을 선택한 후 좌우의 탄젠트 커브를 각각 편집할 수 있습니다.

Free	자유롭게 커브 탄젠트를 변형합니다.
Linear	이전 값으로부터 직선 움직임의 탄젠트를 만들어 냅니다.
Constant	선택된 프레임에 도달하면 급격하게 지정된 값으로 변경합니다.
Weighted	일정 구간이 넘어가면 Constant처럼 탄젠트 값이 변형됩니다.

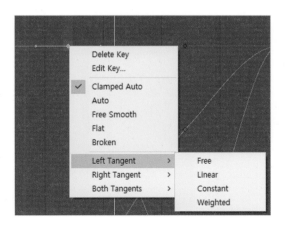

05 PSB 캐릭터 애니메이션 만들기

앞선 예제에 나온 캐릭터의 애니메이션 제작을 위해 비어있는 오브젝트에 PSB 파일을 자식 오브젝트로 등록합니다. Transform Position 값을 0, 0, 0에 오도록 제작합니다. 가장 상단 오브젝트의 이름을 정한 후, Animator 컴포넌트를 추가합니다. [Create] 버튼을 누른 후 새로운 애니메이션 이름은 Unit_CatKnight이라고 지었습니다.

비어 있는 오브젝트에 PSB 파일을 자식 오브젝트로 넣은 모습

Animator 컴포넌트 추가 후 Animation 생성

모든 부위에 키 프레임을 만들 수 있는 것은 아닙니다. 스프라이트 이미지들은 뼈대(Bone)에 붙어 있기 때문에 움직임을 주기 위해서는 Bone을 움직여 주어야 합니다. 다음은 칼의 뼈대를 이동시켜 손잡이에 오도록 변경한 이미지입니다. 기본 대기 자세를 만들기 위해 유닛의 중심점도 부모 오브젝트 기준 X축 0, Y축 0에서 발의 위치와 몸의 중앙이 맞도록 위치 값을 수정해야 합니다. 애니메이션 키 값이 저장되도록 녹화 버튼◉을 누른 후 작업해야 합니다. 키 프레임을 0이 아닌 타임라인의 중간 쯤에서 제작할 경우 0 프레임(시작 프레임)에 자동으로 기본 값이 생성됩니다.

무기를 손에 쥐도록 만든 모습

Scale 값을 변경해 이미지 좌우 반전을 만든 모습

06 Sprite 캐릭터 애니메이션 만들기

고전부터 내려오던 가장 기본적인 애니메이션 제작 방식으로, Animation에서 사용하는 스프라이트 이미지를 특정 프레임마다 변경해 움직임을 만드는 방법입니다. 사용하기 위해 연속된 동작을 갖는 프레임 애니메이션 스프라이트가 필요합니다. 자식 오브젝트로 Sprite 이미지 파일을 만들어 등록하고, 부모 오브젝트에 애니메이터를 등록합니다.

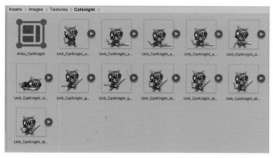
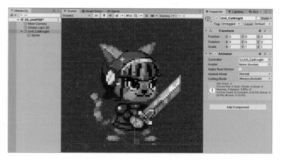

Assets 폴더에 저장된 스프라이트 애니메이션　　　**스프라이트가 적용된 게임 오브젝트**

애니메이션 창의 녹화 버튼을 누른 후 타임라인을 이동해 가며 Sprite의 이미지를 변경해 줍니다. 대기 모션, 공격 모션, 피격 모션 등 각각의 필요한 애니메이션 수만큼 새로운 Animation Clip을 만들어 준 후 프레임을 등록합니다. 필요에 따라 Position이나 Rotation, Scale 값을 추가하여도 좋습니다.

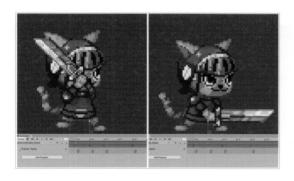
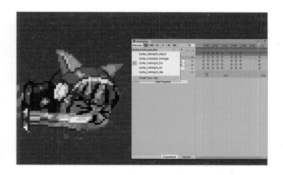

07 Animator 창 열기

캐릭터처럼 여러 개의 애니메이션 클립이 있을 경우 Animator 창에서 상황에 맞게 애니메이션이 나오도록 설정할 수 있습니다. 애니메이터(Animator) 창은 상단 메뉴 바 Window 〉 Animation 〉 Animator에서 찾을 수 있습니다. 애니메이터 창의 세부 정보는 선택된 게임 오브젝트에 있는 Animator 정보입니다. 다음의 애니메이터 창은 씬 뷰의 우측에 오도록 배치한 모습입니다.

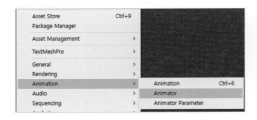 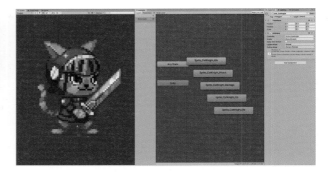

애니메이터(Animator) 창에는 추가한 모든 애니메이션 클립들이 등록되어 있습니다. 각각의 애니메이션 클립들은 선택 후 마우스 오른쪽 버튼을 눌러 삭제할 수 있습니다. 새로운 상태에 따른 애니메이션을 추가하려면 빈 바탕에서 마우스 오른쪽 버튼을 누른 후 Create State 〉 Empty를 선택해 새로운 State를 만들고 애니메이션을 연결해 주어야 합니다.

State 선택 후 마우스 오른쪽 버튼을 누른 모습   비어 있는 바탕에서 마우스 오른쪽 버튼을 누른 모습

08 Animator State Machine 설정하기

Entry에서 연결된 State는 최초 시작하는 상태이며, 해당 상태에 등록된 애니메이션이 재생됩니다. 다른 상태 (State)로 연결하기 위해 Any State에서 마우스 오른쪽 버튼을 누른 후 나오는 Make Transition 버튼을 눌러 다른 State로 연결합니다. 간단한 캐릭터 스프라이트 애니메이션은 기본 대기 동작(Idle 모션)을 제외하고 Trigger로 발동하기 위해 Idle에서 연결하지 않고 Any State에서 연결시켰습니다. 각각의 모션이 끝나면 Idle 모션으로 연결되도록 사망(Die) 모션을 제외하고 모두 Idle 모션으로 연결시켰습니다.

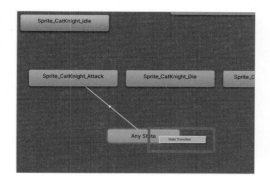 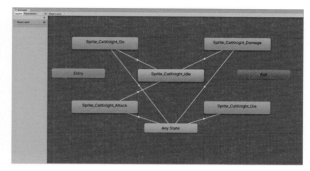

09 Parameters 설정하기

Animator 창의 좌측 상단에 있는 Parameters 탭을 선택한 후 [+] 버튼을 눌러 새로운 Parameters를 추가합니다. Float, Int, Bool, Trigger 4가지 타입을 지원합니다. 추가된 파라미터(Parameters)는 마우스를 더블클릭하여 이름을 변경할 수 있습니다. State 사이에 연결된 선(Line)을 선택하면 Conditions에서 [+] 버튼을 누른 후 만들어진 Parameters를 선택할 수 있습니다.

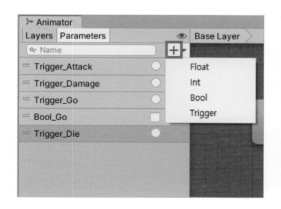 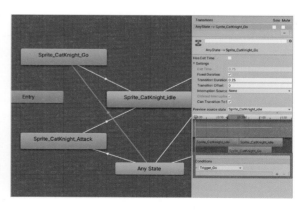

Go 애니메이션을 제외한 다른 Attack이나 Damage는 애니메이션이 끝나면 Idle 상태로 되돌아가도록 만들어 줍니다. Has Exit Time이 체크되어 있을 경우 Exit Time에 설정된 값(1이면 동작이 끝나는 시점)이 되면 자동으로 다음으로 연결된 상태(State)로 변경됩니다. 이 경우 Conditions에 조건이 없어도 상태가 연결되므로 값을 넣어 주지 않아도 됩니다. 캐릭터가 사망하면 다시 Idle로 연결될 필요가 없기 때문에, Die에서 Idle로의 State 연결은 하지 않았습니다.

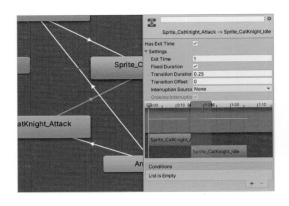
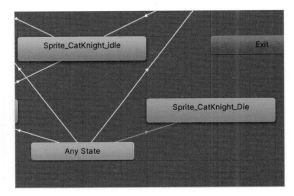

10 Animation 클립 설정하기

만들어진 애니메이션 클립의 경우 Idle 애니메이션과 Go 애니메이션은 해당하는 상태(State) 동안 반복적으로 재생되어야 하지만, Damage 혹은 Attack, Die 등의 애니메이션은 단 한 번만 재생되어야 합니다. 애니메이션 재생이 한 번만 되도록 하는 설정은 애니메이션 클립을 선택하면 나오는 인스펙터(Inspector) 창에서 Loop Time 의 체크박스를 해제하면 해결됩니다. Attack의 경우 공격 동작이 끝나면 Idle 상태(State)로 되돌아 가야 하지만, Go는 유닛이 더이상 이동 상태가 아닐 때 Idle 상태(State)가 되도록 Trigger뿐만 아니라 Bool 값의 Parameters를 설정해 주어야 합니다.

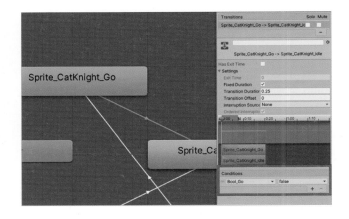

11 Animator 테스트하기

Play 모드에서 Animator 창의 Parameters에 있는 체크박스들을 클릭하면 해당하는 상태(State)로 변하면서 애니메이션이 변경됩니다. 스크립트를 통한 애니메이션 제어의 경우 Animator의 Parameter 값을 제어함으로써 애니메이션의 출력을 변경하게 됩니다. 애니메이터(Animator) 창의 상태(State) 변화를 체크하며 애니메이션 클립 간의 동작 연결에 이상이 없는지 체크할 수 있습니다. Play 모드에서 변경된 값들은 Play 모드가 끝나면 원래 설정된 값으로 되돌아 옵니다.

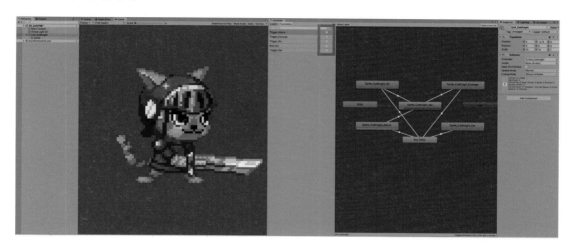

POINT

애니메이션 블렌딩

하나의 상태(State)에서 다른 상태(State)로 애니메이션이 변경될 경우 Transition Duration 값을 변경해서 애니메이션이 섞이는 단계를 부드럽게 제어할 수 있습니다. 이 값의 제어는 스프라이트 애니메이션에서는 확인하기 어렵지만 3D 또는 PSB 애니메이션과 같이 Bone을 움직여 제작한 애니메이션에 사용하면 각 애니메이션들이 부드럽게 연결됩니다.

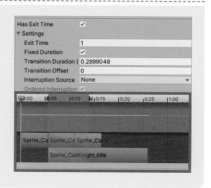

State와 Motion

Animator에서 만든 State는 하나의 Motion 파일을 지정하고 있습니다. 이 Motion 파일은 곧 애니메이션 클립(Animation Clip)이며, 해당하는 애니메이션에 대한 컨트롤을 정할 수 있습니다.

Motion	현재 상태에서 재생할 애니메이션 클립을 정합니다.
Speed	애니메이션 클립의 재생 속도를 정합니다. Multiplier 설정 시 애니메이터에서 지정한 Parameters 값을 곱해서 사용할 수 있습니다.
Motion Time	애니메이션 클립의 시간을 정할 수 있습니다. Float 값 파라미터가 필요합니다.
Mirror	Bool 타입으로 순재생 혹은 역재생을 할 수 있습니다.
Cycle Offset	다른 시간에 시작하려면 루프 애니메이션 사이클에 오프셋합니다.
Foot IK	현재 상태에서 Foot IK(Inverse Kinematics)를 사용합니다. 휴머노이드 애니메이션에만 사용 가능합니다.
Write Default	이 모션으로 애니메이션화 되지 않는 프로퍼티의 기본 값을 AnimatorStates가 작성할지 여부입니다.
Transitions	이 상태에서 파생된 전환 리스트입니다.

애니메이션 상태(State)에서 Parameter를 체크할 경우 Animator에서 등록한 Parameters 값을 가져와서 변수로 사용할 수 있습니다. Animator에서 지정한 Parameters 값의 제어는 스크립트에서 할 수 있습니다. Add Behaviour 버튼을 누르면 기본 상태에서는 추가 가능한 스크립트가 없습니다. 해당 컴포넌트는 Behaviour 전용으로 컴포넌트를 따로 제작해야 사용할 수 있으며, Spine2D와 같은 외부 애니메이션 툴을 사용할 때 해당 클립을 사용하고 싶다면 새로운 Behaviour를 제작해서 컴포넌트를 추가할 수 있습니다.

09 2D 캐릭터 스크립트 제어하기

Animator로 제작된 애니메이션은 스크립트 제어로 필요한 순간에 작동시킬 수 있습니다. 스크립트를 사용하면 GameObject에 있는 컴포넌트를 제어할 수 있고, 오브젝트를 이동시키려면 Transform 값을 제어하거나 Rigidbody의 물리 값을 변경하는 방법이 있습니다.

01 캐릭터 프리펩 설정하기

앞서 만든 2D 스프라이트 방식의 캐릭터를 사용하여 Box Collider2D, Circle Collider 2D 그리고 Rigidbody2D 컴포넌트를 추가하여 다음의 이미지처럼 설정합니다. Rigidbody2D 컴포넌트의 Freeze Rotation에 있는 Z축 체크박스를 선택하면 게임 오브젝트는 더이상 Z축으로 물리 값에 의해 회전하지 않게 됩니다.

캐릭터 바닥에 원형 콜라이더와 박스 콜라이더를 사용할 경우 지형의 모서리 끝에 섰을 때 가장 큰 차이를 보입니다. 자연스럽게 미끄러지는 애니메이션을 위해 원형 콜라이더를 사용합니다.

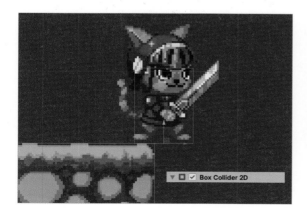

02 캐릭터 제어 스크립트(이동)

캐릭터 이동과 관련된 스크립트입니다. 다음의 코드를 참고하여 스크립트를 만들고, 캐릭터 게임 오브젝트에 추가합니다. 스크립트 이름은 UnitControll.cs입니다.

```csharp
using UnityEngine;
public class UnitControll : MonoBehaviour
{
    public float moveSpeed = 2f;
    Rigidbody2D _rigid2D;

    private void Start()
    {
        _rigid2D = GetComponent<Rigidbody2D>();
    }

    private void Update()
    {
        MyUnitMove(); // 매 프레임마다 유닛 이동 함수를 실행합니다.
    }

    void MyUnitMove() // 키 입력을 받으면 유닛의 velocity 값을 변경합니다.
    {
        if (Input.GetKey(KeyCode.D) == true)
        {
            _rigid2D.velocity = new Vector2(moveSpeed, 0f);
        }
        else if (Input.GetKey(KeyCode.A) == true)
        {
            _rigid2D.velocity = new Vector2(-moveSpeed, 0f);
        }
        if(Input.GetKeyUp(KeyCode.D) == true || Input.GetKeyUp(KeyCode.A) == true)
        {
            _rigid2D.velocity = new Vector2(0f, 0f);
        } // 키 값이 사라지면 velocity 값을 0으로 초기화합니다.
    }
}
```

[Play] 버튼을 누른 후 Game 창에서 키보드의 D를 누르면 우측으로, A를 누르면 좌측으로 움직이는 간단한 스크립트입니다. 지형은 이전에 만든 Sprite Shape이어도 괜찮습니다. 지형에 꼭 Collider가 적용되어 있어야 캐릭터가 떨어지지 않고 지형에 서있게 됩니다.

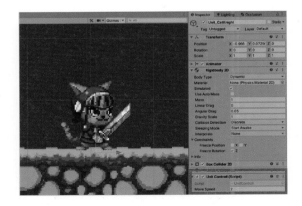

03 캐릭터 그래픽 방향 전환 스크립트

2D 캐릭터의 방향을 바꾸기 위한 방법으로 그래픽의 스케일을 X축으로 −1 주는 방법이 있지만, Sprite Renderer에 있는 Flip을 사용하는 방법도 있습니다. 앞의 코드에 다음의 부분을 추가하여 진행합니다.

```
...
Rigidbody2D _rigid2D;

SpriteRenderer _spriteRenderer; // Sprite Renderer 컴포넌트를 사용하기 위해 추가합니다.

    private void Start() {
        ...
        _spriteRenderer = GetComponentInChildren<SpriteRenderer>();
        // 자식 오브젝트 중 처음으로 찾는 Sprite Renderer 컴포넌트를 가져옵니다.
        // 단 하나의 스프라이트를 사용할 때에만 사용합니다.
    }
...
    void MyUnitMove() // 키 입력을 받으면 유닛의 velocity 값을 변경합니다.
    {
        if (Input.GetKey(KeyCode.D) == true)
        {
            ...
            _spriteRenderer.flipX = false; // 스프라이트 X축을 Flip시키지 않습니다.
        }
        else if (Input.GetKey(KeyCode.A) == true)
        {
            ...
            _spriteRenderer.flipX = true; // 스프라이트 X축을 Flip시킵니다.
        }
...
```

GetComponentInChildren<> 기능은 자식 오브젝트 중 컴포넌트가 있을 경우 찾아서 사용할 수 있는 기능입니다. 스프라이트가 단 하나이기 때문에 이 기능을 사용했습니다. 다중 스프라이트를 지니고 있다면 직접 오브젝트를 지정하여 주는 편이 좋습니다. 이제 게임을 실행하고 키를 입력하면 캐릭터가 좌우 이동에 따라 해당 방향을 보게 됩니다.

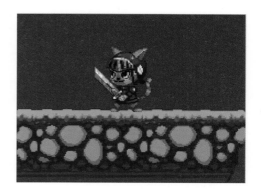

04 Animator 컨트롤 스크립트

캐릭터가 키 입력을 받으면 애니메이션이 작동되는 스크립트입니다. 다음의 스크립트를 참고하여 작성하기 바랍니다. 키 입력을 받아서 애니메이션 동작 트리거가 작동되는 간단한 기능입니다.

```
...
SpriteRenderer _spriteRenderer;
Animator _animator;

private void Start( ) {
    ...
    _animator = GetComponent〈Animator〉(); // Animator 컴포넌트를 가져옵니다.
}

private void Update( )
{
    ...
    MyUnitMotion( ); // 새로 추가된 캐릭터 모션 제어를 위한 함수입니다.
}

...
void MyUnitMotion( ) // 캐릭터 애니메이터의 파라미터를 변경하는 함수입니다.
{
    if (Input.GetKeyDown(KeyCode.J) == true)
    {
        _animator.SetTrigger("Trigger_Attack");
    // J를 누르면 애니메이터의 트리거를 세팅합니다.
    // 애니메이터 내에 해당 Trigger 이름이 있어야 작동됩니다.
    }
}
...
```

실행 후 키보드의 J 를 누르면 캐릭터의 공격 모션이 작동되는 것을 볼 수 있습니다. 이와 같은 방법으로 점프나 스킬, 다른 액션을 작동시킬 수 있습니다. MyUnitMotion()이 Public으로 선언되어 있다면 UI에 버튼을 추가해서 UI 버튼이 눌러질 때 해당 함수가 실행되도록 만들 수 있습니다.

Animator 컨트롤

애니메이션을 변경하기 위해 앞에서 SetTrigger를 사용하였습니다. 트리거의 경우 한번 작동하고 나면 Any State에서 다른 애니메이션을 재생하기 좋은 방법이지만, 특정 모션 상태에 머물러야 하거나 반복적인 모션이 나와야 하는 경우 Trigger보다는 Bool 값 등으로 처리하는 편이 좋습니다.

```
_animator.SetTrigger("트리거 이름");      // 트리거는 string으로 된 이름으로 호출
_animator.SetBool("Bool 값 이름",true);   // true 또는 false 값이 추가로 필요한 Boll 파라미터
_animator.SetFloat("Flot 값 이름",1.0f);  // float 값이 필요한 Float 파라미터
_animator.SetInteger("Int 값 이름",1);    // int 값이 필요한 Int 파라미터
```

캐릭터 모션에 걷기와 달리기를 오가는 속도에 변화가 있는 모션이 있다면 캐릭터의 속도 값을 Float으로 두고 특정 값을 기준으로 Move와 Run 상태가 변하도록 만들 수 있습니다. 이때 State 파라미터 간 조건으로 Float 파라미터를 사용할 수 있으며, 해당 파라미터를 스크립트로 제어하면서 자신의 Float 값을 변경하도록 만들 수 있습니다. 일정 수준까지는 한 레이어에서 제작할 수 있지만, 매우 복잡한 구조를 지니게 될 경우 Layer를 나누거나 Sub-StateMachine을 제작해서 나눠주는 편이 좋습니다. 3D 캐릭터의 경우 상하 애니메이션이 분리되어 다른 동작을 할 수 있으며 캐릭터의 상태에 따라 매우 다른 애니메이션이 작동되어야 하기 때문에 Layer 그리고 Sub-StateMachine을 적극적으로 사용해야 합니다.

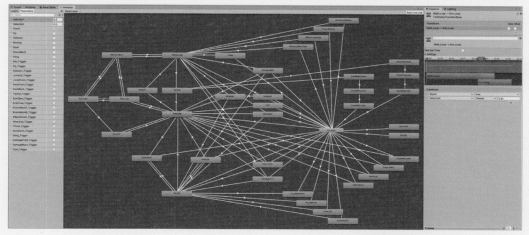

여러 동작이 복잡하게 설정된 StateMachine

StateMachine에서 Spine 사용하기

Spine 2D는 스켈렉톤 기반의 2D 애니메이션 프로그램으로, 2D를 사용하는 프로젝트 현업에서 많이 사용하고 있는 2D 툴입니다. 쉬운 제작과 퀄리티, 생산성을 보장하며, 유니티의 StateMachine을 사용하여 FSM 구조의 메카님 애니메이션 제작도 할 수 있습니다.

Spine 설치

한국에서는 **http://ko.esotericsoftware.com**에서 해당 소프트웨어를 구할 수 있습니다. 구매나 설치는 해당 홈페이지를 참고하기 바랍니다.

유니티용 런타임 설치

홈페이지 상단 탭의 런타임에서 나오는 공식 런타임 – Unity를 선택한 후 GitHub 웹 페이지에서 버전에 맞는 런타임을 설치합니다.

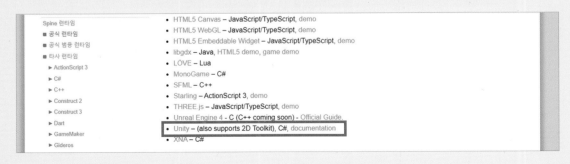

Spine 데이터 Export하기

스파인으로 제작된 파일을 Unity용으로 Export할 때 JSON 파일로 내보내야 하며, 텍스처 패커 설정에서 아틀라스 확장자 끝에 .txt를 넣어 주어야 Unity에서 파일을 읽어들일 수 있습니다. 아틀라스 확장자가 **.atlas.txt**가 되어야 합니다.

Spine 데이터 Import하기

런타임을 설치하였다면, Spine으로 제작된 데이터를 가져옵니다. 다른 데이터들과 마찬가지로 Asset 폴더 내에 비어 있는 폴더를 만든 후 드래그&드롭을 하거나 윈도우 탐색기에서 파일들을 복사해 넣습니다. 파일들은 Spine 런타임이 자동으로 유니티에서 사용 가능하도록 데이터를 변경시켜 줍니다. 자동 생성된 파일들 중 _SkeletonData가 해당 애니메이션을 포함하고 있는 데이터입니다. 인스펙터 뷰에서는 파일이 지니고 있는 Animation과 Mix Settings에 대해 설정할 수 있으며, 유닛의 기본 Scale도 이곳에서 설정합니다.

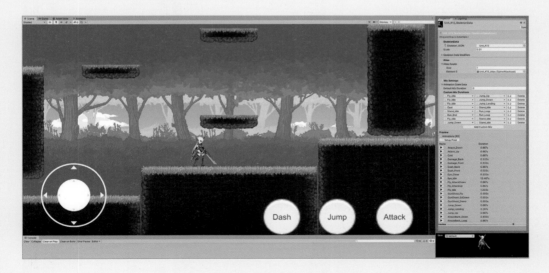

Generate Mecanim Controller

_SkeletonData 에셋을 선택하면 나오는 인스펙터 하단의 Generate Mecanim Controller를 실행하면 Unity의 Mecanim을 사용할 수 있게 해주는 Controller가 만들어 집니다. 해당 버튼을 눌러 컨트롤러를 만들어 줍니다. 자동으로 컨트롤러는 Assets 폴더에 생성됩니다. 변경된 버튼(Force Update AnimationClips)은 애니메이션 클립 데이터가 변경될 경우 클릭하면 컨트롤러가 업데이트됩니다.

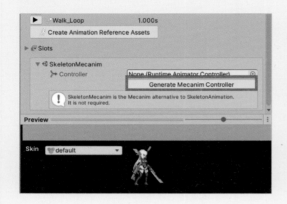 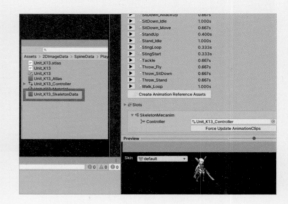

Animator에 컨트롤러 연결하기

Spine으로 제작된 캐릭터의 데이터도 Sprite를 사용하는 캐릭터와 같은 방법으로 게임 오브젝트를 구성합니다. Spine SkeletonAnimation은 자식 오브젝트로 등록한 후 부모 오브젝트에 Animator 컴포넌트를 추가합니다. 예제의 Graphgic은 SkeletonAnimation 데이터입니다.

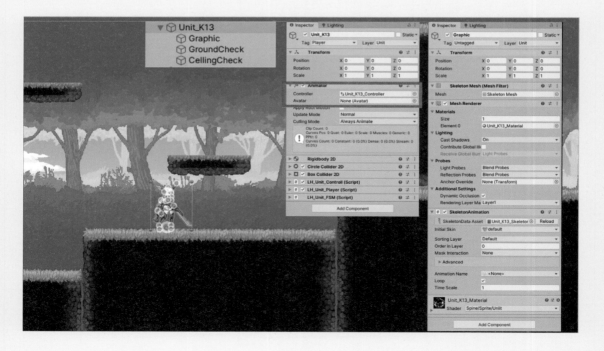

Spine Animation Behaviour 스크립트

스파인 데이터를 Mecanim에서 사용하려면 전용 Behaviour를 제작해야 합니다. 다음의 예제를 참고하여 스크립트를 제작합니다. 파일명은 SpineAnimationBehavior.cs입니다.

```csharp
using UnityEngine;
using System.Collections;
using Spine.Unity;

public class SpineAnimationBehavior : StateMachineBehaviour
{
    public AnimationClip motion;

    public int layer = 0;
    public float timeScale = 1f;

    private float normalizedTime;
    public float exitTime = .85f;

    string animationClip;
    bool loop;

    private SkeletonAnimation skeletonAnimation;
    private Spine.AnimationState spineAnimationState;
    private Spine.TrackEntry trackEntry;

    void Awake()
    {
        // 애니메이션 클립의 이름을 사용하여 클립 이름을 정합니다.
        animationClip = motion.name;
    }

    override public void OnStateEnter(Animator animator, AnimatorStateInfo stateInfo, int layerIndex)
    {
        if (skeletonAnimation == null)
        {
            skeletonAnimation = animator.GetComponentInChildren<SkeletonAnimation>();
            spineAnimationState = skeletonAnimation.state;
        }

        if (animationClip != null) {
            loop = stateInfo.loop;
            trackEntry = spineAnimationState.SetAnimation(layer, animationClip, loop);

            trackEntry.TimeScale = timeScale;

            normalizedTime = 0f;
        }
    }
}
```

이 스크립트는 StateMachineBehaviour 클래스를 상속하여 사용하고 있습니다. 일반적인 게임 오브젝트에 사용할 수 없지만, Animator의 State 인스펙터에 있는 Add Behaviour 버튼을 눌러 추가/사용할 수 있습니다.

예제에서는 OnStateEnter(Animator animator, AnimatorStateInfo stateInfo, int layerIndex)를 사용하고 있지만, 다른 상태에 대해서도 코드를 제작할 수 있습니다. 클래스 상속으로 만들고 있기 때문에 override public void를 사용해서 편집합니다.

OnStateUpdate(Animator animator, AnimatorStateInfo stateInfo, int layerIndex)
// 스테이트가 업데이트되고 있을 때 작동하는 코드를 생성합니다.

OnStateExit(Animator animator, AnimatorStateInfo stateInfo, int layerIndex)
// 스테이트가 끝날 때 작동하는 코드를 생성합니다.

State에 애니메이션 적용하기

애니메이터 내부의 State를 선택하면 나오는 Inspector에서 Add Behaviour 버튼을 눌러 제작한 스크립트를 선택합니다. Motion 부분에 재생하고자 하는 애니메이션을 찾아 드래그&드롭으로 연결시킵니다. 해당 애니메이션은 **_Controller**로 저장된 Asset 파일에 포함되어 있습니다.

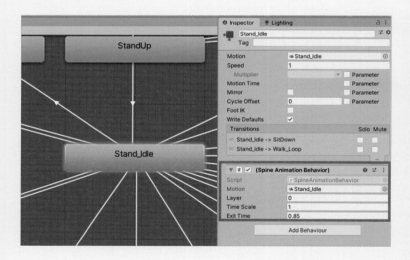

2D IK 사용하기

앞에 나왔던 Bone을 사용하는 2D 캐릭터를 제작할 때 사용할 수 있는 기능입니다. IK는 Inverse Kinematics의 줄임말로, 역운동학을 구현하기 위한 도구입니다. 하위 뼈 구조가 상위 뼈에 영향을 주기 때문에 발과 같이 지면에 닿아 있는 부분을 키 프레임 제작 없이 골격이 계산을 실시간으로 해줍니다.

2D IK 설치

Package Manager에서 2D IK를 찾아 설치합니다. Unity의 버전에 따라 차이가 있을 수 있습니다. 설치 가능한 모든 패키지를 표시하려면 상단 Advanced 탭에 있는 Show dependencies와 Show preview packages가 모두 체크되어 있어야 합니다. 2D IK는 Component에 추가됩니다. 상단 메뉴 바 Component 〉 Scripts 〉 UnityEngine. Experimental.U2D.IK에 기능들이 추가되어 있습니다. IK Manager 2D 컴포넌트를 사용해서 사용하려는 IK Solver 오브젝트를 추가한 후 사용할 수 있습니다.

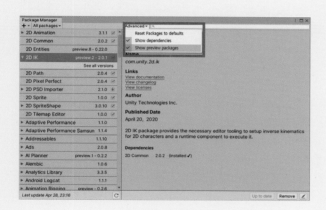

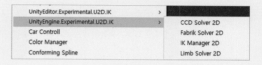

IK Manager 2D	컴포넌트를 추가하면 지원되는 IK를 선택해서 사용할 수 있습니다. 선택된 IK Solver 타입을 관리하며 Weight 값을 변경할 수 있습니다.
CCD Solver 2D	IK Solver는 Cyclic Coordinate Descent 알고리즘을 사용합니다. 알고리즘이 실행될수록 점점 더 정확해 집니다.
Fabrik Solver 2D	Forward And Backward Reaching Inverse Kinematics 알고리즘을 사용합니다. CCS와 유사하며, 설정된 반복 횟수에 도달하면 Solver 실행이 중지됩니다.
Limb Solver 2D	팔과 다리같은 관절에 사용하기 좋은 두 개의 Bone을 연결하기 좋은 Solver입니다.

IK Manager 컴포넌트 적용하기

앞서 만든 PSB 캐릭터를 예제로 사용하고 있습니다. IK Manager 2D 컴포넌트는 가장 상단의 PSB 파일을 선택한 후 추가합니다. 컴포넌트에 있는 IK Solvers의 [+] 버튼을 누른 후 Limb를 선택하면 New LimbSolver2D가 자식 오브젝트로 생성됩니다. 만들어진 LimbSolver의 이름은 Limb_FootR로 변경하였습니다.

  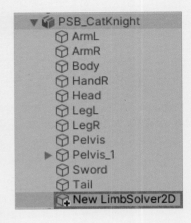

Limb Solver 2D 사용하기

Limb Solver 2D는 캐릭터 팔과 다리 제작에 가장 좋은 IK입니다. Effector와 Target 두 개의 Transform을 지정해 주고 사용하게 되는데, Target은 Limb Solver 2D가 적용된 오브젝트를 보통 사용하며, Effector는 따라다니게 될 가장 끝의 Bone이 선택됩니다. Effector의 경우 Target의 Transform 값을 그대로 따라가기 때문에 미리 Target의 Transform 값을 Effector의 Transform 값과 같게 만들어 줄 필요가 있습니다. 설정 후 Pelvis 본을 움직이면 예제처럼 발을 기준으로 정강이와 허벅지의 본이 바닥을 따라 자동으로 움직이게 됩니다. Effector를 포함한 최대 3개의 본이 영향을 받습니다. 꼬리와 같은 여러 개의 본이 필요한 경우 CCD 또는 Fabrik Solver의 Chain Length를 늘린 후 사용합니다.

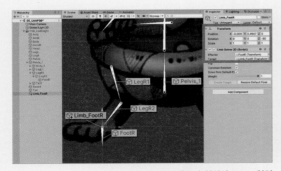

Limb Solver 오브젝트의 위치와 Bone 위치

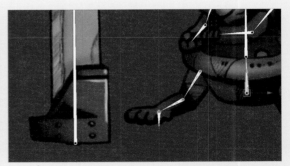

Pelvis 본을 움직인 모습

MEMO

Unity 2020

3D 기능과 개발 툴 활용하기

Unity 2020의 가장 큰 특징은 HDRP와 URP에 대한 정식 지원입니다. 렌더 파이프라인의 변화와 함께
Node 기반의 셰이더 에디터를 제공합니다. 고해상도 렌더 파이프라인(HDRP)의 모든 요소를 비롯한 광
범위한 그래픽스 기능을 사용하며, 더 생생한 시네마틱 비주얼을 실시간으로 구현할 수 있습니다.

01 Unity의 3D 게임 기능

Unity는 2019.3 버전부터 URP와 HDRP를 정식 템플릿으로 지원하고 있습니다. 버전에 따라 기본 빌트인 셰이더에서만 작동하는 매터리얼도 있으니 핑크색으로 출력되는 오브젝트의 경우 렌더 파이프라인이 맞는 템플릿을 선택해서 사용해야 작동됩니다.

01 3D 게임 오브젝트

기본으로 제공하는 3D 기능은 상단 메뉴 바 GameObject 〉 3D Object에 있습니다. 3D 프로젝트를 사용하기 위해 템플릿 선택을 3D, URP 또는 HDRP로 하는 것이 좋습니다. Unity 2019.3 버전 이하는 3D 템플릿을 사용하기 바랍니다.

3D 게임 오브젝트는 Mesh 필터를 지니고 있습니다. Mesh Filter는 3D 모델링 툴에서 제작된 OBJ 또는 FBX같은 파일의 Mesh 데이터 정보입니다. 기본으로 제공하는 Mesh 모델과 3D Text, Ragdoll, 지형 툴, 바람과 같은 물리 표현 등 3D 월드와 오브젝트를 구성하는 데 필요한 요소들로 구성되어 있습니다. 3D 오브젝트들은 상단 메뉴 바 GameOobject 〉 3D Object에 있습니다.

3D Object	>		Cube
2D Object	>		Sphere
Effects	>		Capsule
Light	>		Cylinder
Audio	>		Plane
Video	>		Quad
UI	>		Mirror
Volume	>		
Visual Effects	>		Text - TextMeshPro
Rendering	>		Ragdoll...
Camera			Terrain
Center On Children			Tree
			Wind Zone
Make Parent			3D Text
Clear Parent			

Cube/Sphere/Capsule/Cylinder	박스, 구체, 캡슐, 원기둥 형태의 입체감이 있는 3D 오브젝트를 생성합니다.
Plane/Quad	평면 3D 오브젝트를 생성합니다. Quad는 가장 단순한 사각형 평면 폴리곤입니다.
Mirror	거울처럼 주변을 반사하는 평면 오브젝트를 생성합니다.
Text − TextMeshPro	3D 월드상에서 사용할 수 있는 Text Mesh Pro용 텍스트를 생성합니다.
Ragdoll	Ragdoll을 생성합니다. 선택 시 Create Ragdoll 팝업 창이 열립니다.
Terrain	지형 제작을 위한 터레인(Terrain)을 생성합니다.
Tree	나무를 생성합니다. 스피드 트리(Speed Tree)와 같은 기능입니다.
Wind Zone	월드상에 배치할 수 있는 Wind Zone 오브젝트입니다.
3D Text	Dynamic Font를 사용하는 3D 텍스트 오브젝트를 생성합니다.

02 3D 게임 오브젝트와 컴포넌트

Unity에서 지원하는 기본 모델은 7종류가 있습니다. 입체 모형인 Box, Sphere, Capsule, Cylinder와 사각 평면의 Quad, Plane, Mirror입니다. 이중 Plane과 Mirror는 사용하는 셰이더와 반사 효과를 위해 추가되는 컴포넌트의 차이가 있을 뿐, 사용하는 Mesh Filter의 Mesh는 같습니다. 다음은 모든 3D 오브젝트를 생성한 이미지입니다.

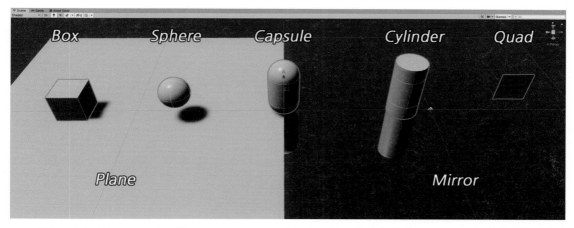

3D 게임 오브젝트는 Mesh Filter와 Mesh Renderer 그리고 오브젝트의 형태에 맞는 Collider를 채택해서 적용되어 있습니다. Mesh Filter의 Mesh에 연결된 부분을 변경하면 다른 모습으로 변경됩니다. Mesh가 곧 외형의 형태를 결정하는 Vertex 정보와 UV, Vertex Color 정보 등을 가지고 있는 요소입니다. Mesh는 3D Max, Maya, Blender 등과 같은 ODD 툴을 사용해서 제작한 후 Fbx, Obj와 같은 파일로 Export한 파일을 Unity의 Assets 폴더 내에 Import해서 사용합니다.

POINT

Material

Mesh Render의 Materials에는 Element 부분이 있습니다. Size를 변경하면 여러 개의 Material을 적용할 수 있습니다. Material은 3D Object의 재질을 결정하며, 사용하는 셰이더가 곧 Material의 특징을 결정하게 됩니다.

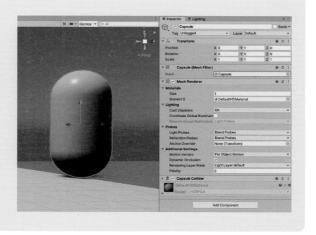

03 Mesh Renderer 컴포넌트

Mesh Filter가 파일에 대한 정보를 지니고 있다면, 이를 가공하게 되는 것이 Mesh Renderer입니다. 그렇기 때문에 다양한 파라미터를 지니고 있으며 기본으로 보여지는 각 기능별 특징은 다음과 같습니다.

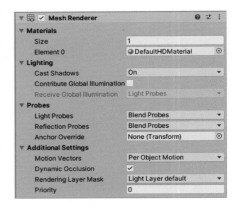

Element	매터리얼 리스트입니다. 여러 개의 매터리얼을 지닐 수 있습니다.
Cast Shadows	광원이 비출 때 그림자를 드리울지 정합니다.
Contribute Global Illumination	전역 조명 계산에 게임 오브젝트를 포함합니다. 활성화 시 게임 오브젝트의 Inspector 상단에 있는 Static 체크박스도 활성화합니다.
Receive Global Illumination	Contribute Global illumination을 체크하면 활성화됩니다. 라이트맵 선택 시 Lightmapping 프로퍼티가 나타납니다.
Light Probes	프로브 기반 조명 보간 모드입니다. Blend Probes는 렌더러가 보관된 라이트 프로브를 한개 사용합니다.
Reflection Probes	게임 오브젝트가 반사에 영향을 받는 방식을 지정합니다. 기본값 Blend Probes는 반사 프로브를 활성화시키며, 블렌딩은 프로브 사이에서만 발생합니다.
Anchor Override	Light Probes/Reflection Probes 시스템을 사용할 때 Unity가 보간 포지션을 결정하는데 사용하는 트랜스폼을 설정합니다.
Motion Vector	오브젝트의 Mesh가 카메라 모션 벡터 텍스처에 렌더링된 모션 벡터를 가집니다.
Dynamic Occlusion	Static으로 표시되지 않은 게임 오브젝트에도 오클루전 컬링을 수행합니다.
Rendering Layer Mask	라이트 레이어를 선택합니다.
Priority	렌더링 우선 순위를 정합니다.

기본으로 보여지는 기능 이외에도 Mesh Renderer에는 고급 설정이 있습니다. 고급 설정 창을 열기 위해 Inspector 뷰 상단 Static 옆에 있는 아이콘 ▼ 을 클릭하면 나옵니다. Static 옵션을 선택하면 해당 기능들이 활성화되며, Bake 시 어떠한 정보를 포함할지 결정할 수 있습니다.

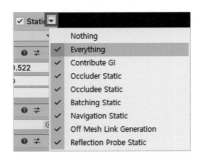

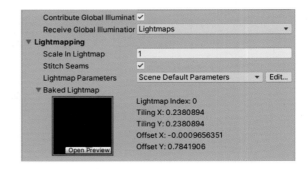

04 Terrain 시스템

3D 공간의 지형을 만들기 위해 제공되는 기능입니다. 연필로 칠하듯 지형을 만들 수 있고, 나무와 풀같은 식생을 배치할 수 있습니다. Terrain을 만들려면 상단 메뉴 바 GameObject 〉 3D Object〉 Terrain을 선택합니다.

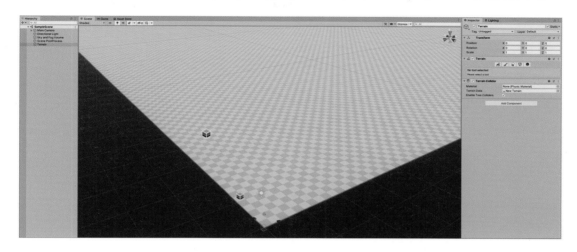

터레인(Terrain) 오브젝트의 구조는 Terrain 컴포넌트와 Terrain Collider로 이루어져 있습니다. 지형의 편집과 꾸미기, 설정 모두 Terrain 컴포넌트에 있습니다. 터레인 기능 아이콘을 선택함에 따라 인스펙터(Inspector)의 기능이 크게 변합니다. 5개의 버튼이 있습니다.

Create Neighbor Terrains	자동으로 인접하는 터레인 타일을 빠르게 제작할 수 있습니다.
Fill Heightmap Using Nightbors	새 터레인 타일의 하이트맵(Heightmap)을 인접하는 터레인 타일의 하이트맵과 크로스 블렌딩하여 채울 수 있습니다. 여러 개의 터레인으로 제작된 지형을 만들어야 할 때 사용하기 편리한 기능입니다.

기본은 Raise or Lower Terrain으로 설정되어 있습니다. 이곳의 기능을 변경하면 구멍을 뚫거나 지형에 텍스처 색상을 입힐 수 있습니다.

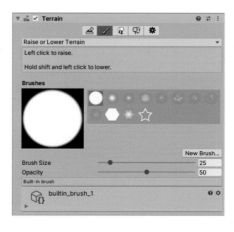

Paint Terrain	터레인의 지형 높낮이 하이트맵(Heighmap)을 제작합니다.
New Brush	Assets에 등록한 이미지를 선택해서 브러시 모양으로 사용할 수 있습니다.
Brush Size	사용하는 브러시의 크기를 결정합니다.
Opacity	브러시 사용의 투명도를 결정합니다.

Paint Tree	지형에 나무를 페인팅해서 배치할 수 있습니다.
Edit Tree	버튼을 클릭한 후 뜨는 팝업 창에서 Add Tree를 선택해 프로젝트의 나무 에셋을 선택한 후 Tree Prefab을 추가하여 브러시로 사용할 수 있습니다.
Mass Place Tree	맵 전체를 나무로 덮을 수 있습니다.
Brush Size	나무 브러시 영역의 크기를 정합니다.
Tree Density	Brush Size에 따라 페인팅할 평균 나무 수를 제어합니다.
Tree Height	나무의 최소/최대 높이를 제어합니다.
Lock Width to Height	비활성화되면 나무의 너비를 별도로 지정할 수 있습니다.
Tree Width	나무의 너비가 높이에 비례하지 않을 경우 최대/최소 높이를 제어합니다.
Random Tree Rotation	LOD Group이 적용된 나무에 사용할 수 있습니다. 무작위적이고 자연스러운 숲의 느낌을 구현할 수 있습니다.
Color Variation	나무에 적용되는 무작위 셰이딩 양입니다. 셰이더의 프로퍼티에 _TreeInstanceColor 프로퍼티가 있어야 합니다.
Tree Contribute Global Illumination	체크하면 나무가 전역 조명 계산에 영향을 미친다고 Unity에 알립니다.

Paint Detail 툴을 사용하면 지형에 배치되어 있는 풀이나 돌과 같은 오브젝트를 배치할 수 있습니다. 현재는 3D와 URP에서만 작동됩니다. 마우스 왼쪽 버튼 클릭으로 채색하며, Shift 를 누른 채 왼쪽 버튼을 클릭하면 지워집니다. Ctrl 을 누른 채 마우스 왼쪽 버튼을 클릭하면 선택된 종류의 디테일만 지워집니다.

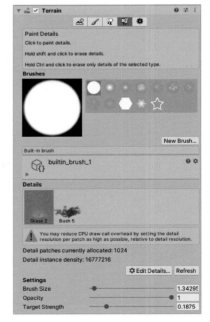

New Brush	터레인 하이트맵 제작과 같은 기능의 브러시입니다. 이미지를 선택해서 브러시 형태를 사용할 수 있습니다.
Edit Details	추가할 디테일 오브젝트를 편집합니다. Texture 타입의 빌보드 디테일 또는 Mesh 타입의 디테일을 추가하거나 편집할 수 있습니다.
Refresh	나무 모델링 등을 수정하고 저장할 경우 이 버튼을 눌러 Refresh해 줄 필요가 있습니다.
Brush Size	사용하는 브러시의 크기를 결정합니다.
Opacity	브러시 사용의 투명도를 결정합니다.
Target Strength	디테일의 밀도에 영향을 줍니다.

Terrain Settings

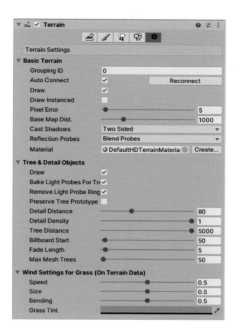

Grouping ID	Auto Connect 기능에 사용됩니다.
Auto Connect	현재 터레인 타일을 같은 Grouping ID의 인접 타일과 자동으로 연결합니다.
Reconnect	드물게 발생하는 타일 간 연결 해제 시 사용하면 다시 연결됩니다.
Draw	터레인의 렌더링이 활성화됩니다.
Draw Instanced	인스턴스화 렌더링이 활성화됩니다.
Pixel Error	터레인 맵과 생성된 터레인 사이의 매핑 정확도입니다.
Base Map Dist	터레인의 텍스처를 전체 해상도로 표시하는 최대 거리입니다. 이 거리가 넘어가면 텍스처의 해상도를 줄여서 표시합니다.
Cast Shadows	터레인이 씬의 다른 오브젝트에 그림자를 드리우는 방법에 대해 정합니다. Off 시 그림자를 드리우지 않습니다.
Reflection Probes	Unity가 터레인에 반사 프로브를 사용하는 방식을 설정할 수 있습니다.
Material	터레인 렌더링에 사용할 매터리얼을 정합니다.
Draw	디테일 요소를 그릴 수 있습니다.
Bake Light Probes For Trees	각 나무 포지션에 라이트 프로브를 만든 후 나무 렌더러에 적용합니다.
Remove Light Probe Ringing	눈에 보이는 오버슈트를 제거합니다.
Preserve Tree Prototype Layers	나무 인스턴스가 해당 프로토타입 프리펩의 레이어 값을 취합니다.
Detail Density	디테일이 카메라로부터 컬링되기 시작하는 거리입니다.
Tree Distance	카메라로부터 컬링되기 시작하는 나무의 거리입니다.
Billboard Start	카메라로부터 이 거리보다 멀어질 경우 오브젝트가 빌보드 이미지로 변경됩니다.
Fade Length	나무가 3D 오브젝트와 빌보드 간에 전환되는 거리입니다.
Max Mesh Trees	최대 Mesh로 표현되는 눈에 보이는 나무의 최대 수입니다. 이 제한이 넘어서면 빌보드가 나무를 대체합니다.
Speed	풀 영역에 부는 바람의 속력입니다.
Size	풀 영역에 부는 바람 파도의 크기입니다.
Bending	풀 위로 휘는 바람의 각도입니다.
Grass Tint	풀 오브젝트 전반적인 Tint 컬러입니다.

Terrain Width	터레인 게임 오브젝트의 X축 크기입니다.
Terrain Length	터레인 게임 오브젝트의 Y축 크기입니다.
Terrain Height	터레인 게임 오브젝트의 Z축 크기입니다.
Detail Resolution Per Patch	단일 Mesh에 있는 셀의 개수입니다. 이 값의 제곱만큼 그리드가 생성됩니다.
Detail Resolution	디테일을 터레인 타일에 배치할 때 사용 가능한 셀의 개수입니다. 이 값의 제곱만큼 그리드가 생성됩니다.
Compress Hole Texture	이 기능이 선택되면 Unity는 런타임 동안 터레인 구멍 텍스처를 DXT1 그래픽스 포맷으로 압축합니다.
Heightmap Resolution	터레인의 하이트맵 픽셀 해상도입니다. 2의 제곱수에 1을 더한 값을 사용합니다.
Control Texture Resolution	다른 터레인 간의 텍스처 블렌딩을 조절하는 스플랫맵의 해상도입니다
Base Texture Resolution	카메라로부터 정해진 거리가 넘어갈 때 보여지는 터레인에 사용되는 합성 텍스처의 해상도입니다.
Contribute Global Illumination	선택되면 터레인이 전역 조명에 영향을 주며, Lightmapping 프로퍼티가 나타납니다.
Receive Global Illumination	비활성화될 경우 라이트 프로브에서 전역 조명을 받습니다.
Scale In Lightmap	라이트맵 내 오브젝트 UV의 상대적인 크기를 정합니다. 1을 기준으로 라이트맵 해상도가 증가하거나 감소합니다.
Lightmap Parameters	라이트맵의 고급 파라미터를 조정할 수 있습니다.
Rendering Layer Mask	이 터레인이 속한 렌더링 레이어를 결정합니다.
Material	물리 매터리얼을 연결해서 사용합니다. 다른 콜라이더와 상호작용 방식을 결정합니다.
Terrain Data	터레인 데이터 에셋에는 하이트맵, 터레인 텍스처, 디테일 메시, 나무 등이 저장됩니다.
Enable Tree Collider	트리 콜라이더를 활성화시킵니다.

터레인 컴포넌트 이외에 터레인의 충돌을 담당하고 있는 터레인 콜라이더 컴포넌트가 추가되어 있습니다.

05 Tree

Unity는 나무 오브젝트를 디자인해서 사용할 수 있는 기능입니다. 만들어진 나무는 터레인에서 사용하거나 일반적인 게임 오브젝트처럼 배치해서 사용할 수 있습니다. Tree를 만들려면 상단 메뉴 바 GameObject 〉 3D Object〉 Tree를 선택해서 생성합니다.

최초로 생성된 Tree

처음에는 나무 기둥만 존재합니다. 가지의 개수나 잎사귀, 퍼지는 각도, 재질 등을 설정하여 고유한 나무의 형태를 만들 수 있습니다.

Tree Seed	Seed 값에 따라 나무의 가지가 불규칙하게 바뀝니다.
Asrea Spread	생성된 지점에서 퍼지는 영역의 넓이를 결정합니다.
Ground Offset	지상으로부터의 깊이 Offset 값을 정합니다.
LOD Quality	LOD 수준의 품질을 정합니다.
Ambient Occlusion	앰비언트 오클루전을 사용하는지 정합니다.
AO Density	앰비언트 오클루전의 밀도를 정합니다.
Translucency Color	Leaf 매터리얼의 반투명 컬러를 정합니다.
Trans. View Dep.	Leaf 매터리얼의 반투명도 의존성에 대해 결정합니다.
Alpha Cutoff	Leaf 매터리얼의 Cutoff 수준을 정합니다.
Shadow Strength	Leaf 매터리얼의 그림자 세기에 영향을 줍니다.
Shadow Offset	Leaf 매터리얼에 설정된 그림자 오프셋 텍스처에서 값을 스케일링합니다.
Shadow Caster Res.	그림자 캐스터의 품질 수준을 정합니다.

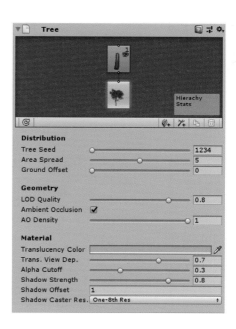

나무의 구성 요소인 줄기와 잎사귀 추가는 다음과 같은 Hierarchy Stats 뷰에서 할 수 있습니다. 우측 하단의 잎사귀 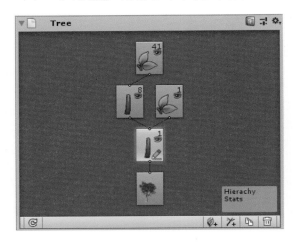 또는 나뭇가지 모양의 아이콘 [+] 버튼을 눌러 추가할 수 있으며, 선택한 오브젝트를 복사 하거나 쓰레기통 버튼을 눌러 삭제할 수 있습니다.

나무의 구성 요소는 줄기 혹은 잎사귀에 따라 인스펙터(Inspector)의 프로퍼티 값이 다르게 표현됩니다. Hierarchy Stats 뷰에서 선택하는 요소의 프로퍼티를 인스펙터 뷰에서 설정할 수 있습니다.

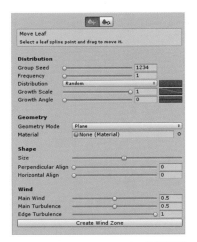

Branch 파라미터

Leaf 파라미터

06 Wind Zone

필드에 부는 바람을 설정할 수 있습니다. Terrain이나 Tree, Particle System과 함께 사용할 수 있는 시스템입니다. 생성할 경우 Scene에 Windzone 오브젝트가 생기고, 바람의 방향을 알 수 있도록 화살표 모양의 아이콘으로 만들어집니다.

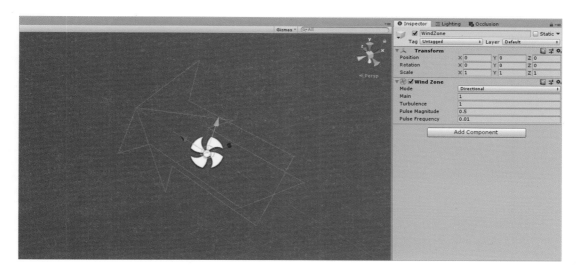

Wind Zone의 형태	
Directional Spherical	윈드 존의 모양은 Directional의 경우 화살표 아이콘으로 표시되며 방향성을 갖게 되지만, Spherical 모드에서는 원형 구체의 모양으로 변경되고, 정해진 구체 내에서 바깥쪽으로 불게 됩니다. 만약 폭발과 같은 효과를 구현한다면 Spherical 형태의 윈드존을 사용하게 됩니다.

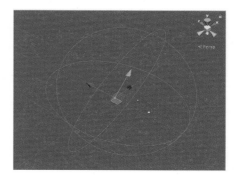

Radious	Spherical 모드에서 나오는 원형 구의 반지름 영역입니다.
Main	윈드존의 영향을 받는 모든 오브젝트에 적용되는 기본 바람의 힘입니다.
Turbulance	바람 소리의 크기를 나타내며, 값이 클수록 바람 방향의 배리에이션이 커집니다.
Pulse Magnitude	바람의 진동 강도를 정의합니다.
Puls Frequency	바람 진동의 길이와 발생 빈도를 정의합니다.

07 3D Text

3D 게임 필드 내 존재하는 게임 오브젝트 타입의 텍스트를 제작할 때 사용할 수 있습니다. 상단 메뉴 바 GameObject 〉 3D Object 〉 3D Text에서 생성합니다. 3D Mesh 타입으로 출력되기 때문에 Mesh Renderer 컴포넌트가 포함되어 있습니다.

최초 생성 시

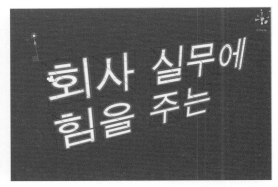
폰트 사이즈를 64로 적용

3D Text는 폰트 사이즈가 커질수록 생각보다 더 큰 폰트가 만들어 집니다. 아웃풋 화질을 보장하기 위해 폰트를 키워야 하지만, Transform 컴포넌트에서 Scale을 조절해 사용할 필드에 맞게 맞춰줄 필요가 있습니다.

Text	렌더링될 텍스트를 입력합니다.
Offset Z	Z축으로 오프셋되는 거리입니다.
Character Size	문자의 크기입니다. 전체 텍스트의 크기를 조절합니다.
Line Spacing	텍스트 라인 사이의 공백입니다. 값이 클수록 다음 라인과의 거리가 멀어집니다.
Anchor	앵커 포인트를 기준으로 텍스트가 배치됩니다.
Tab Size	탭 문자 공간의 크기입니다.
Font Size	폰트의 크기입니다. 직접적인 폰트 해상도에 영향을 줍니다.
Font Style	폰트를 렌더링하는 스타일을 정합니다.
Rich Text	텍스트를 렌더링할 때 태그 처리가 활성화됩니다.
Font	트루 타입 폰트를 사용합니다.
Color	텍스트의 전체 컬러를 결정합니다.

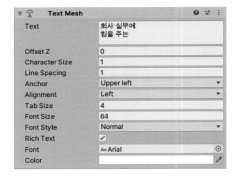

Multi Material

Mesh Renderer에 Material을 사용하고 있습니다. Material에 따라 렌더링되는 재질의 차이가 납니다. Mesh Renderer는 여러 개의 Material을 지닐 수 있습니다. 다음은 하나의 Ball 오브젝트에 두 개의 매터리얼이 동시에 적용된 이미지입니다.

기본 바탕의 Ball 매터리얼은 Emission이 활성화되어 있으며, 바닥과 볼 게임 오브젝트 모두 Static 상태입니다. 공 오브젝트의 Element1에 있는 Unity 글씨 텍스처는 Cutoff 매터리얼이며, Ball 게임 오브젝트의 렌더링 위에 한번 더 렌더링되고 있습니다. 다중 매터리얼의 경우 게임 오브젝트 Mesh 타입의 아웃라인을 표시하거나, Decal 이미지를 표시하는 용도로 사용할 수 있습니다. Element1에 사용된 매터리얼 UV의 Offset을 변경해서 오브젝트의 원하는 위치에 이미지를 배치할 수 있습니다.

Element1에 사용된 텍스처

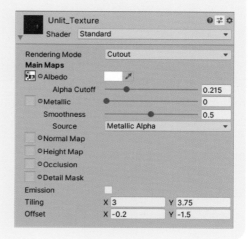

Blend Shapes으로 표정 제어하기

3D 모델링 툴에서 Skinning된 Mesh 파일은 Unity로 가져오면 Skinned Mesh Renderer 컴포넌트가 사용됩니다. BlendShapes으로 Morph 애니메이션을 제어할 수 있습니다.

BlendShapes와 표정 변화

3D 캐릭터와 같이 Bone 기반의 Skinning된 모델링 오브젝트의 경우 Skinned Mesh Renderer 컴포넌트를 사용하게 됩니다. 이 컴포넌트는 조인트가 구부러지는 여러 오브젝트에 유용한 기법입니다.

캐릭터 모델링에 적용된 Skinned Mesh Renderer 컴포넌트

스키닝된 캐릭터는 애니메이션을 사용할 수 있으며, Morph의 기능으로 제작된 데이터는 Mesh에 정의된 Blend Shapes을 사용할 수 있습니다. 다음은 캐릭터 얼굴에 사용된 Morph 데이터의 값을 변경해서 표정을 만든 예제입니다. Blend Shapes의 프로퍼티는 Animation에서 키 값을 주면서 연출을 제어하거나, 프로그램을 통해 Text 파일의 길이에 맞춰 립싱크하도록 코드 제어를 할 수 있습니다.

Morph 데이터의 제작

3D 모델링 툴인 3D Max의 Morph 기능을 사용해 여러 가지 표정 데이터를 등록한 이미지입니다. 정점 데이터가 변하는 Mesh는 Vertex의 추가나 삭제가 발생하면 안 되며, 있는 그대로의 정점이 다른 형태로 변형되어야 합니다.

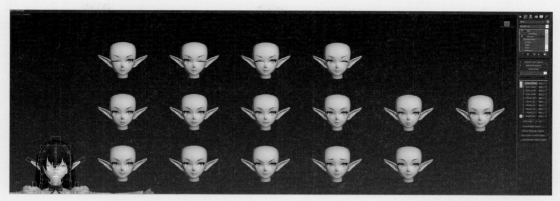

3D Max의 Morpher 데이터의 예

Skinned Mesh Renderer 컴포넌트

Edit Bounds	메시가 화면 밖에 있는지 확인하는데 사용하는 바운딩 볼륨을 설정합니다.
Bounds	게임 오브젝트의 가시성을 결정하는 바운드 정보입니다.
Blend Shapes	블렌드 셰이프를 저장합니다.
Quality	버텍스당 사용되는 최대 스키닝 뼈대 수를 정의합니다. 최대 뼈의 수가 늘어날수록 성능 저하가 발생합니다. 4개 이하로 사용합니다.
Update When Offscreen	카메라에 오브젝트가 보이지 않을 때에도 프레임마다 바운딩 볼륨을 계산할 수 있습니다. 체크 해제 시 화면 밖에 있는 오브젝트는 애니메이션 실행을 멈추게 됩니다.
Mesh	렌더러에 사용될 Mesh 스킨을 설정합니다.
Root Bone	가장 루트가 되는 기본 뼈대를 설정합니다.
Materials	사용할 매터리얼을 설정합니다.
Lighting	그림자를 드리울지에 대한 옵션입니다.
Probes	광원과 반사 프로브를 사용하는 옵션입니다.
Additional Settings	렌더링에 관련된 추가 옵션입니다. Rendering Layer Mask를 설정할 경우 이 렌더러가 상주할 렌더링 레이어를 결정합니다.

02 Unity의 Effect 기능

Unity는 특수한 효과를 위한 시스템을 지원하고 있습니다. 파티클 입자를 제어하거나 트레일을 사용해 늘어나는 이미지를 사용할 수 있고, 선 렌더링을 사용해 특정 지점 사이에 선을 만들어 줄 수도 있습니다.

01 Particle System

파티클 시스템은 여러 개의 프로퍼티와 여러 개의 활성화 가능한 모듈로 이루어져 있습니다. 각 모듈 별로 파티클을 제어하기 위한 고유 기능들이 탑재되어 있습니다. 파티클 시스템은 상단 메뉴 바 GameObject 〉 Effect 〉 Particle System을 선택해서 생성할 수 있습니다. 씬 뷰에서 우측 하단에 작게 떠 있는 ❶ Particle Effect 창을 사용해 파티클들을 Play 모드가 아닌 상태에서도 재생하거나 정지, 재시작시킬 수 있습니다. 파티클 시스템의 Inspector 뷰에는 ❷ Particle System 컴포넌트가 있고, 작동되기 위한 최소한의 모듈들이 활성화되어 있습니다.

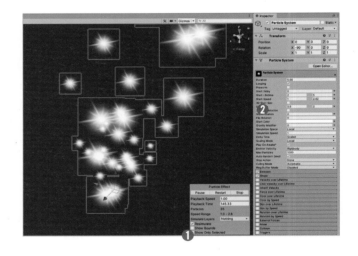

모듈의 활성/비활성화

파티클 시스템(Particle System) 컴포넌트의 좌측에 있는 네모 상자를 체크 ✅ 하거나 체크 해제 ☐ 해서 해당 모듈을 활성/비활성화합니다. 최초 활성화된 모듈은 Emission, Shape 그리고 Renderer 모듈입니다. 체크박스가 없는 모듈은 작동하지 않습니다. 모든 기능을 제작하더라도 특정 모듈을 비활성화시켜서 작동을 제한할 수 있습니다.

✓ Emission
✓ Shape
Velocity over Lifetime
Limit Velocity over Lifetime
Inherit Velocity
Force over Lifetime

Particle System 컴포넌트

파티클 시스템의 기본이 되는 컴포넌트로, 크기나 색상, 회전, 물리 그리고 수량과 같은 파티클 입자에 대한 세부적인 기본 성격에 대해 정의하고 있습니다.

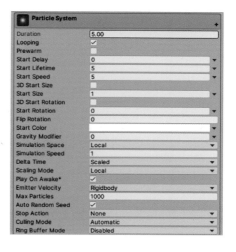

Duration	파티클 시스템이 실행되는 지속 시간입니다.
Looping	활성화 시 지속 시간을 반복합니다.
Prewarm	전체 주기를 한번 완료한 것처럼 작동됩니다. Looping 시에만 작동됩니다.
Start Delay	이 시간만큼 대기하다가 파티클을 방출합니다.
Start Lifetime	파티클 방출 이후 초기 수명입니다.
Start Speed	해당 방향으로 방출되는 초기 속도입니다.
3D Start Size	3D축 별로 파티클 초기 사이즈를 설정할 수 있도록 합니다.
Start Size	파티클의 크기를 결정합니다. 3D Start Size 선택 시 X, Y, Z축이 표시됩니다.
3D Start Rotation	3D축 별로 파티클 시작 시 각도를 정합니다.
Start Rotation	시작할 때 파티클의 각도를 결정합니다. 3D Start Rotation 선택 시 X, Y, Z축이 표시됩니다.
Flip Rotation	1이면 전체를, 0.5면 50% 확률로 회전값이 역전되어 시작합니다.
Start Color	파티클의 초기 컬러를 정합니다.
Gravity Modifier	중력값을 스케일합니다. 0이면 해제됩니다.
Simulation Space	애니메이션을 하는 공간을 결정합니다. 로컬 또는 월드 공간이 있으며, 커스텀 오브젝트를 선택해 함께 이동할 수 있습니다.
Simulation Speed	시스템 업데이트 속도를 조절합니다. 전체적으로 빠르거나 느리게 만들 수 있습니다.
Delta Time	Scaled 선택 시 Time Scale 값이 사용되지만 Unscaled 선택 시 Time Scale 값이 무시됩니다.
Scaling Mode	파티클 트랜스폼에서 스케일을 사용하는 방법을 설정합니다. 부모를 따라가거나 자신의 트랜스폼만 따라갈 수 있고, Shape 선택 시 정해진 크기로만 나옵니다.
Play On Awake	시작할 때 파티클 시스템을 자동으로 시작합니다.
Emitter Velocity	파티클 시스템의 속도 계산 방법을 선택합니다.
Max Particles	한번에 활성화될 수 있는 최대 파티클 수입니다. 한도가 넘으면 일부 파티클이 삭제됩니다.
Auto Random Seed	시스템이 재생할 때마다 조금씩 다르게 표시됩니다.
Stop Action	시스템이 중지되었을 때 특정 동작을 하도록 설정합니다.
Culling Mode	파티클이 화면을 벗어나면 파티클 시뮬레이션을 일시 정지할지 선택합니다.
Ring Buffer Mode	파티클이 최대 파티클 수에 도달할 때까지 파티클을 계속 활성화합니다. 한계에 도달하면 가장 오래된 파티클을 재활용하여 새 파티클을 생성합니다.

Emission 모듈

파티클에 대한 방출 속도와 시점에 영향을 주는 모듈입니다.

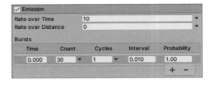

Rate Over Time	시간마다 방출되는 파티클의 수입니다.
Rate over Distance	거리당 방출되는 파티클의 수입니다.
Bursts	지정된 시점에 파티클을 생성하는 이벤트 시스템입니다. 파티클 생성 후 지정된 시점(Time)에 정해진 파티클의 개수(Count)만큼 생성되며, 이를 얼마나 반복할지(Cycles) 정할 수 있습니다. Bursts가 반복되는 시간 사이의 간격은 Interval로 설정하며, 각 버스트(Bursts) 이벤트가 파티클을 생성할 가능성은 Probability에서 정합니다.

Shape 모듈

파티클이 방출될 때 생성되는 위치나 속도 방향을 정의하는 형태를 설정할 수 있습니다.

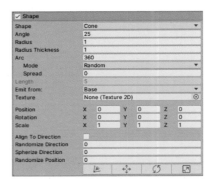

Shape	방출되는 형태를 정합니다. 기본값은 Cone으로 되어 있습니다. 정해진 Shape의 형태에 따라 하단에 나오는 프로퍼티들이 변합니다.
Angle	중심점으로부터 원뿔의 각도입니다. 0이면 원통이 되고, 90이면 평면 형태의 디스크가 됩니다.
Radius	원형의 반지름입니다.
Radius Thickness	입자를 방출하는 볼륨의 비율입니다. 0일 경우 모든 입자는 외부 표면에서만 방출됩니다.
Arc	완전한 원의 각진 부분이 만들어 집니다. 360의 경우 완전한 원이 됩니다.
Mode	Shape 주위에 입자를 생성하는 방법을 정의합니다. 기본값은 Random입니다. Loop를 선택할 경우 입자를 순차적으로 생성하고, 각 사이클이 끝날 때 시작 부분으로 루프를 반복합니다.
Spread	Shape 주위에 불연속 간격을 주어 파티클이 확산되어 생성될 수 있도록 합니다. 값이 0.1일 경우 10% 간격으로 파티클이 생성됩니다.
Length	Shape의 길이입니다.
Emit from	속성의 설정에 따라 베이스 또는 볼륨에서 입자를 방출하게 됩니다. Volum을 선택하면 Length가 활성화됩니다.
Texture	파티클의 틴트(Tint) 컬러와 폐기(Discarding)에 사용되는 텍스처입니다.
Position	파티클 스폰 모양의 오프셋을 적용합니다.
Rotation	파티클 스폰 모양을 회전시킵니다.
Scale	파티클 스폰 모양의 크기를 변경합니다.
Align To Direction	파티클의 초기 이동 방향을 기준으로 파티클의 방향을 정합니다.
Randomize Direction	파티클의 방향을 임의의 방향으로 혼합합니다. 1로 설정할 경우 모든 입자의 방향이 임의로 혼합됩니다.
Spherize Direction	구형 방향으로 블렌딩하여 변환 중심에서 바깥쪽으로 이동합니다. Shape의 형태가 구체로 설정된 경우와 같은 작동을 합니다.
Randomize Position	지정된 위치 값의 무작위 값만큼 입자를 이동시킵니다.

Velocity Over Lifetime 모듈

파티클의 수명 동안 입자의 속도를 제어하는 모듈입니다.

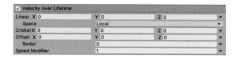

Linear	X, Y, Z축에서 입자의 선형 속도입니다.
Space	Linear축이 로컬 공간 혹은 월드 공간을 참조할지 결정합니다.
Orbital	각 축 별로 입자의 궤도 속도를 정합니다.
Offset	입자의 Orbital 움직임을 위한 중심 위치를 오프셋 시킵니다.
Radial	중심 위치로부터 멀어지거나 가까워질 경우 입자의 반경 방향 속도를 제어합니다.
Speed Modifier	현재 이동하는 방향을 따라 입자의 속도에 곱해 속도를 제어합니다.

Limit Velocity over Lifetime 모듈

파티클의 수명 동안 입자의 속도가 감소하는 방법을 제어하는 모듈입니다.

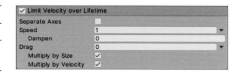

Separate Axes	각 축을 별도의 X, Y, Z 요소로 분할합니다.
Speed	입자의 속도 제한을 설정합니다.
Dampen	입자가 속도 제한을 초과할 때 속도가 감소되는 비율입니다.
Drag	입자의 속도에 선형의 드래그 효과를 적용합니다.
Multiply by Size	입자 크기가 클수록 드래그 효과의 영향을 더 받게 됩니다.
Multiply by Velocity	입자의 속도 값에 따라 더 빠르게 드래그 효과의 영향을 받게 됩니다.

Inherit Velocity 모듈

파티클의 속도가 시간이 지남에 따라 부모 오브젝트의 움직임에 반응하는 방식을 제어하는 모듈입니다.

Mode	속도가 파티클에 적용되는 방법을 결정합니다.
Multiplier	입자가 상속하는 이미터 속도 곱셈 비율입니다.

Force over Lifetime 모듈

파티클의 수명 시간 동안 가속할 수 있습니다.

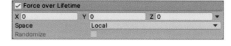

X, Y, Z	각 축 별로 입자에 적용되는 힘입니다.
Space	가속시키는 공간의 종류를 선택할 수 있습니다. 로컬 축과 월드 축 중 선택할 수 있습니다.
Randomize	X, Y, Z축을 2개의 상수 또는 커브 모드를 사용할 경우 범위 내에서 각 프레임에 새로운 힘 방향이 선택됩니다.

Color over Lifetime 모듈

파티클의 수명 시간 동안 컬러를 변경합니다.

Color	RGB와 A 컬러를 변경해 파티클 수명 동안의 색상 변화를 지정합니다.

Color by Speed 모듈

파티클의 색상이 초당 거리 단위의 속도에 따라 변경되도록 설정합니다.

Color	최소/최대 속도에 따라 변하는 컬러의 값을 지정합니다.
Speed Range	Color가 매핑되는 속도 범위의 하한/상한을 지정합니다.

Size over Lifetime 모듈

파티클의 수명에 따라 변하는 파티클 입자의 크기를 정합니다.

Separate Axes	기능이 활성화되면 X, Y, Z축 개별적으로 스케일을 지정할 수 있습니다.
Size	시간 변화에 따라 변하는 입자 크기를 결정합니다

Size by Speed 모듈

파티클의 속도에 따라 변하는 파티클 입자의 크기를 정합니다.

Separate Axes	기능이 활성화되면 X, Y, Z축 개별적으로 스케일을 지정할 수 있습니다.
Size	속도 변화에 따라 변하는 입자 크기를 결정합니다
Speed Range	Size가 매핑되는 속도 범위의 하한/상한을 지정합니다.

Rotation over Lifetime 모듈

파티클의 수명 시간 동안 회전 값을 설정합니다.

Separate Axes	기능이 활성화되면 X, Y, Z축 개별적으로 회전 값을 지정할 수 있습니다.
Angular Velocity	초당 회전 속도입니다. 커브 에디터를 선택할 수 있습니다.

Rotation by Speed 모듈

파티클의 속도에 따라 변하는 회전 값을 설정합니다.

Separate Axes	기능이 활성화되면 X, Y, Z축 개별적으로 회전 값을 지정할 수 있습니다.
Angular Velocity	초당 회전 속도입니다. 커브 에디터를 선택할 수 있습니다.
Speed Range	크기 곡선이 매핑되는 속도 범위의 하한 및 상한을 정합니다.

External Forces 모듈

파티클 시스템에서 방출되는 입자에 대한 바람 영역 및 파티클 시스템 힘의 영향을 변경합니다.

Multiplier	Wind Zone의 힘에 적용되는 승수 스케일 값입니다.
Influence Filter	레이어 마스크 또는 목록(List)을 기반으로 영향을 받는 강제 필드를 포함할지 선택합니다.
Influence Mask	레이어 마스크를 선택합니다.

Noise 모듈

파티클 입자에 난기류를 추가할 수 있는 모듈입니다.

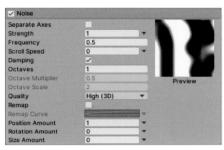

Separate Axes	선택하면 X, Y, Z축에서 강도와 매핑을 독립적으로 제어합니다.
Strength	파티클의 수명 동안 입자에 대한 노이즈 효과의 강도를 정의하는 값/곡선(Curve)을 설정합니다. 값이 클수록 더 빠르고 멀리 이동합니다.
Frequency	값이 클수록 빠르게 변하는 노이즈가 생성됩니다.
Scroll Speed	시간이 지나면서 노이즈 필드를 이동하면 불규칙한 입자 이동이 발생합니다.
Damping	활성화되면 주파수(Frequency) 값에 비례하여 강도가 결정됩니다. 같은 동작을 유지하면서 다른 크기로 노이즈 필드를 조정할 수 있습니다.
Octaves	최종 노이즈 값을 생성하기 위해 겹치는 노이즈 레이어의 수를 지정합니다.
Octave Multiplier	추가 노이즈 레이어에 대해 값의 비율만큼 강도를 줄입니다.
Octave Scale	추가 노이즈 레이어에 대해 값의 승수로 주파수(Frequency)를 조절합니다.
Quality	높은 품질일수록 성능 비용을 크게 사용합니다. 필요한 만큼 품질을 선택해서 사용합니다.
Remap	노이즈의 최종 값을 다른 범위로 다시 매핑합니다.
Remap Curve	Remap 선택 시 노이즈 값이 변환되는 방법을 곡선으로 변경할 수 있습니다.
Position Amount	노이즈가 파티클 입자의 위치에 미치는 영향을 제어하는 승수입니다.
Rotation Amount	노이즈가 파티클 입자의 회전에 미치는 영향을 초당 각도로 제어하는 승수입니다.
Size Amount	노이즈가 파티클 입자의 크기에 미치는 영향을 제어하는 승수입니다.

Sub Emitters 모듈

하위 이미터를 설정할 수 있는 모듈입니다.

Birth/Collision/Death/Trigger/Menual	현재 파티클의 상황에 따라 발생시킬 하위 파티클을 연결할 수 있습니다.
Inherit	상속시킬 데이터를 설정합니다.
Emit Probability	하위 이미터 이벤트가 실행될 확률입니다.

Collision 모듈

파티클의 색상이 초당 거리 단위의 속도에 따라 변경되도록 설정합니다.

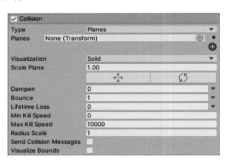

Type	Transform을 선택하여 Plane을 선택하거나, World에 배치된 Collider와 충돌하게 할 수 있습니다.
Planes	Type이 Planes일 경우 충돌체 평면을 정의하는 트랜스폼을 선택할 수 있습니다.
Visualization	충돌 평면체의 기즈모를 씬 뷰에서 와이어 프레임 또는 Solid 평면으로 표시할지 선택합니다.
Scale Plane	시각화되는 Plane의 크기를 정합니다.
Dampen	파티클이 충돌한 후 속도가 줄어드는 비율입니다.
Bounce	파티클이 충돌한 후 튕겨지는 속도의 비율입니다.
Lifetime Loss	파티클이 충돌할 때 줄어드는 수명의 비율입니다.
Min Kill Speed	충돌 후 설정한 속도 이하로 이동하는 파티클을 삭제합니다.
Max Kill Speed	충돌 후 설정한 속도 이상으로 이동하는 파티클을 삭제합니다.
Radius Scale	충돌 구체의 반지름을 조절할 수 있습니다.
Send Collision Messages	기능이 활성화되어 있다면 OnParticleCollision 함수를 통해 파티클 충돌을 감지할 수 있습니다.
Visualize Bounds	씬 뷰에서 충돌체의 모습을 와이어 프레임으로 렌더링합니다.

Triggers 모듈

파티클이 콜라이더에 들어가거나 빠져나올 때 내부/외부에 있는 동안 콜백이 트리거될 수 있습니다. 스크립트에서 OnParticleTrigger 함수를 통해 트리거된 파티클을 제어할 수 있습니다.

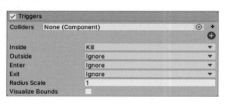

Colliders	사용할 콜라이더를 선택하거나 [+] 버튼을 눌러 추가할 수 있습니다.
Inside	파티클이 콜라이더 내부에 있을 때 이벤트 트리거를 선택합니다. Kill은 콜라이더의 파티클을 파괴합니다.
Outside	파티클이 콜라이더 외부에 있을 때 이벤트를 트리거합니다.
Enter	파티클이 콜라이더에 진입할 때 이벤트를 트리거합니다.
Exit	파티클이 콜라이더를 벗어날 때 이벤트를 트리거합니다.
Radius Scale	파티클 콜라이더의 범위를 설정합니다.
Visualize Bounds	씬 뷰에서 파티클 콜라이더의 범위가 표시됩니다.

Texture Sheet Animation 모듈

파티클이 이미지를 텍스처 시트처럼 애니메이션 프레임으로 재생할 수 있습니다.

Mode	Grid 또는 Sprite 방식을 선택합니다.
Tiles	가로, 세로 방향으로 텍스처의 타일을 개수로 나눌 수 있습니다.
Animation	애니메이션 모드를 Whole Sheet/Single Row로 설정할 수 있습니다.
Time Mode	애니메이션 프레임을 샘플링하는 방식으로 Whole Sheet/Single Low에 따라 다릅니다.
Frame over Time	파티클 수명 시간에 따라 애니메이션 프레임이 변하는 방법을 정합니다.
Start Frame	애니메이션이 시작되는 프레임을 설정합니다.
Cycles	파티클의 수명 동안 애니메이션 시퀀스가 반복되는 횟수를 설정합니다.
Affected UV Channels	파티클 시스템에 영향을 받는 UV 스트림을 지정합니다.

Lights 모듈

파티클의 색상이 초당 거리 단위의 속도에 따라 변경되도록 설정합니다.

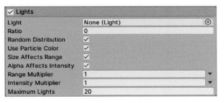

Light	파티클 광원의 표시 방법을 위한 Light 프리펩을 설정합니다.
Ration	광원에 영향을 받는 파티클의 비율을 나타냅니다
Random Distribution	기능을 선택하면 광원을 임의로 할당합니다.
Use Particle Color	광원의 컬러가 연결된 파티클의 컬러에 따라 조정됩니다.
Size Affects Range	광원에 지정된 Range에 파티클의 크기가 곱해집니다.
Alpha Affects Intensity	광원에 지정된 Intensity에 파티클 알파 값이 곱해집니다.
Range Multiplier	입력된 값을 파티클의 전체 수명에 걸쳐 광원의 범위에 적용합니다.
Intensity Multiplier	입력된 값을 파티클의 전체 수명에 걸쳐 광원의 강도에 적용합니다.
Maximum Lights	최대로 적용되는 파티클의 광원 수를 정합니다. 최적화를 위해 적당한 수의 광원을 사용합니다.

Trails 모듈

파티클의 색상이 초당 거리 단위의 속도에 따라 변경되도록 설정합니다.

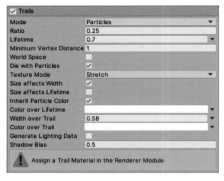

Mode	파티클이 트레일을 생성하는 방법을 선택합니다. Ribbon 모드 선택 시 파티클의 나이에 따라 연결하는 잔상 리본이 생성됩니다.
Ratio	잔상을 남길 파티클의 비율을 설정합니다.
Lifetime	잔상이 속한 파티클의 수명에 곱하는 수입니다. 트레일의 각 버텍스 수명을 설정합니다.
Minimum Vertex Distance	새로운 트레일 버텍스가 추가되기까지 파티클이 이동해야 하는 거리입니다.
World Space	활성화되면 Local Simulation Space를 사용하는 경우에도 게임 오브젝트를 따라 트레일이 이동하지 않습니다.
Die with Particles	파티클이 소멸되는 즉시 트레일이 사라집니다.
Texture Mode	트레일에 적용된 텍스처가 전체 길이에 맞춰 늘어나거나 일정 단위 거리마다 반복되는지 선택합니다.
Size affects width	트레일 너비에 파티클 크기를 곱합니다.
Size affects Lifetime	트레일 수명에 파티클 크기를 곱합니다.
Inherit Particle Color	트레일 색상이 파티클의 색상으로 변경됩니다.
Color over Lifetime	파티클의 수명에 따라 트레일의 색상이 제어됩니다.
Width over Trail	트레일의 너비를 길이에 따라 제어합니다.
Color over Trail	트레일의 컬러를 길이에 따라 제어합니다.
Generate Lighting Data	활성화되면 노멀과 탄젠트가 포함된 트레일 지오메트리가 빌드됩니다.
Shadow Bias	그림자의 포지션과 정의를 미세 조정합니다.

Custom Data 모듈

파티클에 연결할 커스텀 데이터 포맷을 에디터에서 정의할 수 있습니다. 커스텀 데이터를 사용하면 스크립트 또는 매터리얼에서 지원할 경우 해당 데이터를 사용할 수 있습니다.

Mode	커스텀 데이터의 형태를 설정합니다.
Vector	X, Y, Z, W 최대 4개의 벡터 값을 사용할 수 있습니다.
Color	R, G, B, A 컬러 값을 사용할 수 있습니다.

Renderer 모듈

파티클의 최종 렌더링을 결정하는 매터리얼과 Mesh의 변화, 그림자 처리 등의 설정이 있습니다.

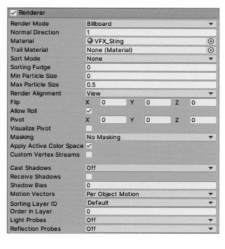

Render Mode	기본값은 언제나 카메라를 바라보는 Billboard입니다. 움직이는 속도에 따라 늘어나거나 특정 축을 향해 정렬할 수 있습니다.
Normal Direction	파티클 그래픽스에 사용되는 조명 노말입니다. 빌보드의 경우 1.00이면 카메라를 보고, 0일 경우 화면 중앙을 향하게 됩니다.
Material	파티클 렌더링에 사용하는 매터리얼입니다.
Trial Material	파티클 트레일에 사용되는 매터리얼입니다.
Sort Mode	파티클이 그려지는 순서를 정합니다. 거리 또는 생성된 시간에 따라 정해집니다.
Sorting Fudge	설정된 값에 따라 파티클 시스템의 정렬 순서가 변합니다. 다른 반투명 오브젝트에 영향을 줍니다.
Min Particle Size	뷰포트 크기의 일부로, 표시되는 최소 파티클 크기입니다.
Max Particle Size	뷰포트 크기의 일부로, 표시되는 최대 파티클 크기입니다.
Render Alignment	빌보드 파티클이 보고 있는 방향을 선택합니다.
Flip	선택한 축을 따라 파티클의 일부분이 반전합니다.
Allow Roll	카메라를 향한 파티클이 카메라의 Z축을 따라 회전 가능한지 여부를 설정합니다.
Pivot	파티클의 중심 피벗 포인트를 설정합니다.
Visualize Pivot	씬 뷰에서 파티클 피벗 포인트를 볼 수 있습니다.
Masking	스프라이트 마스크와 상호작용 시 파티클 시스템에서 렌더링된 파티클의 동작을 설정합니다.
Apply Active Color Space	시스템이 파티클을 GPU에 업로드하기 전에 감마 공간의 파티클 컬러를 전환합니다.
Custom Vertex Streams	매터리얼의 버텍스 셰이더에서 어떤 파티클 프로퍼티를 사용할지 설정합니다. [+] 버튼을 눌러 추가할 수 있습니다.
Cast Shadows	활성화되면 캐스팅 광원에서 그림자를 만듭니다.
Receive Shadows	그림자가 파티클에 캐스팅될 수 있을지 결정합니다.
Shadow Bias	그림자 결함을 미세 조절합니다.
Motion Vectors	카메라 모션 벡터 텍스처에 렌더링된 모션 벡터를 가집니다.
Sorting Layer ID	렌더러 정렬 레이어의 고유 ID입니다.
Order in Layer	정렬 레이어의 렌더링 순서입니다.
Light Probes	프로브 기반 조명 보간 모드입니다.
Reflection Probes	반사 프로브가 씬에 존재할 경우 반사 텍스처가 선택되고, 빌트인 셰이더 iniform 변수로 설정됩니다.
Anchor Override	광원 프로브/반사 프로브 시스템이 사용되는 경우 보간 포지션을 결정하는데 사용되는 트랜스폼입니다.

POINT

파티클 시스템의 프로퍼티 값

파티클 시스템의 프로퍼티는 드롭다운 메뉴에서 선택합니다. 또는 constant 값, Color 값이 존재할 때 constant 값은 프로퍼티 우측 끝에 있는 화살표 버튼 ▼ 을 누르면 Curve 데이터를 편집해서 사용하거나 두 개의 Constant 값, 두 개의 Curve 값을 선택해서 불규칙한 범위의 값을 사용할 수 있습니다.

Constant와 Curve

Unity의 Inspector 뷰에서 편집 가능한 프로퍼티들은 대부분 Constant 또는 Curve 형태를 가지고 있습니다. 이들의 가장 큰 특징은 Constant 값은 시간이 변해도 고정된 숫자라는 점이며, Curve 값은 시간의 흐름에 따라 값을 변하도록 만들 수 있다는 점입니다.

Curve 값의 가로축은 시간을 담당하고 있습니다. 프로퍼티의 상태에 따라 다르지만, 가로축의 1.0은 1초가 될 수 있고, 파티클 에디터에서는 파티클의 수명에 따라 수명이 끝나는 시간이 될 수도 있습니다. Curve 값의 세로축은 값의 크기를 담당하고 있습니다. 이 역시 1.0의 값은 순수하게 1이라는 값일 수도 있지만, 파티클 에디터에서 크기가 100이라면 1.0의 세로축 값은 100의 크기를 담당하게 됩니다.

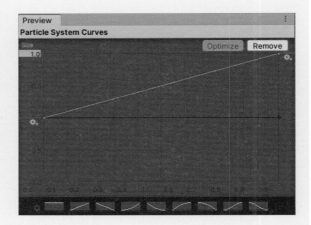

Constant 값과 Curve 값은 파티클 시스템에서 2개의 값을 지니게 될 경우 Random 값을 지니게 됩니다. 두 개의 값 중간 어딘가의 불규칙한 값을 표현할 수 있습니다. 일반적인 Color 값은 Vector4 형식의 Constant 값이라고 할 수 있으며, Color로 구성된 Gradient 값은 시간 변화를 포함할 경우 Curve 값에 해당하는 데이터로 사용될 수 있습니다.

Curve 값의 가로축은 시간을 담당하고 있습니다. 프로퍼티의 상태에 따라 다르지만, 가로축의 1.0은 1초가 될 수 있고, 파티클 에디터에서는 파티클의 수명에 따라 수명이 끝나는 시간이 될 수도 있습니다. Curve 값의 세로축은 값의 크기를 담당하고 있습니다. 이 역시 1.0의 값은 순수하게 1이라는 값일 수도 있지만, 파티클 에디터에서 크기가 100이라면 1.0의 세로축 값은 100의 크기를 담당하게 됩니다.

Curve 에디터는 스크립트를 제작할 때 프로퍼티로 설정해서 사용할 수 있습니다. 커스텀 커브 에디터를 제작할 경우 가로축을 시간에 사용할 수 있지만, 다른 변수와 연동하여 값이 변하도록 사용할 수 있습니다.

02 Particle System Force Field

파티클 시스템의 힘에 적용하는 게임 오브젝트입니다. 이 컴포넌트를 파티클 시스템의 External Force를 활성화한 후 레이어 마스크나 List에 추가해서 사용합니다. 파티클 시스템 포스 필드를 만들기 위해 상단 메뉴의 GameObject 〉 Effect〉 Particle System Force Field를 선택해서 생성합니다.

파티클 시스템의 List에 추가

파티클 시스템 포스 필드 오브젝트

Shape	영향을 주는 영역의 모양을 선택합니다.
Start Range	Shape 내부 지점의 시작 값을 설정합니다.
End Range	Shape이 끝나는 모양의 바깥쪽 지점의 값입니다.
Direction	X, Y, Z축 방향을 따라 적용할 선형의 힘입니다.
Gravity	Shape의 중력을 설정합니다.
Strength	Shape 내에서 초점을 향한 인력을 설정합니다.
Focus	중력의 초점을 설정합니다. 0이면 Shape의 중심으로 끌리고, 1이면 바깥쪽 가장자리로 끌립니다.
Rotation	파티클 입자의 회전을 제어합니다.
Speed	파티클 시스템의 속도를 설정합니다.
Attraction	파티클을 끌어당기는 강도를 설정하는데, 1이면 최대 인력이 적용됩니다.
Randomness	임의의 축을 설정하는데, 1이 최대입니다.
Drag	파티클을 느리게 하는 효과입니다.
Strength	Curve 값으로 설정하면 시간의 흐름에 따른 변화를 줄 수 있습니다.
Multiply by Size	크기에 드래그 사이즈를 곱합니다.
Multiply by Velocity	속도에 드래그 사이즈를 곱합니다.
Vector Field	벡터 필드를 설정합니다.
Volume Texture	벡터 필드의 볼륨 텍스처를 선택합니다.
Speed	벡터 필드를 통해 이동하는 입자에 영향을 줍니다.
Attraction	벡터 필드 모션으로 드래그하는 강도를 설정합니다.

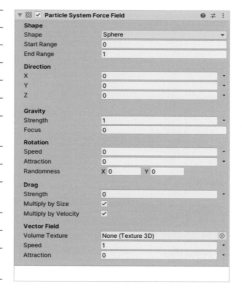

03 Trail

Trail 게임 오브젝트를 사용하면 일정 거리를 이동할 때마다 뒤에 폴리곤 트레일을 렌더링합니다. 이동 경로 표시나 포지션의 강조, 미사일의 궤적, 잔상 효과 등에 사용할 수 있습니다. 상단 메뉴 GameObject 〉 Effect〉 Trail을 선택해서 생성합니다. Scene 뷰에서 만들어진 트레일 오브젝트를 이동시키면 트레일이 생성되는 것을 확인할 수 있습니다. 정상적인 작동은 Play 상태에서 확인할 수 있습니다. 크기나 위치, 렌더링 체크는 Edit 모드에서 편집합니다.

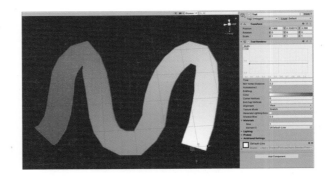

Width 커브 에디터	Trail의 시간 변화에 따른 너비를 편집할 수 있습니다. 마우스 오른쪽 버튼을 눌러 새로운 변화 포인트를 추가할 수 있습니다.
Time	Trail의 생성된 정점이 사라지는 시간입니다.
Min Vertex Distance	Trail의 포인트 간 최소 거리를 설정합니다. 월드 기준의 공간 단위입니다.
Autodestruct	설정한 시간 동안 움직이지 않은 후 Trail Renderer 컴포넌트가 연결된 게임 오브젝트를 파괴합니다.
Emitting	활성화 시 트레일에 새 포인트를 추가합니다. Trail 생성을 시작하거나 중지할 수 있습니다.
Color	Gradient Color를 설정해서 Trail의 시작과 끝점의 컬러를 설정할 수 있습니다.
Corner Vertices	Trail의 코너를 그릴 때 쓰는 추가 버텍스를 추가해서 더 둥글게 만듭니다.
End Cap Vertices	Trail의 끝 부분을 그릴 때 쓰이는 추가 버텍스를 추가해서 더 둥글게 만듭니다.
Alignment	Trail의 면이 향하는 방향을 선택합니다.
Texture Mode	텍스처가 Trail에 적용되는 방식을 정합니다.
Generate Lighting Data	조명을 사용하는 매터리얼을 사용할 수 있도록 노멀과 탄젠트를 사용하여 지오메트리를 빌드합니다.
Shadow Bias	그림자의 결함을 제거하기 위해 미세 조절을 합니다.
Materials	Trail에 적용할 매터리얼을 설정합니다.
Lighting	그림자를 드리우거나 받을지 결정합니다.
Probes	라이트 프로브와 반사 프로브를 설정합니다.
Additional Settings	모션 벡터를 사용하여 포스트 프로세싱 효과를 적용하거나, 화면을 벗어날 경우 렌더링을 컬링하는 등 추가 옵션을 설정합니다. Trail이 정렬되는 레이어를 설정할 수 있습니다.

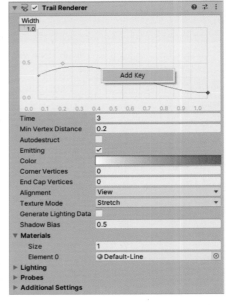

04 Line

Line 게임 오브젝트는 두 개 이상의 지점을 연결해서 각각의 지점 사이에 직선을 그리는 기능입니다. 바이오리듬 그래프를 그리거나 캐릭터의 스테이터스 등급을 나타내는 그래프를 그릴 때, 탄도 궤적을 미리 보여주는 선을 그릴 때 사용할 수 있습니다. 상단 메뉴 GameObject 〉 Effect〉 Line을 선택해서 생성합니다. 처음에는 단순한 흰색 선만 나오며, 여러 개의 꺾인 곡선을 만들기 위해 Position을 편집할 필요가 있습니다. Line은 게임 오브젝트 자체를 직접 사용하기보다 Line Renderer 컴포넌트를 사용해서 UI 오브젝트에도 사용할 수 있습니다.

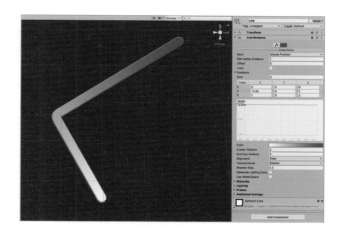

항목	설명
Simplify Preview	체크하면 단순한 미리보기가 표시됩니다.
Tolerance	단순화된 Line이 원본과 달라질 수 있는 정도를 설정합니다. 0은 아무 차이가 발생하지 않습니다.
Loop	시작과 끝점을 연결합니다.
Position	연결할 포지션을 설정합니다.
Size/Index	해당 Size만큼 포지션 인덱스가 생성됩니다.
Width 커브에디터	Line의 시작과 끝점에 대한 너비를 정합니다.
Color	Line의 시작과 끝점에 대한 컬러 값을 정합니다.
Coner Vertices	Line의 코너를 그릴 때 쓰는 추가 버텍스를 추가해서 더 둥글게 만듭니다.
End Cap Vertices	Line의 끝 부분을 그릴 때 쓰이는 추가 버텍스를 추가해서 더 둥글게 만듭니다.
Alignment	Line의 면이 향하는 방향을 선택합니다.
Texture Mode	텍스처가 Line에 적용되는 방식을 정합니다.
Shadow Bias	그림자의 결함을 제거하기 위해 미세 조정을 합니다.
Generate Lighting Data	조명을 사용하는 매터리얼을 사용할 수 있도록 노멀과 탄젠트를 사용하여 지오메트리를 빌드합니다.
Use World Space	활성화되면 월드 기준으로 포인트를 사용하게 됩니다. 비활성화 시 로컬 좌표를 따릅니다.
Materials	Line에 적용할 매터리얼을 설정합니다.
Lighting	그림자를 드리우거나 받을지 결정합니다.
Probes	라이트 프로브와 반사 프로브를 설정합니다.
Additional Settings	모션 벡터를 사용하여 포스트 프로세싱 효과를 적용하거나, 화면을 벗어날 경우 렌더링을 컬링하는 등 추가 옵션을 설정합니다. Trail이 정렬되는 레이어를 설정할 수 있습니다.

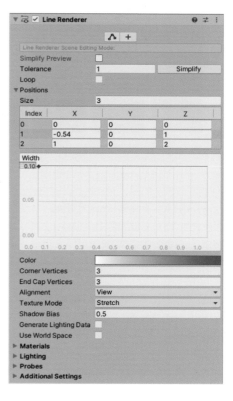

Unity Particle Pack

Unity의 Asset Store에서 제공하는 파티클 팩입니다. 다양한 예제의 파티클과 제작 방법, 텍스처의 구성과 매터리얼 설정 방법을 알아볼 수 있습니다.

Unity의 Asset Store 창에서 Unity Particle Pack을 입력하면 5.X 버전과 일반 버전이 있습니다. 일반 버전은 2018.2.5. 이상에서 작동됩니다. 사용하는 버전과 맞는 샘플 파일을 다운받습니다. Asset을 찾았다면 Download를 받은 후 Import하여 프로젝트에 불러오면 파티클의 다양한 사용법에 대해 알아볼 수 있습니다.

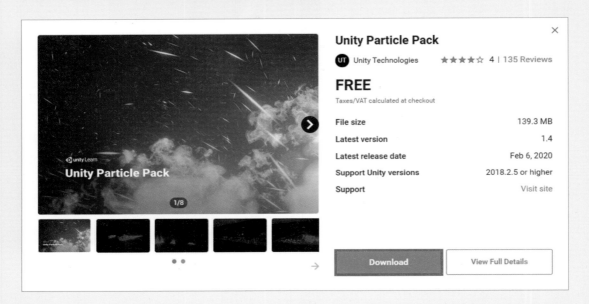

Unity 버전이 높으면 import할 때 자동으로 패키지의 내용을 현재 버전의 Unity에 맞출지 물어보는 팝업이 뜰 수 있습니다. [OK] 버튼을 누르면 현재의 버전에 맞게 자동으로 변경됩니다. Import한 에셋은 EffectExamples 폴더 아래 존재합니다. 하위 폴더 중 Prefabs에 있는 프리펩들을 씬에 드래그&드롭하여 올리면 파티클 효과를 작동시킬 수 있습니다. 다운받은 리소스들을 재활용해서 다른 형태의 이펙트 효과를 제작할 때 사용할 수 있습니다.

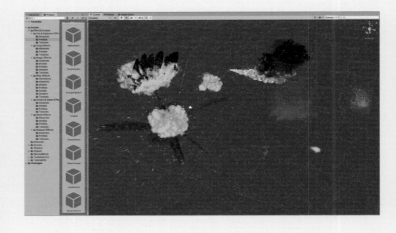

03 Light와 Light Map

Unity에서 제공하는 기본 Light는 모두 3D 프로젝트를 위한 광원들입니다. 이들을 필요에 맞게 배치하고, Light Map 이나 Light Probe를 Baking해서 미리 만들어진 광원 효과를 사용할 수 있습니다.

01 Light 종류

Unity에서 배치 가능한 광원 오브젝트들은 상단 메뉴 GameObject > Light에 있습니다. 추가적으로 매터리얼 자체가 직접 빛이 나는 발광 매터리얼(Emissive Materials)이 있으며 이는 Material을 편집해서 만들 수 있는 조명 효과입니다.

사용 가능한 조명 오브젝트

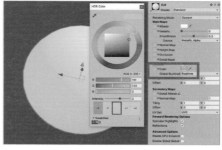

Material의 Emissive 사용

다음은 조명 오브젝트들을 배치한 후 Lighting 윈도우에 있는 [Generate Lighting] 버튼을 눌러 라이트맵을 만든 이미지입니다. 라이트맵을 만들기 위해 Scene이 저장되어 있어야 하며 라이트맵이 적용되는 오브젝트들은 모두 **Static** 오브젝트로 변경해야 합니다. Lighting 윈도우는 상단 메뉴 Window > Rendering > Lighting Setting 탭을 클릭하면 기능이 활성화됩니다.

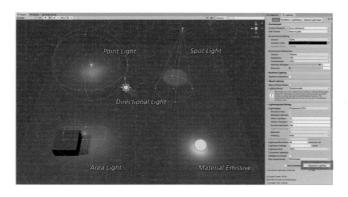

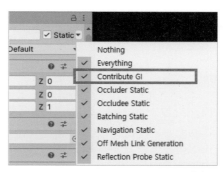

Contribute GI 활성화

02 Light 프로퍼티

Light 게임 오브젝트는 4가지이지만, Light 컴포넌트 하나에서 네 종류의 라이트를 모두 전환할 수 있습니다. 라이트의 형태는 Type에서 정해지며 Type에 따라 약간의 차이가 있을뿐 광원으로써의 역할은 비슷합니다.

Type	광원의 타입을 선택할 수 있습니다.
Color	광원의 색상을 설정합니다.
Mode	광원의 베이크 상태를 정합니다. Baked 또는 Mixed가 선택된 광원만 라이트맵에 적용됩니다.
Intensity	광원의 밝기를 정합니다.
Indirect Multiplier	간접광의 강도를 설정할 수 있습니다. 1보다 낮을 경우 반사될 때마다 점점 어두워집니다.
Shadow Type	그림자를 드리우는 품질 방법에 대해 선택할 수 있습니다.
Baked Shadow Radius/Angle	Soft Shadow 그림자의 가장자리를 보다 부드럽게 효과를 주어 자연스럽게 표현합니다.
Draw Halo	지름이 Range 값과 같은 광원의 구형 후광을 그릴 수 있습니다.
Flare	광원 위치에 Flare 효과를 설정합니다. Flare용 에셋 데이터가 필요합니다.
Render Mode	광원의 렌더링 우선순위를 정합니다.
Culling Mask	오브젝트 그룹을 광원의 영향에서 제외할 수 있습니다. 기본은 모두 적용(Everything)입니다.

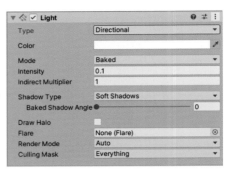

Spot Light/Point Light

Range	오브젝트 중앙으로부터 빛이 영향을 주는 거리입니다.
Spot Angle	Spot 광원의 원뿔 모양 각도를 정합니다.

Area(baked only)

Range	면 광원의 도달 거리입니다.
Width/Height	면 광원의 가로, 세로 길이입니다.
Cast Shadow	면 광원이 물체를 체크해서 그림자를 드리울지 정합니다.

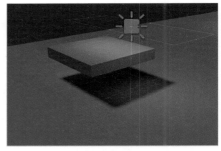

Cast Shadow가 활성화된 면 광원

Light Map과 Material

라이트맵을 사용하기 위해서는 라이트맵을 지원하는 Material을 사용해야 합니다. Unity가 제공하는 Standard Shader는 라이트맵을 지원하지만, Unlit이나 Sprite 등의 셰이더는 지원하지 않습니다. Mobile 셰이더 중 Unlit(Supports Lightmap) 셰이더는 라이트맵을 지원합니다.

Special

Lightmapping Setting 알아보기

Lighting 윈도우에는 Lightmap을 제작하기 위한 설정들이 있습니다. 라이트맵의 품질과 제작 방법을 설정하는 방법을 알아보겠습니다.

Lightmapping Setting

Unity에서 제공하는 Lightmapper의 기본 설정은 Progressive CPU입니다. 작은 시스템 영역을 차지하고 오류가 적으며 라이트맵 일부를 선택하여 베이크할 수 있습니다. 이 설정은 상단 메뉴 Window 〉 Rendering 〉 Lighting Settings를 선택하면 나오는 Lighting 윈도우에서 찾아볼 수 있습니다.

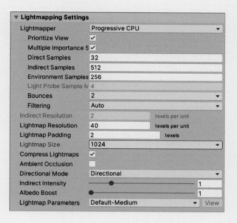

항목	설명
Lightmapper	라이트맵을 계산할 소프트웨어를 지정합니다.
Prioritize View	현재 뷰에 표시된 Texel부터 시작해서 시야를 벗어난 Texel까지 점진적으로 표현합니다.
Multiple Importance Sampling	환경 샘플링에 사용하면 라이트맵 생성 시 수렴 속도가 빨라지지만 노이즈가 발생합니다.
Direct Samples	라이트 매퍼가 조명 계산에 사용하는 샘플 수를 제어합니다. 늘어날수록 품질이 향상됩니다.
Indirect Samples	간접 조명 계산에 사용하는 샘플 수를 제어합니다. 야외보다 실내에서 많이 필요합니다.
Environment Samples	환경 조명 계산에 사용하는 샘플 수를 제어합니다. 값이 클수록 계산 품질이 향상됩니다.
Light Probe Sample Multiplier	라이트 프로브에 사용되는 샘플 수를 위해 샘플 값에 곱해서 제어합니다.
Bounces	경로를 추적할 때 수행할 간접 바운스 수를 지정합니다. 실내일수록 유용합니다.
Filtering	포스트 프로세싱을 라이트맵에 적용하여 노이즈를 제한하는 방식을 구성합니다.
Indirect Resolution	간접 조명 베이킹에 사용하는 샘플 수입니다.
Lightmap Resolution	라이트맵에 사용할 단위당 Texel 수를 지정합니다. 2배 증가 시 Texel은 4배 커집니다.
Lightmap Padding	라이트맵에서 개별 Shape 간의 분리된 거리(기본 2 Texel)를 지정합니다.
Lightmap Size	전체 라이트맵 텍스처의 크기(Pixel)입니다.
Compress Lightmaps	라이트맵을 압축합니다.
Ambient Occlusion	Ambiend Occlusion에서 표면의 상대적 밝기를 제어할 수 있습니다.
Directional Mode	오브젝트 표면의 각 지점에서 주요 입사광에 대한 정보를 저장하도록 설정합니다.
Indirect Intensity	라이트맵에 저장된 간접 조명의 밝기를 제어합니다.
Albedo Boost	Material의 알베도 값을 강화합니다.
Lightmap Parameters	라이트 매핑에 대한 매개 변수 세트를 사용하고 관리합니다.

Lightmap Data 파일

라이트맵을 베이킹하려면 Scene이 저장되어 있어야 합니다. Generate Lighting 버튼을 누르면 베이킹된 라이트맵은 저장된 Scene이 있는 폴더 내부에 Scene의 이름과 같은 폴더가 생성되고, 이곳에 저장됩니다. Scene의 이름이 3DLight였다면, 3DLight라는 폴더가 생성되고, 이곳에 라이트맵 파일들이 생성되어 있습니다.

라이트맵은 Intensity와 Directionality 두 개의 맵으로 나옵니다. Lighting Settings의 Directional Mode를 Directional로 할 경우 라이트맵이 한 장 더 생성됩니다. 필요 없다면 None – Directional로 선택하고 사용하는 것이 불필요한 데이터를 줄일 수 있습니다.

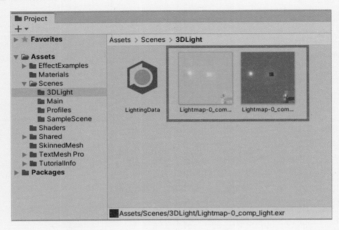

Lighting 윈도우에는 Realtime Lightmap과 Baked Lightmaps 탭이 있습니다. 이곳에서 Baked Lightmaps을 선택하면 라이트맵의 상태를 확인할 수 있습니다. Open Preview 버튼을 눌러 베이크된 라이트맵이나 그림자 마스크, 알베도 등 베이크된 데이터들에 대해 확인해 볼 수 있습니다. 라이트맵 exr 파일은 포토샵과 같은 이미지 편집 툴에서 수정할 경우 수정 사항을 반영할 수 있습니다.

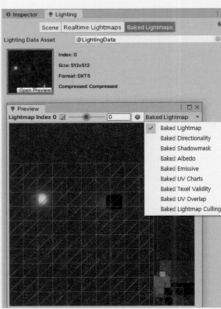

Hpotoshop에서 편집된 exr 파일

03 Light Probe Group

라이트 프로브(Light Probe)는 비어 있는 공간에 지나가는 빛의 정보를 파악해서 사용합니다. 라이트맵처럼 Bake된 조명 정보를 씬에 저장하며, 라이트맵이 오브젝트 자체에 텍스처 형식의 광원을 저장한다면, 라이트 프로브는 비어 있는 공간의 특정 지점 마다(Probe가 배치된 지점) 광원 정보를 저장하는 차이가 있습니다. 라이트 프로브를 사용하면 움직이는 오브젝트 공간에 비치는 반사광을 포함한 고품질 조명을 줄 수 있으며, Static으로 된 배경에 대한 조명 정보를 제공할 수 있습니다.

라이트 프로브는 상단 메뉴 GameObject > Light > Light Probe Group을 선택해서 생성할 수 있습니다. 최초의 라이트 프로브는 육각면체의 와이어 프레임 형태를 하고 있으며, 프로브(Probe)들을 추가하고 필요한 위치에 배치시켜 사용할 수 있습니다. 공간 상의 빛이 필요한 부분 어디에든 배치해서 사용할 수 있습니다.

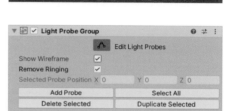

Edit Light Probes	라이트 프로브들을 편집할 수 있습니다. 편집 작업이 끝나면 꼭 비활성화시켜야 합니다.
Show Wireframe	씬 뷰에 라이트 프로브 그룹의 와이어프레임이 표시됩니다.
Remove Ringing	활성화되면 라이트 프로브 링잉을 자동으로 제거합니다. 원치 않는 광원 스폿을 제거합니다.
Select Prove Position	씬에서 선택한 프로브의 공간 좌표를 보여줍니다. 읽기 전용입니다.
Add Probe	그룹에 새로운 라이트 프로브를 추가합니다.
Select All	그룹의 모든 라이트 프로브를 선택합니다.
Delete Selected	선택한 라이트 프로브를 삭제합니다.
Duplicate Selected	선택한 라이트 프로브를 복제합니다.

라이트 프로브가 설치되어 있는 공간

04 Reflection Probe

반사 효과를 위해 사용하는 반사 프로브는 배치된 공간을 기준으로 반사 큐브맵을 만들어 환경 효과로 사용합니다. 프로브 박스 형태의 효과 영역을 지나가는 반사 오브젝트는 일시적으로 반사 큐브맵을 갖게 되며, 오브젝트가 다른 영역으로 이동하면 큐브맵 역시 그에 맞게 변하게 됩니다.

반사 프로브는 상단 메뉴 GameObject 〉 Light 〉 Reflection Probe를 선택해서 생성할 수 있습니다. 반사 프로브는 bake 프로브를 기본으로 사용하고 있지만, 실시간으로 런타임 시점에 업데이트되도록 Realtime으로 설정해서 사용할 수 있습니다. Bake된 반사 프로브를 얻기 위해서는 Static 옵션의 Reflection Probe Static이 활성화되어야 합니다.

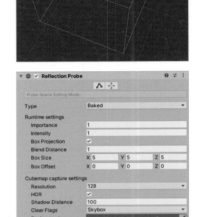

Type	Baked/Custom/Realtime 타입이 있습니다.
Importance	반사 프로브 중첩 시 우선순위를 정합니다.
Intensity	해당 값만큼 곱해져 큐브맵의 강도가 적용됩니다.
Box Projection	체크 시 박스 형태로 큐브맵을 투영합니다.
Blend Distance	영역을 벗어나는 블렌딩 거리를 정합니다.
Box Size/Offset	반사 프로브가 적용되는 영역 박스를 정합니다.
Resolution	반사 프로브에 사용되는 해상도입니다.
HDR	HDR 기능을 사용합니다.
Shadow Distance	그림자 사용의 거리를 정합니다.
Clear Flags	비어 있는 배경 영역을 채울 방법을 결정합니다.
Background	배경 컬러 색상을 정합니다.
Culling Mask	반사맵에 만들 오브젝트 마스크를 설정합니다.
Use Occlusion Culling	컬링 영역을 벗어나게 되면 실시간으로 프로브 업데이트를 하지 않게 됩니다.
Clipping Planes	반사맵을 만들기 위한 렌더링 거리를 정합니다.

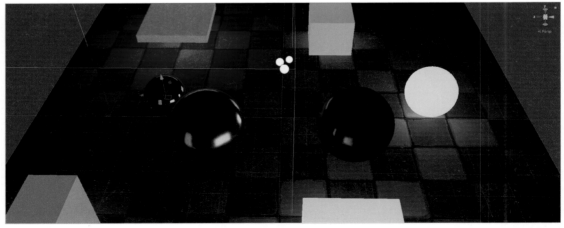

영역 내의 구체   **영역 밖의 구체**

Reflection과 Refraction

반사(Reflection)는 빛이 표면에 닿으면 튀어나옵니다. 이를 빛의 반사라고 하는데, 우리가 물체나 색깔을 볼 수 있는 것은 빛의 반사 때문입니다. PBR 셰이더에서는 Metallic을 통해 금속의 유무를 체크하며 반사를 결정하고, Smoothness 값으로 난반사의 정도를 정합니다. 대부분의 표면은 거칠기 때문에 난반사의 형태를 하고 있지만, 표면이 매끄러운 거울이나 물의 빛 반사는 정반사의 형태를 하고 있습니다.

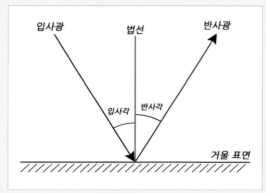 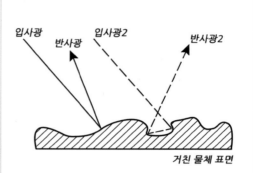

입사광 법선 반사각 반사광 거울 표면 거친 물체 표면

큐브맵으로 만들어진 주변 환경의 이미지를 물체의 표면에 그대로 Lerp시킴으로써 반사를 표현할 수 있으며, Material의 Smoothness 값을 변경하면 빛의 산란을 표현할 수 있습니다. 굴절은 직진하던 빛이 다른 매체를 만나면 빛의 속도가 변하면서 빛이 휘어지는 성질입니다. 물속을 투과 중이던 빛이 물 밖의 공기로 나올 경우 휘어 보이는 것이 그 예입니다. 굴절은 투과 효과와 함께 발현되는 경우가 많으며, 대표적으로 물 표면의 아래쪽 면이 투과되어 보여집니다.

굴절을 표현하기 위한 오브젝트는 자신보다 먼저 렌더링된 이미지 정보가 필요하며, 이러한 이미지 정보의 UV를 왜곡시켜 다시 표면에 입히는 것으로 구현할 수 있습니다. 오브젝트를 빼고 우선 렌더링한 후 굴절 오브젝트를 배치한 후 매터리얼을 다시 배치해서 한번 더 렌더링하는 등의 작업이 필요하기 때문에 다소 무거운 연산을 요구합니다.

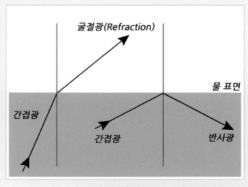

간접광 굴절광(Refraction) 반사광 물 표면

04 3D 맵 만들기

앞서 나온 3D 기능을 활용해 3D 맵을 만드는 방법을 알아보겠습니다. Terrain과 기본 Mesh들을 사용해 레벨을 정의하고, 다운받은 데이터로 교체해 나가는 과정에 대해 알아봅니다.

01 프로젝트 생성과 터레인 배치하기

프로젝트 템플릿은 3D로 제작되었습니다. 렌더 파이프라인에 따라 차이가 있기 때문에 기본 제작은 3D Project입니다. GameObject에서 터레인을 하나 생성하고 옵션 값을 변경합니다. 크기를 볼 때 단위 1 박스를 생성한후 상대적인 크기를 보며 맞춥니다.

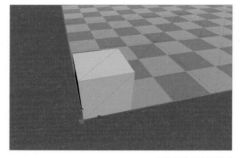

1미터 박스와 터레인

터레인 스케일 변경

터레인의 ❶ 옵션 버튼을 눌러 Mesh Resolution(On Terrain Data)의 값들을 수정합니다. 최초 스케일이 1000 정도 되어 있지만, 미니어처 타입의 맵을 제작하기 위해 가로 세로 50, 높이는 20을 입력하였습니다. 모든 단위가 1미터당 기준입니다. ❷ Paint Terrain으로 이동해 페인트 상태를 ❸ Set Height로 변경합니다. Space는 World 기준으로 ❹ 높이(Height)를 5로 입력한 후 ❺ [Flatten All] 버튼을 눌러 모든 터레인 면을 5 단위 위로 올립니다. 기본 지점 대비 모든 면이 골고루 5만큼 상승합니다.

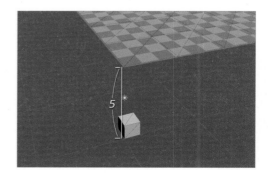

02 터레인의 높낮이 편집하기

만들려는 전투 지형을 고려해서 가지 못할 부분 또는 산맥이나 강 등을 넣을 부분을 브러시로 칠해 지형의 높낮이를 정할 수 있습니다. Set Height 브러시로 높낮이가 확실한 부분(하천이나 절벽 등)의 높이를 결정하여 경로들의 높낮이를 우선적으로 맞춘 후 Rise or Lower Terrain 기능으로 높낮이 굴곡을 마무리하면 지형의 높낮이 값을 일정하게 맞추기 편합니다.

터레인 브러시 기능 중 Smooth Height 기능을 사용하면 높낮이가 있는 지형을 부드럽게 주변 지형과 맞춰 높낮이를 맞춰줍니다. 필요에 따라 Smooth 기능으로 부드럽게 만들어 주었다가 다시 Rise or Lower 툴을 사용해 표현하거나 Set Height 브러시로 평탄한 지형을 만드는 등의 작업을 반복하면서 지형을 만들어 줍니다. Shift 를 누르고 마우스를 클릭할 경우 지형을 아래로 누를 수 있습니다.

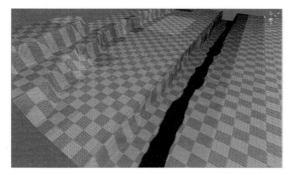

Set Height 작업

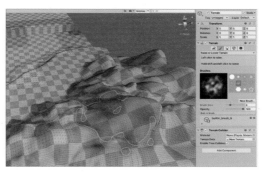

Rise or Lower Terrain 작업

03 Lighting 설정하기

지형 제작 시 Lighting 창의 Auto Generate가 활성화되어 있다면 브러시를 사용하는 매 순간마다 라이트맵을 만들기 위해 연산 작업을 할 수 있으니, Auto Generate 기능은 비활성화하고 작업을 진행합니다. Lighting에서 Environment Lighting의 Source를 Color로 하고, Ambient Color를 조금 밝게 해놓는다면 아주 어두운 영역 없이 전체적인 지형 형태를 확인하며 작업할 수 있습니다.

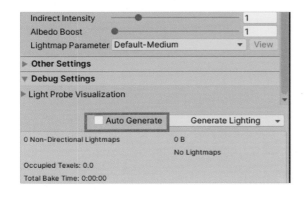

04 스크립트 연결하기

지형이 제작되었다면 Terrain의 Paint Texture 툴로 들어가 지형 채색을 진행합니다. 바닥을 표현할 풀이나 흙, 바위, 물속같은 텍스처들은 2D 편집 툴에서 제작된 이미지 파일을 사용하고 있습니다. Terrain의 모드를 ❶ Paint Texture로 변경한 후 Settings에서 ❷ [Edit Terrain Layers] 버튼을 누릅니다. 여기에서 [Create Layer] 버튼을 누른 후 사용할 ❸ 텍스처를 선택합니다.

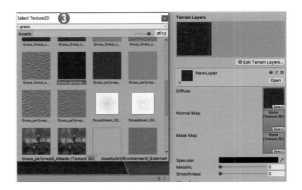

채색을 위해 최소 2개 이상의 텍스처를 추가합니다. 바위나 바닥용 타일, 블렌딩할 풀 타일들 등 사용할 텍스처를 등록하고, 텍스처가 사용하는 Normal 맵 또는 Mask 맵 등을 연결합니다. 재질에 따라 Metallic, Smoothness 값과 Specular 값을 맞출 수 있습니다. 금속은 없기 때문에 Metallic은 0으로 둡니다. 칠하고 싶은 텍스처를 선택한 후 마우스 왼쪽 버튼을 클릭해서 지형을 색칠해 나갑니다. 텍스처 채색 후 연결되어 있는 텍스처를 변경할 경우 씬 뷰에서 바로 교체됩니다. 텍스처를 변경해가며 용도에 맞는 텍스처를 연결하여 사용합니다.

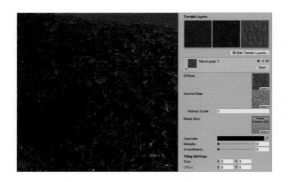
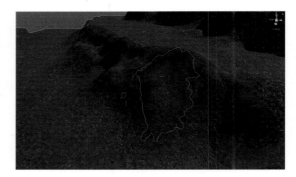

05 나무 배치하기

3D 모델링 툴로 제작된 Fbx 또는 Obj 파일을 Asset 폴더 내에 두었다면 오브젝트를 가공해서 Prefab으로 만들어 둡니다. Tree로 제작된 나무는 Paint Tree 기능으로 지면에 채색하며 배치합니다. Edit Trees에서 사용할 나무들을 등록한 후 지형에 배치합니다. Unity의 Tree 기능으로 제작된 나무는 Tree Height, Tree Width의 불규칙한 값을 지정할 수 있습니다.

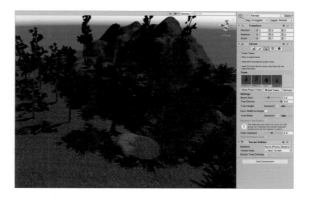

나무를 배치할 때 제작된 나무의 기본 크기와 다음 나무까지 퍼져있는 Area Spread에 따라 주변의 다른 나무들과의 거리가 결정됩니다. 나무가 너무 작다면 선택한 나무 Prefab의 Transform 값에서 Scale 값을 키우고, 너무 클 경우 Scale 값을 줄입니다. 지형으로부터 뿌리가 적당히 들어가 있어야 한다면 Ground Offset 값을 변경해야 합니다.

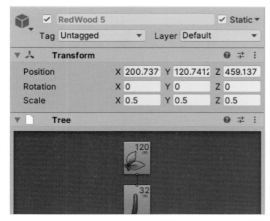

나무 Prefab의 Scale 변경

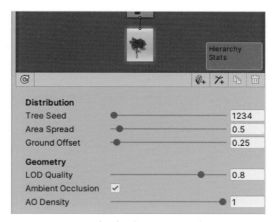

Tree 컴포넌트의 Area Spread와 Ground Offset

06 풀 배치하기

터레인 컴포넌트에 있는 Paint Details 툴로 바닥에 풀을 배치할 수 있습니다. 사용 방법은 Tree를 배치할 때와 같습니다. 빌보드 형식의 풀을 배치하려면 ❶ [Edit Details] 버튼을 누른 후 add grass Texture를 선택해서 사용할 이미지를 선택하고 ❷ [Apply] 버튼을 눌러 적용합니다. Mesh 타입의 디테일 추가는 Add Detail Mesh를 선택한 후 Game Object를 추가해야 합니다.

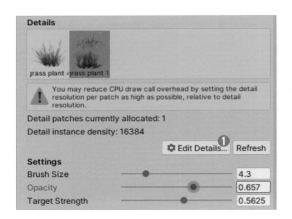

디테일 오브젝트를 배치할 때 CPU의 드로우콜 오버헤드로 인해 사양에 따라 설정 값을 변경할 필요가 있습니다. 터레인 옵션 Mesh Resolution 부분의 Detail Resolution Per와 Detail Resolution 값을 낮게 설정하면 문제가 해결될 수 있습니다. 지형의 풀이나 돌을 다양하게 추가해서 지형 느낌을 살릴 수 있습니다.

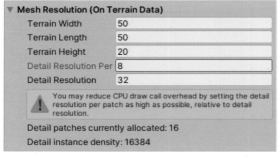

Detail Overhead를 줄이는 방법

디테일이 추가된 Terrain

07 오브젝트 배치하기

터레인 위에 별개의 Static Mesh를 추가해서 다리나 건물, 주위 환경 오브젝트를 배치합니다. Terrain과는 별개로 스스로 알아볼 수 있게 Object의 그룹을 만들어 관리합니다. 따로 제작한 건물이 없다면 Box를 배치해서 활용할 수 있습니다. 여러 도형을 이용해 건물이나 장애물이 위치할 부분에 배치할 수 있습니다. 깊이 판 구덩이 쪽에는 Plane을 설치한 후 Scale을 늘려 길게 배치합니다. 이곳에는 Water 매터리얼을 적용하게 됩니다.

Box와 Plane 배치

Water 매터리얼이 적용된 물

Water 효과는 제작된 셰이더를 설치한 후 제작할 수 있으며, 기본 제공되는 Material의 Rendering Mode를 Fade 로 설정 후 Albedo와 물 파형 형태의 Normal Map을 사용해 물 효과와 비슷한 느낌을 낼 수도 있습니다. Plane 에 매터리얼이 적용될 경우 정사각형인 노멀 맵의 타일링을 계산해서 더 긴쪽의 축을 여러 번 반복되도록 배치합니다.

Water Material 설정

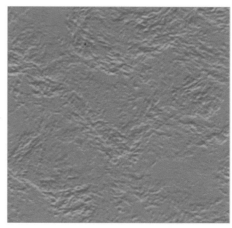

불 효과를 위한 Normal map

08 조명의 배치와 Lightmap

씬에 배치된 Directional Light의 각도를 기울이면 스카이 박스 쪽의 태양도 함께 기울게 됩니다. 그림자가 활성화되어 있다면 터레인에 그림자가 길게 드리워지게 됩니다. Point, Spot, Area 그리고 Emissive를 높여 사용하는 Mesh 타입의 오브젝트를 배치하였습니다.

기울어지는 태양

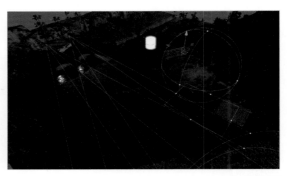

라이트들의 배치

디렉션 라이트를 제외하고 Mode는 baked로 지정합니다. 라이트에 반응하는 그림자를 적용하려면 그림자를 활성화시켜 주어야 합니다.

Lighting 창 Environment Lighting에서 Source 부분을 Color로 변경하면 Ambient Color 값을 원하는 색상으로 적용할 수 있습니다. 예제에서는 어두운 컬러를 사용하였지만, 환경에 따라 Sky box의 컬러를 적용하거나 Gradient를 사용하는 등 맞는 Source를 사용하기 바랍니다.

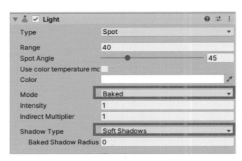

Ambient Color 설정

Camera의 Clear Flags를 Solid Color로 지정하면 스카이 박스를 대신해서 Background의 컬러를 배경으로 사용할 수 있습니다. 야경의 Skybox를 구했다면 Color가 아닌 Skybox를 그대로 사용해도 좋습니다.

Clear Flags 설정

배경 오브젝트들의 Static 옵션을 잊지 말고 설정해 주어야 작동됩니다. 원하는 그래픽스 결과물을 얻기 위해 포스트 프로세스 작업과 Fog의 설정을 적용할 수 있습니다. 라이트맵을 베이킹하기 전에 Light Probe Group 그리고 Reflection Probe 등을 배치할 경우 해당 데이터들 역시 함께 획득할 수 있습니다. Spot light 앞쪽 또는 Emissive로 된 오브젝트 근처의 경우 빛이 급격하게 변하는 곳입니다. 라이트 프로브 설치 시 빛이 급격하게 변하는 곳은 밀도를 보다 높게 배치해 주어야 원하는 결과 값을 얻을 수 있습니다.

라이트 프로브 배치

Special
TIP

3D 작업용 샘플 에셋 구하기

Unity의 Asset Store에서 제공하는 에셋들을 사용해 학습에 사용할 수 있습니다. 지형을 제작하기 위한 다양한 종류의 오브젝트와 텍스처, 구성 요소들을 구할 수 있습니다.

Terrain Tools Sample Asset Pack

Import하면 현재 프로젝트에 다양한 터레인 브러시와 도구들이 추가됩니다. 브러시에 사용되는 텍스처의 추가 그리고 터레인 레이어 등이 포함되어 있으며, 샘플용 지형 텍스처들이 있어서 터레인 기능을 알아보기 좋은 재료들이 있습니다.

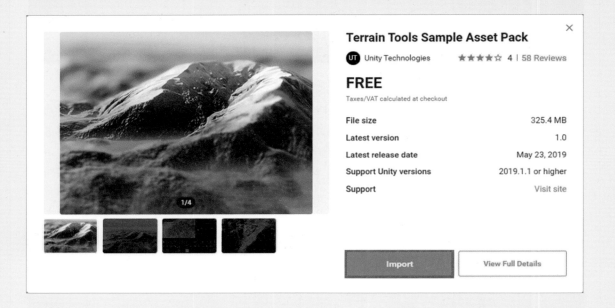

디자인의 방향이 정해졌다면 이미지 편집 툴에서 지형용 브러시 툴을 커스텀으로 제작해서 사용합니다.

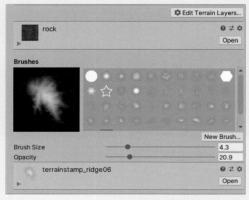

Terrain에 추가된 Brushes

3D Game Kit

Unity에서 제공하는 3D 게임 프로젝트에 대해 학습하기 좋은 샘플 프로젝트입니다. 해당 프로젝트를 사용하기 위해 비어 있는 프로젝트를 생성하고 Import해서 사용하기 바랍니다. 게임 오버워치처럼 다소 과장된 표현이 들어가 있는 에셋입니다. 실제 플레이 가능한 프로젝트이며 Unity의 3D 프로젝트 학습에 필요한 Asset들을 가져와 배치하고 사용해 볼 수 있습니다. 사용하고자 하는 오브젝트가 있다면 fbx같은 3D Mesh 파일과 함께 사용되는 Image들을 복사해서 옮긴 후 가공해서 사용할 수도 있습니다.

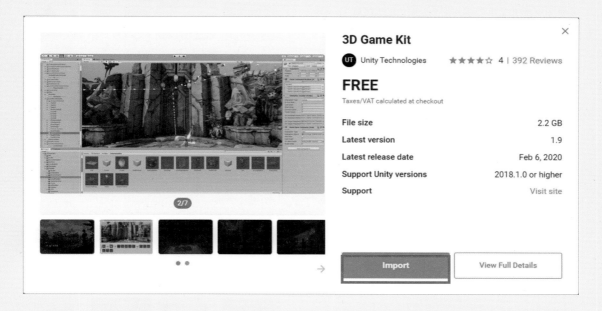

Terrain을 사용하지 않고 3D Mesh를 직접 지형으로 사용할 경우 WorldBuilding의 Instance Painter 기능을 추가해 지형 Mesh 표면에 오브젝트를 생성/배치할 수 있습니다.

에디터 뷰에서 레벨 배치

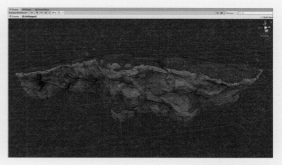

지형 오브젝트 샘플

월드 구성 오브젝트

지형 구성 요소들 중 필요한 부분을 구해 데이터 제작에 사용할 수 있습니다.

Tree

Unity의 Tree 기능을 사용해 제작된 나무부터 Speed Tree까지 프로젝트에 넣어 바로 사용해 볼 수 있는 무료 에셋들이 준비되어 있습니다. **Asset Store에서 Tree로 검색합니다.**

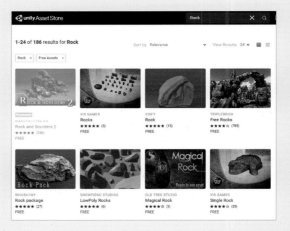

Skybox

스카이박스는 카메라의 원경을 표현하기 위한 기본적인 방법 중 하나이며 육면체 큐브 형태를 하고 있습니다. 이미지 편집 툴 또는 3D 모델링 툴에서 제작 가능하지만, 비슷한 이미지의 스카이박스를 구해 실험적으로 배치하고 사용할 수 있습니다. **Asset Store에서 Skybox로 검색합니다.**

Rock

지형에 배치되는 오브젝트들 중 나무와 풀처럼 자연 경관으로 많이 사용되는 오브젝트입니다. 작은 바위들을 맵 곳곳에 배치해서 환경을 꾸미는 요소로 사용할 수 있으며, 큰 바위들은 플레이어가 직접 걸어다니는 길로 사용할 수 있습니다. **Asset Store에서 Rock으로 검색합니다.**

ProBuilder 사용하기

ProBuilder는 Package Manager에서 설치할 수 있으며, 레벨 Prototyping이나 Collision Mesh의 제작, 테스트용 Geometry를 Unity 내부에서 직접 제작할 수 있는 기능입니다.

ProBuilder 설치와 실행

상단 메뉴 Window 〉 Package Manager를 선택해서 패키지 매니저 팝업 창을 띄워줍니다. 이곳에서 ProBuilder를 선택하고 [Install] 버튼을 눌러 설치할 수 있습니다.

ProBuilder를 설치하면 Samples 부분에서 4개의 추가 데이터를 설치할 수 있습니다. 사용하는 렌더링 파이프라인에 따라 URP 혹은 HDRP에 맞는 서포트 파일을 추가 설치하고, 일반 3D 템플릿이라면 따로 설치할 필요는 없습니다. 샘플 예제에 대한 부분은 Editor Examples와 Runtime Examples가 있습니다.

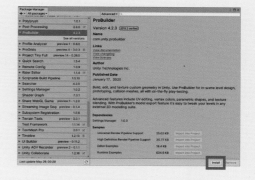

설치 이후 상단의 메뉴 바에 Tools라는 메뉴가 새로 생성됩니다. Tools 〉 Probuilder 〉 Probuilder Window를 선택해서 Mesh를 컨트롤할 수 있는 메뉴 창을 띄울 수 있습니다. 아무 것도 없는 씬에서 New Shape을 누르면 육각형 박스 큐브를 하나 만듭니다.

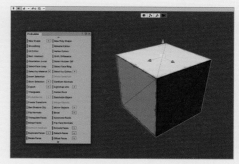

Probuilder Window 창이 띄워져 있어야 생성된 3D Mesh 파일을 편집할 수 있습니다. 창을 닫았을 경우 생성된 오브젝트의 인스펙터(Inspector) 창에 있는 Pro Builder Mesh 컴포넌트에 있는 Open ProBuilder 버튼을 누르면 닫았던 창이 바로 열립니다. 편집 가능한 상태에서는 면을 선택하고 이동시켜 직접적인 형태를 변형할 수 있습니다.

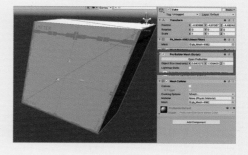

ProBuilder 활용하기

ProBuilder 창에서 ⊞ 아이콘을 누르면 설정되어 있
는 옵션 창이 뜹니다. 옵션 창에 있는 버튼을 누르거나
ProBuilder 창의 글씨 메뉴를 클릭하면 기능이 작동됩
니다.

생성된 폴리곤의 한 면을 선택한 후 Extrude Faces를
선택하면 해당 방향으로 새로운 폴리곤 면이 만들어 집
니다. Extrude Faces의 옵션 창은 Extrude의 방법과 한
번 클릭에 새로 만들어지는 면의 거리를 조절할 수 있는
값이 있습니다. 3D 모델링 툴을 사용하는 느낌으로 편집
이 가능합니다.

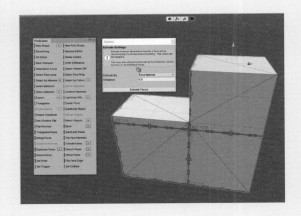

New Poly Shape

Scene 뷰에서 직접 폴리곤이 될 면의 Vertex를 마우스
로 클릭해서 만들어야 합니다. 모든 정점들을 연결해서
면이 생성되면 높이를 정하고 Poly Shape 오브젝트가
만들어집니다.

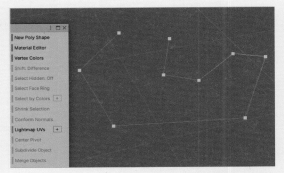

Vertex 클릭해서 생성

오브젝트의 컴포넌트들 중 Poly Shape이라는 부분이
있습니다. 해당 컴포넌트에 있는 Editing Poly Shape
버튼을 클릭하면 만들어진 Poly Shape 오브젝트의 기
본이 되는 정점들을 편집할 수 있습니다.

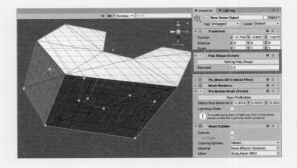

면 선택이 안 된다면 Smoothing 버튼을 눌러 각각의 폴리곤 면을 선택할 수 있습니다. 해당 기능은 폴리곤 면의 그룹
을 설정해서 같은 그룹끼리 부드럽게 이어지도록 보이게 만드는 기능입니다. 만들어진 폴리곤의 UV를 재배치하거나
기본적인 정보를 변경, Vertex Color의 재설정 등 다양한 기능을 제공하고 있으며, 3D 모델링 툴의 사용 경험이 있다
면 매우 친숙한 용어들로 이루어져 있어서 기능 사용에 크게 문제 없는 추가 패키지 기능입니다.

05 내비게이션과 경로 탐색 기능

내비게이션 시스템을 사용해서 씬에 배치된 지오메트리에 내비게이션 메시를 생성하고, 월드상에서 경로를 탐색하여 움직이는 캐릭터를 생성하는 데 도움을 줍니다.

01 내비게이션 Mesh 베이킹하기

내비게이션 사용을 위한 내비메시 베이킹을 위해 상단 메뉴 Window 〉 Ai 〉 Navigation을 선택해 내비게이션 창을 열어주면 인스펙터(Inspector) 창의 위치에 Navigation 창이 뜹니다.

Agents

Nav Mesh Agent에서 사용할 Agent Type을 관리할 수 있습니다.

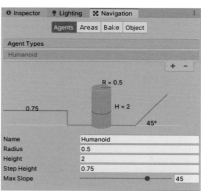

Name	Agent Type의 이름입니다.
Radius	에이전트의 반지름으로 여백이 결정됩니다.
Height	에이전트의 높이로, 이 높이 이하의 장애물 공간을 지날 수 있습니다.
Step Hight	계단의 높이를 정합니다.
Max Slope	최대 등산 각도로, 각진 지형도 포함됩니다.

Areas

내비게이션 영역을 설정하고, 비용(Cost)을 조절하여 경로 탐색자가 경로를 탐색할 때 선호하는 영역을 제어할 수 있습니다. Cost 값만큼 해당 영역을 지나가는 데 필요한 시간이 곱해져서 필요하게 됩니다.

Object

오브젝트를 선택하면 해당 메시를 Navigation Static으로 설정할지 여부를 선택할 수 있습니다. 기본으로 콜라이더가 적용된 오브젝트라면 Static 메뉴 활성화 시 Navigation Mesh를 생성하도록 지정됩니다.

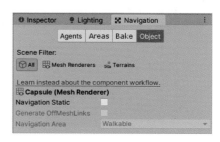

Bake

Bake 버튼을 누르면 Navigation Mesh를 생성합니다. Baked Agent Size에 설정된 에이전트의 설정 값으로 씬에서 이동할 수 있는 Navigation Mesh의 생성에 큰 영향을 주게 됩니다. 오프메시(Off Mesh)는 걸을 수 있는 내비게이션 메시 표면 외에 지나갈 수 있는 경로를 만드는데 사용합니다. 높은 곳에서 낮은 곳으로 뛰어 내리거나, 지나가기 전에 문열기 등의 표현을 오프메시 링크로 묘사할 수 있습니다. 해당 기능은 따로 Off Mesh Link 스크립트를 사용해서 만들어 줄 수 있습니다.

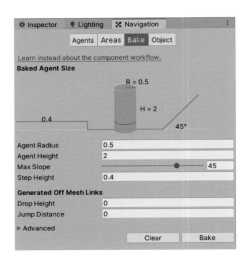

내비게이션이 생성되려면 Navigation Static이 활성화되어 있어야 합니다. 3D Mesh뿐만 아니라 렌더링이 되지 않은 Collider 형태 역시 Navigation Static이 활성화되면 Navigation Mesh 생성에 영향을 줍니다.

내비게이션 메시가 제작되어 있는 지형의 경우 캐릭터같은 동적 오브젝트들은 Nav Mesh Agent 컴포넌트가 적용되어 있다면 내비게이션 지형 이하로 추락하지 않고 지형을 따라 움직이도록 유닛의 위치가 정해집니다. 3D 오브젝트에 Pgysics가 적용되어 있을 경우(Nav Mesh Agent 없이) 지형에 Collider가 없다면 내비게이션 오브젝트를 3D 오브젝트가 투과해서 지나가 버립니다. 매우 높은 곳에서 추락할 경우에도 투과되지만 Collider가 함께 적용되어 있다면 투과되지 않습니다.

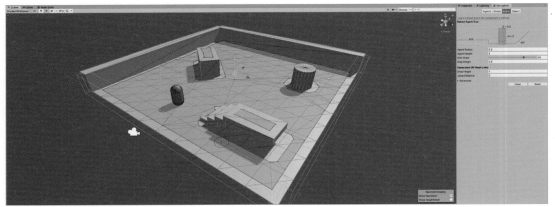

Bake된 Navigation Mesh

02 Nav Mesh Agent

Nav Mesh Agent는 내비게이션 메시가 베이크된 곳에서 움직이는 캐릭터 생성에 사용할 수 있습니다. 내비메시 에이전트를 사용한 캐릭터들은 서로를 피해 가거나 장애물을 피하는 방법에 대해 미리 알고 행동합니다. 지형에서 경로를 찾거나 공간을 추론하고 담을 넘거나 뛰어내릴 수 있게 만들 수 있습니다.

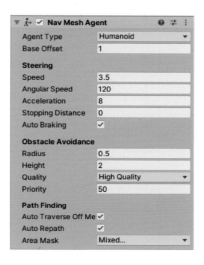

Agent Type	Nabigation에서 정의한 에이전트를 선택합니다
Base Offset	트랜스폼 피봇 포인트로부터의 간격입니다.
Speed	최대 이동 속도(초당 월드 단위)입니다.
Angular Speed	최대 회전 속도(초당 각도)입니다.
Acceleration	최대 가속 값(제곱 초당 월드 단위)입니다.
Stopping Distance	목표 위치에 가까워졌을 때 정지합니다.
Auto Braking	목적지에 도착할 때 속도를 줄입니다. 여러 개의 목표 포인트를 거쳐야 할 경우에는 꺼줍니다. 마지막 도착 지점이라면 그때 활성화시킬 수 있습니다.
Radius	에이전트의 충돌 계산을 위한 반경을 정합니다.
Height	에이전트가 장애물 밑을 지나갈 수 있는 높이 간격을 정합니다.
Quality	장애물을 회피하는 품질을 정합니다. 높을수록 높은 CPU 시간을 사용합니다.
Priority	회피 대상의 우선순위를 정합니다. 0~99의 값을 사용하며, 낮을수록 우선순위가 높습니다.
Auto Traverse Off Mesh Link	활성화되면 자동으로 오프메시 링크를 횡단합니다. 특정 방법으로 횡단할 경우 꺼야 합니다.
Auto Repath	에이전트가 경로 끝에 도달하면 경로를 재탐색하도록 만듭니다. 목적지까지 경로가 없을 경우 가장 목적지에 가까운 위치가 경로로 생성됩니다.
Area Mask	에이전트가 경로 탐색에 고려할 영역 타입을 선택하게 합니다. 이곳에서 물길을 금지한다면 해당 캐릭터는 물길 이용을 고려하지 않게 됩니다.

내비메시를 Bake할 때 Agent Height보다 낮은 메시는 이동할 수 없는 장애물 지역으로 베이크됩니다.

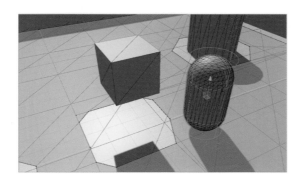

03 Off Mesh Link

오프메시 링크를 사용하면 지정된 시작 지점에서 끝점까지 걷는 것만으로 표현하기 힘든 연결을 구체화할 수 있습니다. 오프메시 링크로 웅덩이를 뛰어 넘거나, 문을 열어야 지나갈 수 있는 경우 등을 묘사할 수 있습니다.

Start	오프메시 링크의 시작점 트랜스폼입니다.
End	오프메시 링크의 끝나는 점 트랜스폼입니다.
Cost Override	양수의 값이 적용되면 패스 비용 산출에 이 값을 사용하게 됩니다. 값에 따라 에이전트가 걸어가기보다 오프메시 링크를 이용하도록 할 수 있습니다.
Bi Directional	오프메시 링크를 양방향으로 이동할 수 있도록 만들어 줍니다.
Activated	체크하면 링크를 경로 탐색에 사용할지 설정합니다.
Auto Update Position	체크하면 오프메시 링크의 끝 지점에 이동할 때 내비메시에 재연결됩니다.
Navigation Area	내비게이션의 영역 타입을 나타냅니다. 특정 캐릭터가 해당 영역의 오프메시 링크에 접근하는 것을 제어할 수 있습니다.

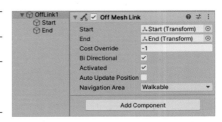

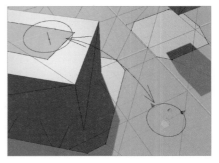

04 Nav Mesh Obstacle

내비메시 에이전트가 월드를 탐색하는 동안 피해야 하는 움직이는 장애물에 대해 이 컴포넌트를 사용할 수 있습니다. 이 컴포넌트가 적용된 물체가 움직일 때 내비메시 에이전트는 장애물을 피하기 위해 최선을 다합니다. 정지하면 내비메시에 구멍이 생깁니다.

Shape	장애물 지오메트리의 형태를 정합니다.
Center	Shape의 상대적 위치를 정합니다.
Radius	Capsule의 반지름입니다.
Height	Capsule의 높이입니다.
Size	Box의 X, Y, Z 크기를 정합니다.
Carve	활성화되면 내비메시에 구멍을 만듭니다.
Move Threshold	설정한 값의 거리보다 장애물이 많이 움직인 경우 움직인다고 간주하는 거리입니다. 값을 넘어가면 내비메시 구멍이 사라집니다.
Time To Stationary	장애물의 정지를 판단할 때까지 기다리는 시간입니다.
Carve Only Stationary	활성화되어 있으면 장애물이 정지되어 있을 때만 구멍을 팝니다. 비활성화되면 이동할 때에도 구멍이 있는 채로 이동됩니다.

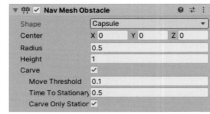

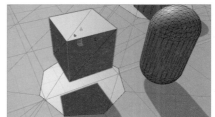

05 내비게이션 에이전트 이동 스크립트

Nav Mesh Agent의 기능을 사용해서 물체를 이동시키는 방법에 대해 알아보겠습니다. 제작된 내비게이션 맵 위에 움직일 Unit 오브젝트와 타겟이 될 구형 오브젝트를 만들어 둡니다. ❶ Unit 캡슐 형태의 오브젝트를 만든 후 Nav Mesh Agent를 적용합니다. NavMove 컴포넌트는 다음의 코드를 참고하여 작성합니다. 이동이 되는 타겟 포지션이 되는 ❷ Sphere 오브젝트도 만들어 두었습니다. Pooject의 Assets 폴더 안에 Scripts 폴더를 만든 후 마우스 오른쪽 버튼을 눌러 Create > C# Script를 눌러 NavMove라고 이름을 지정합니다.

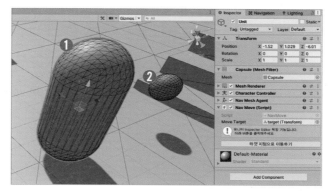

```
NavMove.CS

using UnityEngine;
using UnityEngine.AI;
public class NavMove : MonoBehaviour
{
    NavMeshAgent navAgent;
    public Transform moveTarget;

    void Start()
    {
        navAgent = GetComponent<NavMeshAgent>();

        if(moveTarget == null)
        {
            moveTarget.position = transform.position;
        }
    }

    public void NavigationMove()
    {
        navAgent.SetDestination(moveTarget.position);
    }

}
```

MoveTarget에는 씬에 배치한 구체 오브젝트를 등록합니다. NavigationMove() 함수가 호출되면 내비메시 에이전트가 타겟 위치로 이동하도록 만들어 주는 간단한 코드입니다. NavigationMove() 함수의 호출은 따로 에디터에 버튼을 만들어 누르면 호출하도록 제작하였습니다.

06 Editor 기능으로 Inspector 편집하기

다음은 만들어진 스크립트의 함수를 에디터 뷰에서 버튼을 눌러 호출하는 간단한 제어용 스크립트입니다. 따로 UI 기능을 개발하지 않아도 에디터에서 직접 작동하기 때문에 테스트용 기능을 만들 때 편리합니다.

이번에 만드는 스크립트는 Editor 폴더를 만든 후 이곳에 두어야 합니다. 에디터 기능은 유니티 에디터에서만 작동합니다. 빌드 시 다른 폴더에 있을 경우 빌드 오류가 날 수 있습니다. 스크립트 생성 후 NavMove_Editor라고 이름을 변경하였습니다.

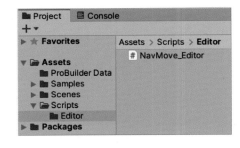

NavMove_Editor.CS

```csharp
using UnityEngine;
using UnityEditor;

[CustomEditor(typeof(NavMove))] // NavMove의 커스텀 에디터로 등록됩니다.
public class NavMove_Editor : Editor
{
    public override void OnInspectorGUI()
    {
        base.OnInspectorGUI();
        NavMove myScript = target as NavMove;

        EditorGUILayout.HelpBox("유니티 Inspector Editor 확장 기능입니다.₩n 아래 버튼을 클릭해주세요",
        MessageType.Info);
        EditorGUILayout.Space();

        if (GUILayout.Button("타겟 지점으로 이동하기"))
        {
            myScript.NavigationMove();
        }
    }
}
```

CustomEditor로 등록하여 사용하며, OnInspectorGUI()에 오버라이드해서 기능을 편집하고 있습니다.

EditorGUILayout.HelpBox() 기능은 헬프 박스를 사용해 간단하게 안내 텍스트를 사용할 수 있습니다.

if (GUILayout.Button("타겟 지점으로 이동하기")){실행할 함수} 부분은 GUI에 버튼을 만들어 클릭할 경우 지정된 함수를 실행하도록 할 수 있습니다.

EditorGUILayout.Space();는 Editor에 사용되는 버튼이나 기능 사이에 한칸의 간격을 띄우게 합니다.

NavMove.CS 스크립트를 움직여야 할 캡슐 오브젝트에 드래그&드롭으로 적용합니다.

추가된 컴포넌트의 Move Target 부분에 타겟 지점이 될 게임 오브젝트를 드래그해서 연결합니다. 함께 만들어 두었던 구체 오브젝트 이름을 target이라고 변경한 후 연결해 두었습니다. 컴포넌트에 있는 [타겟 지점으로 이동하기] 버튼은 Play 모드에서 작동합니다. 플레이 모드를 누른 후 Unit인 캡슐 오브젝트를 선택해서 버튼을 누르면 타겟 오브젝트까지 내비게이션의 장애물을 피해 캡슐이 이동합니다.

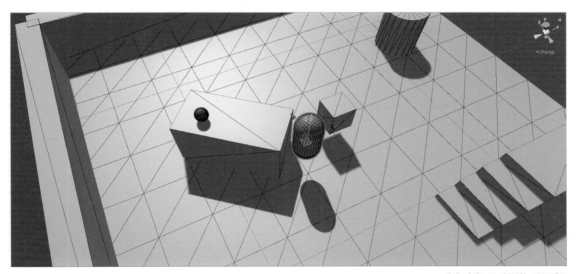

타겟 지점으로 이동하는 오브젝트

내비메시가 있는 오브젝트는 타겟 지점이 갈 수 있는 곳이면 어디든 이동하게 됩니다. 높이 차이가 나는 곳에 위치한 이동 가능한 부분은 Off Mesh Link가 연결되어 있다면 해당 연결 부위를 사용해서 이동합니다. 코드 작성에 따라 마우스를 활용해 클릭한 곳의 지형 바닥 좌표에 구체를 이동시키고, 해당 구체로 유닛이 이동하도록 함수 호출을 하는 시점을 변경할 수 있습니다.

Unity에서 관리하는 폴더 규칙

Editor 내부에는 에디터 기능 확장을 위한 스크립트를 저장하는 폴더로, Unity에서 특별하게 관리하는 폴더가 있습니다. Unity에는 이와 같이 특별히 관리하는 폴더들이 존재합니다.

Assets	Unity의 프로젝트에서 사용하는 에셋이 포함되어 있는 폴더로, 에셋들의 최상위에 있는 폴더입니다. 대부분의 에셋들은 이 폴더 아래에 있다고 가정하고 있기 때문에 따로 경로를 알려줄 필요가 없습니다.
Editor	이 폴더 내에 들어가는 스크립트는 런타임용이 아닌 에디터용 스크립트로 간주됩니다. 에디터용 스크립트가 에디터 이외의 폴더에 있을 경우 빌드 오류가 날 수 있습니다.
Editor Default Resources	에디터 스크립트는 요구가 있을 때 에셋 파일을 로드하기 위해 EditorGUIUtility.Load 함수를 사용합니다. 이 함수는 Editor Default Resources라는 폴더에서 에셋 파일을 검색 합니다. 이 폴더는 단 하나만 있을 수 있으며, Assets 폴더 바로 안 프로젝트의 루트에 배치해야 합니다.
Gizmos	씬 뷰에 그래픽스를 추가하여 보이지 않는 디자인 디테일을 시각화하여 보여줄 수 있습니다. Gizmos.DrawIcon 함수는 씬에 아이콘을 배치하여 아이콘이 특별 오브젝트나 포지션의 마커로 동작할 수 있도록 합니다. 아이콘에 사용되는 이미지 파일은 반드시 Gizmos라는 이름의 폴더에 위치해야 파일을 그릴 수 있습니다. Gizmos 폴더 역시 단 하나의 폴더만 존재해야 하고, Assets 폴더 바로 안 프로젝트의 루트에 배치해야 합니다.
Plugins	기능 확장을 위한 플러그인을 추가할 때 이 폴더에 배치해야 Unity가 플러그인을 탐지할 수 있습니다. 플러그인 폴더는 하나만 있을 수 있으며, Assets 폴더 바로 안 프로젝트의 루트에 배치해야 합니다.
Resources	스크립트에서 온디멘드 방식으로 에셋을 로드할 때 사용할 수 있습니다. Resources.Load 함수를 사용하여 에셋을 로드해야 하며, Assets 폴더 어디에나 여러 개 배치해서 사용할 수 있습니다. 에셋의 파일이 하위 폴더에 있는 경우 항상 하위 폴더의 경로를 Resources.Load 함수에 포함해야 합니다. Editor 폴더의 하위 폴더로 리소스 폴더가 있을 경우 폴더 안의 에셋이 빌드에서 제거되지 않고 에디터 스크립트에서 로드할 수 있습니다.
Standard Assets	스탠다드 에셋 패키지를 임포트할 경우 이 폴더에 저장됩니다. 단 하나만 존재할 수 있으며, 이 폴더는 에셋을 포함할 뿐만 아니라 스크립트 컴파일 순서에도 영향을 미칩니다.
Streaming Assets	에셋이 빌드에 통합되지 않고 특정 폴더로 스트리밍하여 사용할 수 있도록 Streaming Assets 폴더에 배치해서 사용해야 합니다. 단 하나의 폴더만 존재해야 합니다.
Hidden Assets	임포트 과정에서 다음과 같은 파일 및 폴더를 완전히 무시하게 됩니다. – 숨겨진 폴더 – '.', '~'로 끝나는 파일 및 폴더 – 'cvs'라는 이름의 파일 및 폴더 – 확장자가 .tmp인 파일

다중 씬 편집

Unity의 에디터에서 한번에 여러 개의 씬을 열 수 있으며 런타임 시 간편하게 씬을 관리할 수 있습니다. 여러 씬을 동시에 편집하거나 스트리밍 월드를 생성할 수 있습니다.

하이라키(Hierarchy)에 씬 추가하기

다중 씬 편집을 위해 하이라키에 여러 개의 씬을 추가할 수 있습니다. 추가하는 방법은 프로젝트(Project)에 저장된 씬 위치에서 마우스 오른쪽 버튼을 누른 후 Open Scene Additive를 선택하는 것입니다. 이렇게 추가된 씬은 하이라키에서 탭 형식으로 나오고, 씬의 내용을 접거나 펼 수 있습니다. 씬의 이름 옆에 있는 별표(*)는 변경된 내용이 있음을 나타냅니다.

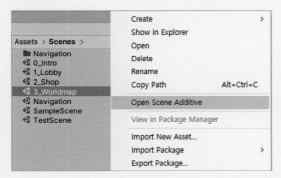
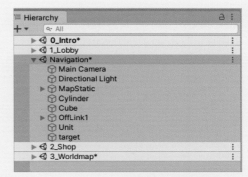

하이라키에 추가된 씬 데이터

추가된 씬에서 마우스 오른쪽 버튼을 누르면 씬을 개별로 관리할 수 있는 메뉴가 나타납니다. 로드된 씬을 언로드 하거나 다시 로드할 수 있습니다. 선택된 씬을 기준으로 메뉴의 기능이 작동됩니다.

Set Active Scene	오브젝트를 추가하거나 편집할 씬을 지정합니다.
Save Scene	씬의 변경된 부분을 저장합니다.
Save Scene As	선택된 씬을 다른 이름으로 저장합니다.
Save All	모든 씬의 변경된 부분을 저장합니다.
Unload Scene Load Scene	선택된 씬을 언로드하거나 언로드된 씬을 로드할 수 있습니다.
Remove Scene	선택한 씬을 하이라키(Hierarchy)에서 삭제합니다.
Discard Changes	씬의 변경된 점을 저장되었던 시점으로 되돌립니다
Select Scene Asset	Assets 폴더에서 선택된 씬의 위치로 이동합니다.
Add New Scene	새로운 씬을 만든 후 추가합니다.
GameObject	선택된 씬에서 게임 오브젝트를 만들 수 있는 하위 메뉴를 제공합니다.

06 Joint와 Physics

조인트(Joint)는 여러 개의 3D 게임 오브젝트를 연결하는 역할을 합니다. Joint2D가 2D 오브젝트에서 작동한다면 Joint는 3차원 축을 사용하는 3D 게임 오브젝트와 함께 사용할 수 있습니다. 물리 적용과 조인트를 사용한 게임 오브젝트의 특성과 움직임에 대해 알아보겠습니다.

01 Joint 종류

Joint 컴포넌트를 사용하기 위해 상단의 메뉴 Component 〉 Physics 탭에서 기능을 찾아볼 수 있습니다. 컴포넌트이기 때문에 게임 오브젝트에 추가해서 사용해야 합니다.

Hinge Joint	힌지 조인트는 두 개의 리지드바디를 묶어서 힌지에 연결된 것과 같이 움직이도록 제약을 둡니다. 문을 표현하거나 사슬, 진자 운동 등의 연결된 모델에 사용할 수 있습니다.
Fixed Joint	오브젝트의 이동을 제한해서 다른 오브젝트에 의존하도록 하는 조인트입니다. 물리를 통해 이루어지기 때문에 부모 자식 관계 없이 붙어 있다가 떨어지는 오브젝트를 구현할 수 있습니다.
Spring Joint	두 개의 리지드바디 오브젝트를 연결해서 스프링처럼 움직이도록 제어할 수 있습니다.
Character Joint	Ragdoll 효과를 위해 사용하는 조인트입니다. 캐릭터의 관절 축에 대한 제한을 할 수 있습니다.
Configurable Joint	다른 조인트 타입의 모든 기능을 통합하며, 캐릭터의 움직임을 세부적으로 제어하도록 해줍니다. 여러 기능을 설정하여 사용하므로 고유한 디자인의 조인트를 만들 수 있습니다.

Hinge Joint
Fixed Joint
Spring Joint
Character Joint
Configurable Joint

리지드바디(Rigidbody)는 3D 물리를 구현하기 위해 사용되는 컴포넌트입니다.

Mass	물체의 질량입니다(킬로그램).
Drag	물체에 공기 저항이 영향을 미치는 정도입니다.
Angular Drag	물체가 토크로 회전할 때 공기 저항이 영향을 미치는 정도입니다.
Use Gravity	오브젝트가 중력에 영향을 받습니다.
Is Kinematic	활성화 물리 적용이 중지되고 트랜스폼으로만 조작됩니다.
Interpolate	리지드바디의 움직임을 부드럽게 처리하도록 하는 보간 기능을 정합니다.
Collision Detection	물체가 빠르게 움직일 경우 다른 물체를 지나쳐가는 것을 방지합니다.
Constrains	리지드바디의 움직임에 제약을 줍니다. 활성화된 축은 값이 고정됩니다.
Info	리지드바디의 세부 정보를 표시합니다.

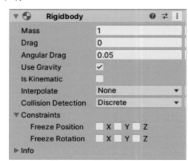

02 Hinge Joint 사용하기

힌지 조인트의 Connected Body에 대상이 되는 Rigidbody가 적용된 오브젝트를 연결합니다. 오브젝트가 문이라면 문틀을 연결하여 사용하게 됩니다. Anchor는 로컬 축을 사용하며, 흔들리는 물체의 중심 축 포지션입니다. Axis에서 설정한 축을 기준으로 **화살표**의 축이 정해지며, 이 축을 기준으로 힌지 조인트가 작동됩니다. Spring을 설정해서 연결된 리지드바디와 비교하여 특정 각도에 도달하도록 할 수 있으며, Motor 기능을 사용해서 회전을 줄 수 있습니다. Limit 기능을 활성화하면 회전 각도의 최대/최소 각도를 설정할 수 있으며, 한계 각도 시점에서 오브젝트가 튕기도록 Bounciness 값을 정할 수 있습니다.

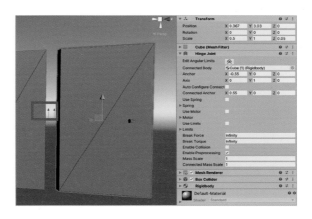

03 Fixed Joint 사용하기

고정 조인트를 사용하면 애플리케이션 실행 모드에서 물리적으로 다른 오브젝트에 의존됩니다. 부모와 자식 관계가 아니어도 물리적으로 함께 움직이지만, 일정한 값의 충격이 가해질 경우 연결된 부위를 파괴할 수 있습니다. 물리를 사용하는 게임에서 특정 충격 값에 도달할 경우 떨어져 나가는 물체에 사용 가능합니다. Connected Body에 연결된 Rigidbody가 적용된 오브젝트에 고정됩니다. Break Force 값이 설정될 경우 가해지는 힘에 따라 조인트를 파괴할 수 있으며, Break Torque는 파괴하기 위해 필요한 토크 값을 지정하게 됩니다. Enable Collision 설정 시 조인트로 연결된 바디 간 충돌이 활성화됩니다. Enable Preprocessing 기능을 비활성화할 경우 처리 불가능한 설정을 안정화하는데 도움이 됩니다.

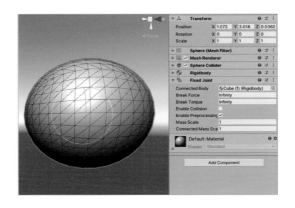

04 Spring Joint 사용하기

Connected Body에 연결되어 있는 Rigidbody 오브젝트를 기준으로 스프링이 연결된듯 거리가 변하는 조인트 입니다. 물리적인 힘이 가해질 경우 탄성있게 튕기듯 움직입니다. Anchor 값을 변경하면 스프링 조인트가 연결 된 끝 지점을 정할 수 있습니다. Connected Anchor는 로컬 공간상에서 조인트가 고정된 포인트입니다. Spring 의 값을 변경하면 스프링의 강도가 변합니다. Damper 값으로 스프링이 줄어드는 정도를 변경할 수 있습니다. Distance 값을 변경하면 스프링에 어떠한 힘도 적용되지 않는 최소, 최대 거리의 한계를 정할 수 있습니다. Tolerance 값을 변경할 경우 오류 허용치 값이 변경되는데, 스프링 길이가 달라질 수 있습니다.

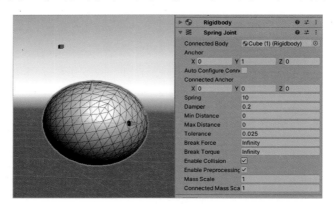

05 Character Joint 사용하기

캐릭터 조인트는 레그돌(Ragdoll) 효과를 내기 위해 주로 사용할 수 있으며, 각 축에 대한 관절을 제한할 수 있 습니다. Connected Body에 연결하면 조인트가 해당 Rigidbody에 의존하게 됩니다. Edit Angular Limits 버튼을 활성화해서 각각의 축에 대한 Limit를 비주얼적으로 제어할 수 있습니다. Axis 값을 변경하면 트위스트 축을 변 경하며, Connected Anchor는 연결된 앵커 포지션을 설정합니다. 관절이 물리에 의해 변하는 각도를 제한하기 때문에 각 관절에 맞는 운동 각도를 고려해서 제한 값을 설정합니다. 캐릭터는 Break 값에 대한 Force와 Torque 값을 무한대(Infinity)로 하지 않으면 신체가 끊어지듯 표현될 수 있습니다.

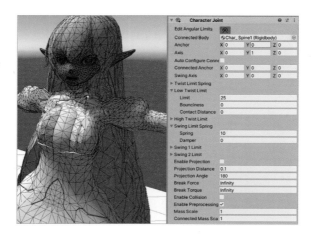

06 Configurable Joint 사용하기

조인트 타입의 모든 기능이 통합된 조인트입니다. 레그돌의 움직임을 커스터마이즈하거나, 특정 자세를 적용할 때 사용할 수 있으며 고유화된 디자인의 조인트에 맞도록 개조할 때 사용할 수 있습니다.

Edit Joint Angular Limits 버튼을 눌러 조인트 앵글의 한계를 씬 각 기즈모로 씬 뷰에 표시합니다. X, Y, Z Motion 프로퍼티에 따라 각 축의 이동을 Free/Locked/Limited로 설정합니다. Angular X, Y, Z Motion 프로퍼티에 따라 각 축의 회전을 Free/Locked/Limited로 설정합니다. Limit 계열의 프로퍼티들의 특징은 해당하는 축 또는 거리에 대한 한계를 설정하며, Limit Spring 프로퍼티들의 특징은 한계를 넘게 될 경우 스프링 힘이 적용하는 특성을 주는 Limit입니다.

X, Y, Z Drive 값을 설정할 경우 각 축에 대해 현재 포지션에서 타겟 포지션으로 조인트를 회전하는 데 사용하는 스프링 토크(Position Spring)와 조인트의 현재 속도와 타겟 속도의 차이에 비례하여 스프링 토크의 양을 줄일 수 있으며(Position Damper), 드라이브가 적용할 수 있는 힘의 양을 제한하는 Maximum Force 값 등이 있습니다.

Rotation은 회전하며 이동하게 되고, Rotation Drive는 타겟 방향으로 회전할 수 있도록 구동력이 오브젝트에 제공되는 방식을 결정합니다.

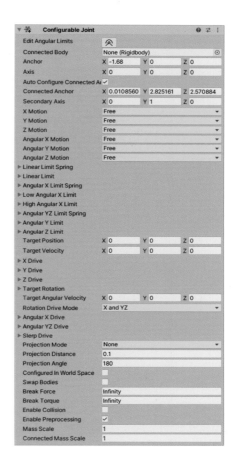

매우 많은 양의 프로퍼티가 존재하고 있으며 전문적인 캐릭터 관절의 설정에 사용하기 때문에 정확한 사용을 위해 많은 연구가 필요한 조인트입니다. 고정 조인트를 제외한 조인트들은 엔진에 설정된 값이나 환경, 오브젝트의 상태에 따라 필요한 설정 값이 모두 다를 수 있습니다. 사용하는 조인트에 맞는 값들은 직접 변경하고 테스트하며 찾아야 합니다. 조인트를 너무 많이 사용할 경우 시스템의 연산을 많이 사용할 수 있기 때문에 필요한 부분 위주로 사용하거나 사용하지 않을 때는 컴포넌트를 비활성화하는 것이 좋습니다.

Cloth 사용하기

Cloth는 천을 시뮬레이션하기 위해 사용하는 물리 컴포넌트입니다. 버텍스들을 특정 위치에 고정시키거나 Collider와 충돌할 수 있고, 중력에 의해 바닥으로 떨어질 수도 있습니다.

Cloth 적용하기

ICloth 기능을 적용하려는 3D Mesh를 선택한 후 Component 〉 Physics 〉 Cloth를 선택하면 Cloth 컴포넌트가 적용됩니다. 캐릭터의 옷을 구현하기 위해 제작되었으며 퍼포먼스를 위해 충돌 콜라이더는 Sphere와 Capsule 타입만 지원하고 있습니다. Cloth 컴포넌트가 적용된 3D Mesh는 자동으로 Skinned Mesh Renderer로 컴포넌트가 변경됩니다. 컴포넌트 적용 이후 Colliders에 충돌할 콜라이더를 연결한 후 실행하면 Cloth가 시뮬레이션됩니다.

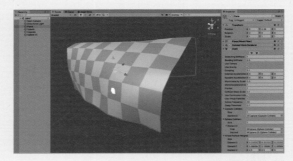

천 시뮬레이션 실행

옷(Cloth)이 되는 메시 파일의 버텍스 값을 편집하기 위해 Edit cloth Constraints 🐾 버튼을 누른 후 Select 모드 혹은 Paint 모드를 사용해 개별 버텍스의 Distance 값을 직접 설정할 수 있습니다. 버텍스가 적거나 폭이 넓은 경우 Select를 사용해 버텍스를 선택한 후 Distance 값을 입력하면 값이 적용됩니다. Paint 모드의 경우 Distance에 입력된 값이 마우스 포인터를 클릭해서 드래그하는 곳에 입력됩니다. 이 경우 Brush Radius에 있는 값에 따라 브러시에 영향을 받는 범위가 정해집니다. Edit Cloth Self/Inter- Collision 🐾 버튼을 누른 후 편집된 Vertex는 자체 충돌 및 상호 충돌을 할 수 있으며, 천이 자신을 관통하는 것을 방지하고 천 파티클이 서로 충돌할 수 있게 됩니다.

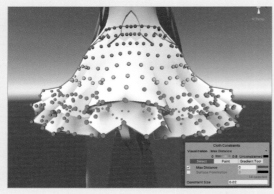

버텍스 Distance 편집

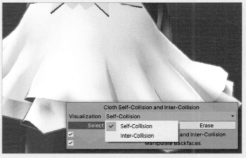

Cloth 자체 충돌에 대한 설정 메뉴

Cloth 프로퍼티

클로스(Cloth)를 사용하여 자연스러운 시뮬레이션을 만드는 것은 매우 난이도가 높은 작업입니다. 옷뿐만 아니라 천과 비슷하게 작동하는 부분에는 Cloth를 사용할 수 있습니다. Cloth를 머리카락에 사용할 경우에도 디자인에 따라 좋은 효과를 볼 수 있습니다.

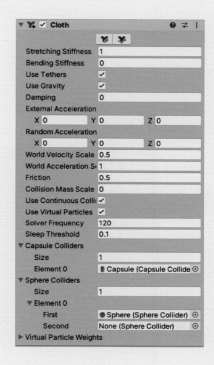

Stretching Stiffness	천이 늘어나는 강도를 정합니다.
Bending Stiffness	천이 접히는 강도를 정합니다.
Use Tethers	천의 움직이는 부분이 고정된 부분으로부터 너무 많이 이동하지 않도록 제약을 줍니다.
Use Gravity	천에 중력을 적용합니다.
Damping	진동을 흡수해서 억제시키는 계수입니다.
External Acceleration	각 축 별로 천에 적용되는 고정된 가속도입니다.
Random Acceleration	각 축 별로 정한 값의 크기만큼 불규칙적으로 가해지는 가속도입니다.
World Velocity Scale	캐릭터가 월드 공간상에서 움직일 때 천 시뮬레이션에 미치는 영향을 설정합니다.
World Acceleration Scale	캐릭터가 월드 공간상에서 가속할 때 천 시뮬레이션에 미치는 영향을 설정합니다.
Friction	캐릭터와 천이 충돌할 때 천이 얼마나 마찰력을 갖고 움직일지 설정합니다.
Collision Mass Scale	충돌 파티클의 덩어리 크기를 얼마나 증가시킬지 설정합니다.
Use Continuous Collision	충돌 안정성을 높이기 위한 연속 충돌을 활성화합니다.
Use Virtual Particles	폴리곤 삼각형 하나당 가상 파티클을 추가하여 천의 충돌 안정성을 높입니다.
Solver Frequency	초당 발생하는 솔버의 반복 횟수입니다.
Sleep Threshold	천이 슬립 상태로 변하는 임계값입니다.
Capsule Colliders	천과 충돌할 캡슐 콜라이더를 등록합니다.
Sphere Colliders	천과 충돌할 구체 콜라이더를 등록합니다.
First/Second	두 개의 구체를 연결해서 캡슐 콜라이더처럼 연결됩니다. 관절의 길이가 변할 때 사용할 수 있습니다.
Virtual Particle Weights	옷감에 가상 입자를 생성할 때 사용할 가중치를 얻습니다.

Collider의 종류와 특징

콜라이더는 오브젝트 간의 충돌을 구현하기 위해 사용하는 충돌체입니다. 렌더링에 표현되지 않지만 입체적인 공간 영역을 지니고 있으며, 충돌 전과 시작, 충돌 중에 대한 상태 체크를 할 수 있습니다.

Collider

콜라이더 컴포넌트를 적용할 때 물리적인 충돌을 위한 게임 오브젝트의 모양을 선택해서 정의할 수 있습니다. 가장 성능이 좋은 콜라이더는 구체와 박스, 캡슐 형태이며 메시(Mesh) 타입의 콜라이더는 3D Mesh를 직접 연결해서 콜라이더로 사용하게 됩니다.

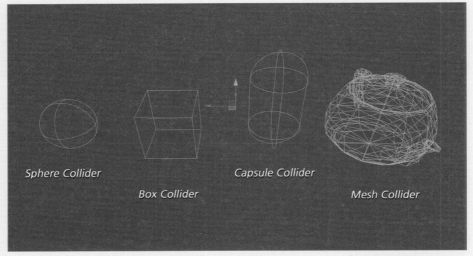

기본으로 제공되는 콜라이더

위 네 가지 콜라이더 이외에도 특수하게 사용되는 휠 콜라이더(Wheel Collider)와 터레인 콜라이더 (Terrain Collider) 컴포넌트가 있습니다. 터레인 콜라이더는 Terrain 시스템 사용 시 자동으로 적용되는 콜라이더이며, 휠 콜라이더는 차량용 바퀴에 사용되는 콜라이더로 물리 효과와 슬립 기반의 타이어 마찰 모델이 포함되어 있습니다. Wheel Collider는 자신 또는 부모(차체가 되는 몸체)에 Rigidbody가 적용되어 있어야 기즈모가 출력됩니다. 3D용 휠 콜라이더는 따로 외부에 보이는 Motor 기능이 없습니다. 해당 기능은 스크립트를 통해 MortorTorque 값을 변경해서 조절할 수 있습니다.

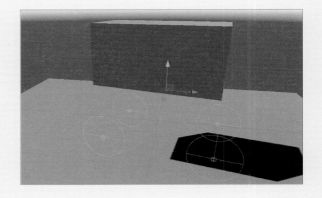

Collider의 Inspector

콜라이더별 인스펙터(Inspector)에 나타나는 프로퍼티들입니다.

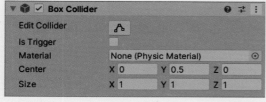

박스 콜라이더

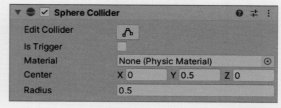

구체 콜라이더

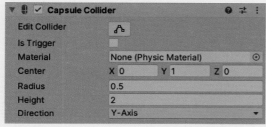

캡슐 콜라이더

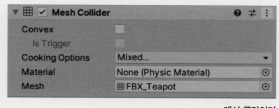

메시 콜라이더

Edit Collider 버튼을 누르면 기즈모를 직접 마우스로 드래그하여 콜라이더의 크기와 위치를 변경할 수 있습니다. 이는 Center와 Size, Radius, Height 등 값을 변경하는 것과 같습니다. Material에 있는 물리 매터리얼(Physics Material) 은 Assets에서 Create로 만들어 놓은 물리 매터리얼을 연결해서 사용합니다. 매시 타입의 콜라이더는 사용하는 Mesh에 FBX 또는 Obj 파일을 선택해서 사용합니다. Mesh의 형태가 복잡할수록 연산 부하가 커집니다. Is Trigger 체크를 활성화하면 콜라이더는 충돌체가 아닌 이벤트 트리거 역할을 합니다.

Dynamic Friction	움직이고 있을 때 사용되는 마찰력으로, 값이 1이면 매우 빠르게 정지합니다.
Static Friction	오브젝트 정지 시 사용되는 마찰입니다. 1이면 오브젝트를 움직이기 매우 어려워집니다.
Bounciness	물리의 표면 탄성력으로 0이면 튕기지 않지만, 1이면 에너지 손실 없이 튕깁니다.
Friction Combine	충돌하는 두 오브젝트 간의 마찰력이 합쳐지는 방법을 정합니다.
Bounce Combine	충돌하는 두 오브젝트 간의 탄성이 합쳐지는 방법입니다. 기본값은 두 마찰 값의 평균(Average)으로 결정됩니다.

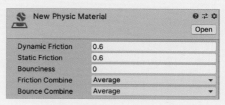

07 Cinemachine과 Timeline

시네머신(Cinemachine)은 Unity의 카메라 작동을 위한 모듈입니다. 대상을 추적하고 합성하며 애니메이션을 블렌딩하거나 영상을 제작할 수 있습니다. 장시간 걸리는 렌더링이나 복잡한 애니메이션, 연출을 실시간으로 빠르게 제작할 수 있습니다.

01 시네머신(Cinemachine)과 타임라인(Timeline) 설치하기

시네머신은 상단 메뉴 Window 〉 Package Manager에서 찾아볼 수 있습니다. 타임라인 역시 이곳의 하단 부분에 위치해 있으니 버전에 따라 설치되어 있지 않을 경우 함께 설치하기 바랍니다.

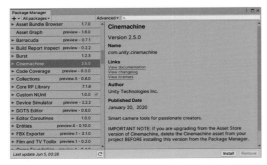
Cinemachine 설치하기

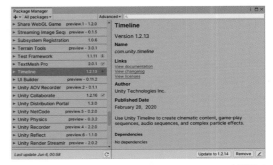
Timeline 설치하기

시네머신을 설치하면 상단의 메뉴 바에 Cinemachine이 새로 생성되어 있습니다. 이곳에서 Create Virtual Camera를 선택하면 하이라키(Hierarchy)에 CM vcam1이 만들어 집니다. 물체의 확인을 위해 씬에서 Plane과 Box를 만들어준 후 중앙에 배치시킵니다.

Main Camera는 이제 더이상 Transform으로 움직일 수 없으며 CM vcam1을 따라다니게 됩니다. Main Camera에는 cinemachineBrain이라는 컴포넌트가 추가되고, 하이라키에 있는 카메라 옆에 ⬛ 아이콘이 떠있어서 시네머신을 사용 중인지 확인할 수 있습니다.

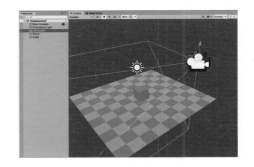

02 Cinemachine VirtualCamera 컴포넌트

CM vcam1을 선택하면 시네머신 버추얼 카메라(chinemachine VirtuakCamera) 컴포넌트가 적용되어 있습니다. 여러 개의 가상 카메라가 있을 경우 Solo 토글을 활성화하면서 원하는 카메라를 이동합니다. Dolly 카메라와 같이 특수한 기능은 Cinemachine 메뉴에 준비되어 있습니다. 카메라 자체의 구성 요소를 편집하려면 메인 카메라를 선택한 후 Cinemachine Brain을 편집해야 합니다.

Status: Live	토글 버튼이 활성화될 경우 가상 카메라가 즉시 활성 상태가 됩니다.
Game Window Guides	게임 뷰어에서 카메라의 컴포지션 가이드를 보여줍니다. Loock At이 Gameobject를 지정하고 있을 경우 타겟 에임과 영역이 나옵니다.
Save During Play	Play 모드에서 변경사항이 저장됩니다. 모든 가상 카메라에 적용됩니다.
Priority	값이 클수록 다음 샷을 선택할 때 선택 우선순위가 높아집니다. 타임 라인과 함께 사용할 경우 이 속성이 적용되지 않습니다.
Follow	지정된 트랜스폼의 오브젝트를 따라 카메라의 위치를 옮깁니다.
Look At	지정된 트랜스폼의 오브젝트를 따라 중심에 오도록 카메라를 회전시킵니다.
Standby Update	대기 모드에 있을 때 가상 카메라를 업데이트하는 방법을 결정합니다.
Field Of View	카메라 렌즈의 화각을 정합니다.
Near Clip Plane	카메라 렌더링 거리의 최소 거리입니다.
Far Clip Plane	카메라 렌더링 거리의 최대 거리입니다.
Dutch	Z축에서 카메라를 입력된 각도만큼 기울입니다.
Blend Hint	가상 카메라와의 블렌딩 힌트를 정합니다.
Inherit Position	위치(포지션) 값을 상속합니다.
On Camera Live	카메라가 Live 상태가 될 때 실행할 다른 컴포넌트를 등록해서 제어할 수 있습니다.
Body	바디 속성을 사용하여 장면에서 가상 카메라를 이동시키는 알고리즘을 지정합니다.
Aim	Aim 속성을 사용하여 가상 카메라의 회전 방법을 지정합니다.
Noise	카메라에 흔들림을 주는 방법입니다. 자연스럽게 흔들리는(손으로 촬영한 듯한) 노이즈를 자동으로 줄 수 있습니다.
Extensions	확장 기능을 추가해 사용할 수 있습니다.

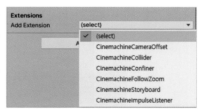

Extensions의 확장 기능들

03 CinemachineBrain 컴포넌트

CM vcam이 생성되었다면 씬에 배치되어 있는 Main Camera를 선택할 경우 Cinemachine Brain 컴포넌트가 추가되어 있습니다. 이 컴포넌트는 씬에서 모든 활성화되어 있는 가상 카메라를 모니터링하고 현재의 가상 카메라에서 다음의 가상 카메라로의 전환을 컷 또는 블렌드로 제어합니다.

Show Debug Text	라이브 상태의 가상 카메라 텍스트 요약을 표시합니다.
Show Camera Frustum	씬 뷰에서 카메라 화면 영역의 절두체(직각뿔 형태의 선)를 표시합니다.
Ignore Time Scale	활성화되면 타임 스케일 값에 영향을 받지 않도록 합니다.
World Up Override	지정된 트랜스폼의 Y축은 가상 카메라 월드 스페이스의 UP 벡터를 정의합니다.
Update Method	가상 카메라의 위치 및 회전을 업데이트할 시기를 정합니다.
Blend Update Method	블렌드하는 시기를 정합니다.
Default Blend	두 대의 가상 카메라 간에 블렌드를 정의하지 않을 경우 사용되는 블렌드입니다.
Custom Blends	장면의 특정 가상 카메라를 블렌드하기 위한 사용자 커스텀 블렌드입니다.
Events	카메라 이벤트 시 제어할 스크립트를 연결합니다. 이벤트 처리는 가상 카메라 간의 혼합(Blend)이 없을 때 발생하는 Camera Cut Event와 가상 카메라가 활성화되면 시작하는 Camera Activated Event가 있습니다.

시네머신(Cinemachine) 카메라를 사용할 경우 Follow 기능만으로도 훌륭하게 타겟을 따라다니는 카메라를 사용할 수 있습니다. 다음은 Cube 오브젝트를 Look At하고 있는 가상 카메라의 Game 뷰어입니다. Play 모드에서 Cube를 씬 뷰에서 이동시키면 카메라가 Follow 또는 Look At으로 추적하며 움직입니다.

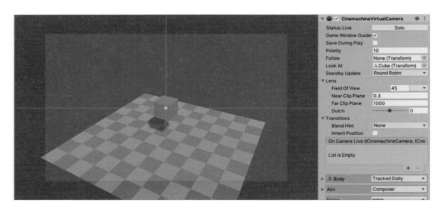

04 Timeline 시작하기

타임라인을 사용하기 위해 상단 메뉴 Window 〉 Sequencing 〉 Timeline을 선택해서 타임라인 윈도우를 열어줍니다. 애니메이션 클립을 편집할 수 있는데, 이런 종류는 가로로 긴 공간을 할당하는 것이 좋기 때문에 하단 부분에 위치시키는 것이 편합니다. 비어 있는 게임 오브젝트를 만든 후 Timeline에서 ❶ [Create] 버튼을 눌러 타임라인을 만들어 주면 ❷ Playable Director와 ❸ Animator 컴포넌트가 추가됩니다.

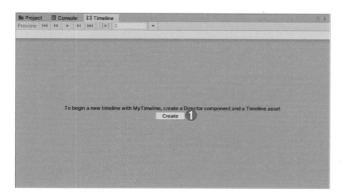

Timeline에서 애니메이션을 사용할 오브젝트를 드래그해서 Timeline 윈도우의 좌측 부분에 드롭하면 해당 오브젝트의 애니메이션 클립을 가져와서 배치할 수 있습니다. 네 종류의 트랙 추가가 가능합니다. 해당 트랙이 게임 오브젝트에 필요한 컴포넌트에 없다면 컴포넌트가 자동으로 추가됩니다.

Activation	오브젝트의 활성화 상태를 제어합니다.
Animation	애니메이션 클립을 제어합니다.
Audio	특정 시점에 오디오를 출력합니다.
Signal	특정 시점에 스크립트를 제어합니다.

타임라인 공간에서 마우스 오른쪽 버튼을 누르면 선택된 트랙 혹은 비어 있는 트랙에 따라 사용 가능한 팝업 메뉴가 뜹니다. 이곳에서 트랙을 추가할 수도 있고 Assets 폴더에 직접 드래그해서 배치할 수도 있습니다.

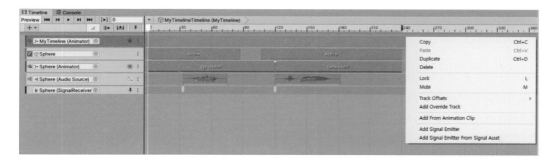

05 Timeline 편집하기

타임라인에서 따로 작성한 애니메이션 클립이 없을 경우 Recoding 버튼을 눌러 특정 프레임마다 포지션이나 회전, 컴포넌트의 변화에 대해 기록할 수 있습니다. 이렇게 레코딩(Recoding) 기능으로 제작된 애니메이션 트랙은 애니메이션 클립 배치와 다르게 타임라인 위에 직접적인 시간 별 키 프레임의 위치를 볼 수 있습니다.

레코딩 버튼이 활성화되어 있는 동안 씬 뷰에서 게임 오브젝트를 움직이면 해당 오브젝트를 포함한 자식 오브젝트들의 모든 움직임이나 컴포넌트의 변화를 기록하게 됩니다. 레코딩된 애니메이션 데이터를 편집하려면 만들어진 트랙 부분을 더블클릭하면 Animation 창이 열리고, 이곳에서 제작된 애니메이션을 편집할 수 있습니다. 레코딩 버튼을 한번 더 클릭할 경우 레코딩이 종료됩니다.

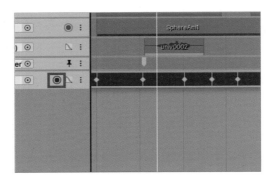

애니메이션 클립을 불러올 때 해당 클립을 트랙에서 선택하면 인스펙터(Inspector) 뷰에서 애니메이션 클립에 대한 정보와 Animation Playable Asset에 대한 정보가 나옵니다. 클립의 애니메이션 상태는 제작된 애니메이션 위치를 기준으로 플레이되기 때문에 원하는 위치로 Clip Transform Offsets 값을 변경해줄 필요가 있습니다.

Animation Clip	트랙에 사용하는 애니메이션 클립의 Transform의 오프셋을 지정합니다.
Position Rotation	클립 애니메이션의 시작 위치와 회전을 Offset시킬 수 있습니다.
Offset Match Field	오프셋 필드를 사용하여 클립 오프셋과 일치할 때 일치시킬 변환을 선택합니다. 비활성화한 후 개별 값에 대해 선택할 수 있습니다.
Remove Start Offset	기능이 켜져 있으면 애니메이션 클립이 월드 기준 Zero 포지션/회전에서 시작합니다.
Foot IK	애니메이션 클립이 휴머노이드에 애니메이션을 적용하고 발 운동에 IK를 사용할 경우 활성화합니다.
Loop	애니메이션 클립의 루프 방법을 결정합니다.

애니메이션 클립을 자신의 길이보다 길게 늘릴 경우 Loop 설정 시 연속해서 애니메이션이 재생될 수 있습니다. 이동 포지션은 반복되는 동작을 하지 않고 애니메이션이 종료되는 자리에서 이어져 재생할 수 있으며, 처음부터 반복하려면 같은 애니메이션 클립을 뒤쪽에 다시 배치할 수 있습니다. 제어해야 하는 오브젝트의 수가 매우 많아질 경우 여러 개의 타임라인을 추가해서 활용할 수 있습니다.

유니티 짱 사용하기

유니티 짱은 Asset Store에서 무료로 배포되고 있는 카툰 타입의 캐릭터입니다. 휴머노이드 캐릭터의 셋업과 물리 본을 활용한 헤어의 표현, 표정 변화, 카툰 셰이딩 등 캐릭터 테스트에 필요한 요소들이 있습니다.

유니티 짱 설치하기

Asset Store에서 Unity−Chan으로 검색하면 유니티짱 모델과 애니메이션 배포 데이터를 구할 수 있습니다. Unity 5.2.0 이상 버전에서 작동됩니다.

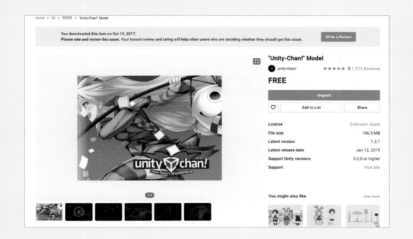 

Import된 파일은 Assets 폴더의 unity−chan! 폴더 내에 위치합니다. 각각의 구성 요소에 따라 에셋들이 분류되어 있습니다. 완성된 프리펩은 Prefabs 폴더 내 위치해 있으며, 일반 모델과 다이나믹이 적용된 모델이 있습니다. 자체적으로 제작한 Spring Bone을 사용해 헤어나 옷의 흔들림을 표현하고 있습니다. 프리펩을 씬에 배치한 후 실행 버튼을 누르면 얼굴 표정을 선택하거나 다음/이전 포즈로 동작을 변경할 수 있습니다. 캐릭터 셰이딩 작동 환경을 위해 3D 템플릿상에서 진행하기 바랍니다.

휴머노이드 캐릭터 설정하기

캐릭터의 FBX 파일을 Assets 폴더에 넣었을 때 Bone의 이름 규칙과 설정 상태가 규격에 맞을 경우 자동으로 Mapping 상태를 맞춰줍니다. 캐릭터 모델 인스펙터 창에서 Rig를 선택하면 Animation Type에서 Humanoid를 선택하고 Configure 버튼을 누르면 휴머노이드에 대한 설정 화면으로 변경됩니다.

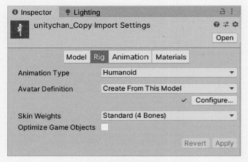

캐릭터 조인트 적용 설명: Assets 폴더 내에 있는 캐릭터의 Inspector

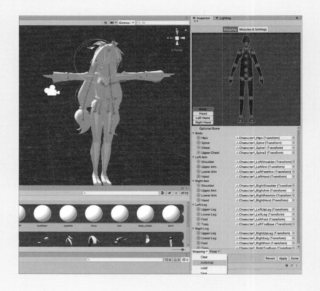

캐릭터를 제작하고 Bone의 이름을 휴머노이드 규격에 맞춰 제작한다면 Import 시 자동으로 부위가 맞춰져 적용되지만, 링크가 해제되어 있다면 Mapping 부분의 Automap 버튼을 눌러 자동 설정을 하거나 해당 부위의 Bone을 각각 드래그해서 연결시켜줄 수 있습니다. 앞서 나왔던 joint를 적용하고 테스트하거나 Ragdoll을 실험할 때 사용할 수 있습니다. 기존 FBX 파일을 복사할 경우 모든 설정 데이터가 초기화되기 때문에 파일을 복사한 후 학습에 필요한 기능들을 적용하고 기능 작동에 대해 실험할 수 있습니다.

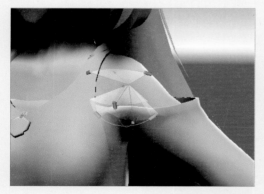

캐릭터 조인트 적용

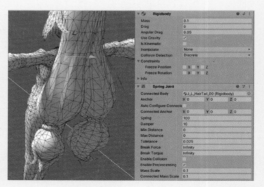

스프링 조인트 적용

MEMO

Unity 2020

렌더 파이프라인과 셰이더 그래프

Unity 2020부터 기본 렌더러로 탑재되는 URP(Universal Render Pipeline)와 고성능 그래픽을 위한
HDRP에 대해 알아보고 구현합니다. 셰이더 그래프를 통해 아티스트도 쉽게 셰이더를 제작할 수 있습니다.

01 Universal Render Pipeline(URP) 소개

Universal Render Pipeline(URP)는 성능을 고려한 파이프라인으로, 기존에는 Light Weight Pipeline이었다가 URP로 변경되었습니다. 2020 버전부터 기본이 되는 렌더러로 탑재됩니다.

01 URP(Universal Render Pipeline)

기존 렌더링보다 성능 대비 고품질의 그래픽을 표현할 수 있으며, 많은 플랫폼에 다양하게 사용할 수 있는 호환성과 확장성을 지니고 있습니다. 레거시 렌더 파이프라인(빌트인)에 비해 다양한 성능적인 이점을 지니고 있으며 스크립트로 제어가 가능한 구조입니다.

URP를 활용한 예제 프로젝트

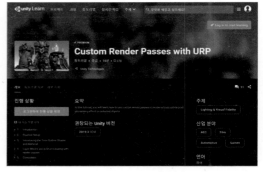

URP에 대한 커스텀 방법 학습

02 SRP(Scriptable Render Pipeline)와 배치(Batch)

C#을 사용해서 오픈된 렌더링 API를 커스텀하게 변경해서 나만의 렌더링을 만들 수 있습니다. HDRP, URP 등 제공되는 솔루션 모두 SRP 기반의 렌더 파이프라인이며 오픈소스로 되어 있습니다. 그렇기 때문에 사용자가 필요한 기능에 맞춰 렌더링을 확장하고 지정 가능합니다. 해당 SRP에 관한 자료는 다음의 웹 페이지에서 오픈소스를 구할 수 있습니다 (**https://github.com/Unity-Technologies/ScriptableRenderPipelineData**).

깃 허브 **https://github.com/Unity-Technologies**는 유니티 전문 개발 오픈소스 코드가 공유되고 있는 곳입니다. 대중적으로 공개되지 않은 다양한 자료를 제공하고 있으므로, 해당 깃만 참고하여도 개발되었거나 진행 중인 자료들을 먼저 접할 수 있습니다.

레거시 렌더링은 오브젝트 하나당 블렌딩 설정, Z-Test 설정, 셰이더 설정, 메시 설정, 텍스처 설정 등을 거친 후 라이트를 적용해 그림을 그리게 됩니다. 이 모든 과정이 끝나면 물체를 그리고 여러 가지 렌더 상태를 변경하는 과정을 거치게 됩니다. 일련의 렌더링 과정은 프레임 디버거(Frame Debugger)를 통해 그 순서를 확인할 수 있습니다.

다음의 표는 드로우콜(Draw Call)의 발생과 함께 커맨드 버퍼를 통해 GPU에 전달되면서 오브젝트를 그리기까지를 간단하게 나타내고 있습니다. Unity에서는 동일한 매터리얼을 공유하는 오브젝트를 묶어서 드로우콜하는 배치(Batch) 기능을 통해 좀더 효율적으로 렌더링하고 있었습니다.

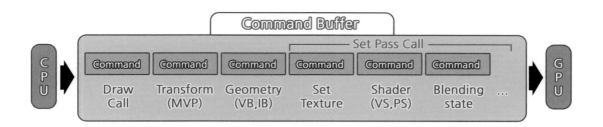

커맨드 버퍼에서 드로우콜 자체의 부하는 적은 편이지만, 모두 다른 Material을 사용한다면 Set Pass Call이 많이 발생합니다. 특히 이 부분에서의 부하는 드로우콜보다 매우 큰 편입니다. 이러한 이유로 기존 레거시 렌더링의 경우 Material을 기준으로 최적화를 하고 있었습니다.

SRP Batcher(URP, HDRP)에서는 셰이더 기준으로 최적화를 하고 있습니다. 여러 매터리얼이 공통적인 셰이더 파라미터를 사용하고 있다면 이들 묶음을 같이 배치로 묶어서 배치 커맨드를 최소화하는 것이 특징입니다. 예를 들면, 동일한 SRP 기반의 Batch에서는 동일한 셰이더를 사용하지만, 단순히 컬러와 같은 파라미터 차이만 있을 경우 하나의 배치로 취급합니다(기존 렌더링에서는 같은 셰이더였어도 내부 파라미터가 다르면 배치를 묶지 않았습니다).

URP 또는 HDRP에서는 자동으로 배치에 대한 최적화를 하는 SRP Batcher 기능을 제공하고 있습니다. SRP Batcher 기능을 사용하려면 생성된 UniversalRP의 Asset을 선택한 후 SRP Batcher를 활성화하는 것으로 사용할 수 있습니다.

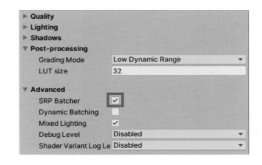

03 렌더 파이프라인

URP의 렌더 파이프라인과 Legacy와의 차이점은 게임 엔진의 내부에 존재하던 렌더파이프를 밖으로 꺼냈다는 점입니다. 사용자는 후킹(Hook)으로 처리하던 게임 로직과 렌더파이프의 처리를 이벤트로 처리할 수 있게 되었으며, 그동안 직접 제어가 불가능하던 Render Context를 직접 작성해서 제어할 수 있게 된 점이 가장 큰 변화입니다.

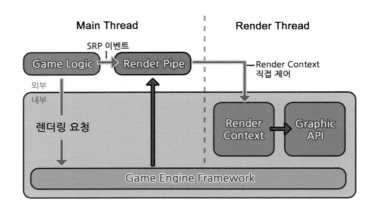

렌더파이프를 직접 작성하는 것 외에도 Dynamic Light 연산에 있어서도 많은 차이를 보이고 있습니다. 기존의 모델은 다이나믹 라이트가 4개 배치되어 있을 경우 Draw Mesh가 포워드(Forward) 렌더링에서 4번의 RenderLoopJob이 발생합니다. Batch 기준으로 오브젝트 하나에 4 라이트가 적용될 경우 8번의 배치가 발생하고 있습니다. URP – Midium 기준은 다이나믹 라이트를 한번에 처리하고 있으며, 배치 기준으로 2번만 발생하고 있습니다. 다음은 프레임 디버그(Frame Debug)에서 오브젝트가 그려지는 순서를 볼 수 있는 이미지입니다.

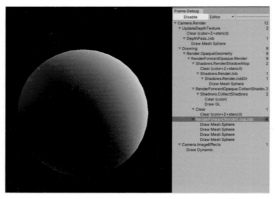

레거시 렌더파이프 렌더링 순서

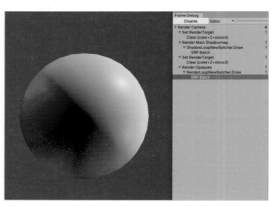

URP 렌더파이프 렌더링 순서

04 URP 설정 방법

URP를 사용하기 위해 프로젝트 설정(Project Settings)의 그래픽(Graphics) 탭에서 지정할 수 있습니다. Scriptable Render Pipeline Settings에 None으로 되어 있는 부분에 렌더 파이프라인 에셋을 지정해서 사용할 수 있습니다. 렌더 파이프라인 에셋은 Assets 폴더 Create > Rendering > Universal Render Pipeline > Pipeline Asset(Forward Render)에서 만들 수 있습니다.

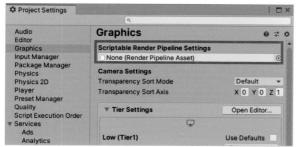

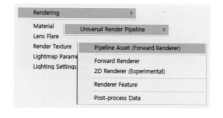

프로젝트 설정의 Graphic 부분

Assets에 렌더 파이프라인을 넣어둘 폴더를 만든 후 렌더 파이프라인 에셋을 만들면 Asset과 Asset_Renderer가 생성됩니다. 좌측 메뉴 중 Graphics에 있는 Scriptable Render Pipeline Settings의 UniversalRenderPipelineAsset을 연결해 사용합니다.

UniversalRenderPipelineAsset을 선택하면 인스펙터(Inspector) 뷰에 에셋에 대한 정보가 나옵니다. Renderer List에서 함께 만들어진 Asset_Renderer가 연결되어 있습니다. 추가적인 렌더러는 [+] 버튼을 누른 후 추가 등록할 수 있습니다. UniversalRenderPipelineAsset_Renderer를 선택하면 인스펙터 뷰에서 해당 렌더러의 정보가 나옵니다. 현재까지 URP는 포워드 렌더러만 지원하고 있습니다. 하지만 SRP 기반이기 때문에 원하는 렌더러를 직접 제작해서 사용할 수도 있습니다. Post Process Data는 설치된 Packages의 Universal RP에 있는 런타임 데이터를 사용하고 있습니다.

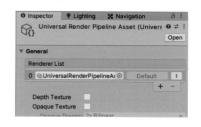

05 UniversalRenderPipelineAsset 프로퍼티

렌더 파이프라인의 Asset에서 렌더러를 추가할 수 있으며, Depth Texture를 사용하거나 렌더링 퀄리티와 그림자 설정, 라이트 등 여러 옵션이 존재합니다.

SRP Data	Asset에 제작된 파이프라인 에셋을 등록합니다.
Depth Texture	URP가 뎁스 텍스처를 생성합니다. 씬에 있는 모든 카메라에서 사용됩니다.
Opaque Texture	_CameraOpaqueTexture를 생성합니다. GrapPass와 유사하게 사용할 수 있습니다.
Terrain Holes	터레인에 구멍을 내는 쉐이더 변형을 사용합니다.
HDR	HDR 기능 사용을 허용합니다.
Anti Aliasing (MSAA)	렌더링하는 모든 카메라에 대해 다중 샘플 안티앨리어싱을 사용합니다.
Render Scale	렌더 대상의 해상도를 변경할 수 있습니다. UI 렌더링은 디바이스 기본 해상도로 유지됩니다.
Main Light	디렉션 라이트(방향광)를 주광원으로 사용합니다. 태양광에 지정된 라이트 또는 가장 밝은 디렉션 라이트가 주광원으로 지정됩니다.
Cast Shadows	씬에서 주광원이 그림자를 드리우도록 합니다.
Additional Lights	추가 조명을 사용할 수 있습니다. 성능을 위해 Per Vertex를 지원합니다.
Per Object Limit	오브젝트당 최대 8개의 추가 조명 제한을 둡니다.
Cast Shadow	추가 조명의 그림자를 사용할지 정합니다.
Shadow Resolution	주광원/보조 광원에 대한 그림자 해상도입니다.
Distance	그림자를 드리우는 오브젝트의 거리를 정합니다.
Cascades	그림자의 정밀도 단계를 정합니다. 카메라에 가까울수록 자세한 그림자를 그립니다.
Depth Bias	그림자의 뎁스 기준으로 오프셋을 줍니다.
Normal Bias	그림자의 노멀 기준으로 오프셋을 줍니다.
Soft Shadows	부드러운 그림자를 사용합니다.
Grading Mode	사용할 컬러 그레이딩의 퀄리티를 선택합니다.
LUT size	Look-Up-Texture의 크기를 정합니다.
SRP Batcher	같은 쉐이더를 사용하는 경우 함께 배칭됩니다. 사용하는 편이 성능 향상에 도움이 됩니다.
Dynamic Batching	같은 매터리얼을 공유하는 동적 오브젝트를 자동으로 배치(Batch)합니다.
Mixed Lighting	혼합 조명을 활성화하여 파이프 라인에 혼합 조명 셰이더 변형을 빌드에 포함하도록 지시합니다.
Debug Level	렌더 파이프라인이 생성하는 디버그 정보의 수준을 설정합니다.
Shader Variant Log Level	빌드를 마칠 때 표시할 ShaderStripping 및 ShaderVariants에 대한 정보 수준을 설정합니다.

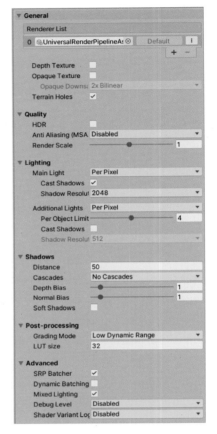

06 UniversalRenderPipelineAsset_Renderer 프로퍼티

UniversalRenderPipelineAsset을 만들 때 함께 만들어지는 렌더러 에셋이 있습니다. 해당 에셋은 ForwardRenderer를 선택해서 생성할 수 있습니다. 렌더링할 때 특정 레이어에만 적용되는 Material을 지정할 수도 있습니다.

Post Process Data	사용할 포스트 프로세스 데이터를 지정합니다.
Opaque Layer Mask	Opaque을 표현할 레이어 마스크를 정합니다. 선택된 레이어 이외에는 렌더링이 금지됩니다.
Transparent Layer Mask	Transparent를 표현할 레이어 마스크를 정합니다. 선택된 레이어 이외에는 렌더링이 금지됩니다.
Transparent Receive	투명 오브젝트도 그림자가 드리워지도록 합니다.
Stencil	스텐실을 사용하여 카메라 렌더링의 빈 부분을 다른 카메라 렌더링의 이미지로 섞는 등 스텐실 효과를 낼 수 있습니다.
Add Render Feature	버튼을 눌러 새로운 Render Object를 추가할 수 있습니다.

에셋 렌더러에서 Rnderer Feature를 사용해 씬에 배치된 특정 레이어에 새로운 Shader Passe를 적용할 수 있습니다. 먼저 씬에 배치되어 있는 오브젝트들 중 Material을 적용하고 싶은 오브젝트의 레이어를 변경합니다. 예제에서는 Player로 지정해서 사용하였습니다. ❶ [Add Render Feature] 버튼을 누른 후 Render Object를 선택해서 추가합니다. ❷ Overrides 부분에 있는 Material에 만들어 놓은 오버라이드할 매터리얼을 연결합니다. ❸ Filters 부분에서 적용할 Queue와 layer Mask를 설정합니다. 사용된 MyOverrideMaterial은 URP 매터리얼에서 컬러만 빨간색으로 지정하였습니다. 씬에 배치된 3D Mesh들 중 Filters에서 지정된 Queue와 Layer Mask같은 오브젝트들 위에 새롭게 Material이 적용된 것을 확인할 수 있습니다.

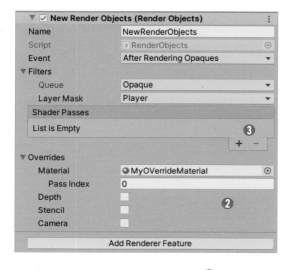

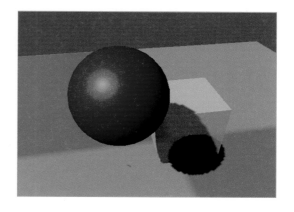

Shader와 Material 그리고 Texture

Unity는 렌더링할 때 Material, Shader, Texture를 사용합니다.

Texture

텍스처는 비트맵 이미지를 말하며, Asset에 추가해서 사용하거나 카메라 렌더 이미지를 사용할 수 있습니다. Material에서 오브젝트의 기본 컬러(Albedo)와 함께 Material 표면의 반사도, 거칠기 등을 나타낼 수 있습니다.

Shader

텍스처 입력과 조명 계산, 프로퍼티 값에 따라 렌더링된 각 픽셀의 컬러를 계산하기 위한 수학 계산식과 알고리즘을 포함하는 스크립트입니다. Unity에서 제공하는 노드 기반의 셰이더 제작 도구인 Shader Graph를 사용할 경우 SRP 기반의 렌더링에 사용되는 Shader를 쉽게 제작할 수 있습니다.

Material

사용하는 셰이더와 텍스처에 대한 레퍼런스, 타일링 정보, UV, 틴트와 같은 여러 정보 값을 가지고 Mesh의 표면을 어떻게 렌더링할지 방법을 정의하는 에셋입니다.

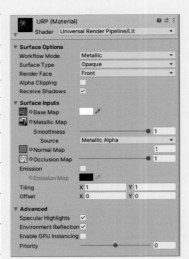

Workflow Mode	Specular/Metalic을 선택할 수 있습니다. 선택에 따라 Specular Map/Metalic Map으로 바뀝니다.
Surface Type	불투명/투명 표면에 대한 설정입니다.
Render Face	렌더링할 면을 선택합니다.
Alpha Clipping	일정 투명도 이하의 컬러 영역을 잘라냅니다.
Receive Shadows	물체에 드리워지는 그림자를 받습니다.
Base Map	기본 표면 컬러맵입니다.
Specular Map Metallic Map	Workflow에 따라 변하는 부분입니다. 금속 재질이 포함된 텍스처라면 메탈릭을 선택해서 사용합니다.
Normal Map	노말 범프맵을 적용합니다. 오브젝트 표면에 디테일을 추가합니다.
Occlusion Map	모델의 부위에 따라 간접 조명을 받는 세기를 정합니다.
Emission Map	어두운 곳에서도 빛나는 발광체 광원을 표현할 수 있습니다. Emission 체크 시 활성화됩니다.
Specular Highlights	스페큘러 하이라이트를 적용합니다.
Environment Reflection	환경 반사맵을 적용합니다.
Enable GPU Instancing	적은 수의 드로우 콜을 사용하여 동일한 Mesh의 여러 복제본을 한번에 그리거나 렌더링할 수 있습니다.
Priority	해당 매터리얼에 대한 렌더 순서에 변화를 줄 수 있습니다. 값이 높을수록 먼저 렌더링되어 뒤쪽에 렌더링되며 투명 오브젝트 렌더링에 유용합니다.

URP 샘플 프로젝트 소개

URP를 사용해 종류별로 활용할 간단한 예제들이 있는 파일에 대해 알아보겠습니다. 앞서 소개한 유니티의 깃 허브 https://github.com/Unity-Technologies에서 파일을 구할 수 있습니다.

Universal Rendering Examples

Unity 2019.3.0 버전 이상 또는 UniversalRP 7.2.0 버전 이상의 패키지가 인스톨되어 있어야 합니다. 해당하는 샘플 파일을 받기 위해 다음의 사이트로 이동합니다(**https://github.com/Unity-Technologies/UniversalRenderingExamples**). 또는 깃 허브의 상단에 있는 Search 부분에서 찾고자 하는 이름을 입력해도 검색 가능합니다.

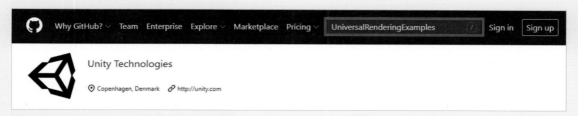

깃 허브 사이트에서 [Clone or download] 버튼을 눌러 나오는 팝업 창에서 [Download ZIP] 버튼을 눌러 파일을 받습니다. 받은 파일을 압축 해제한 후 Unity Hub를 실행한 화면에서 추가 버튼을 눌러 압축이 해제된 폴더로 들어가 폴더 선택 버튼을 눌러줍니다. 사용하는 Unity의 버전에 따라 버전 업에 따른 컨버팅 시간이 소요될 수 있습니다. 데이터 로드가 완료되면 필요한 씬을 찾아서 URP 설정과 활용에 대한 부분을 참고할 수 있습니다.

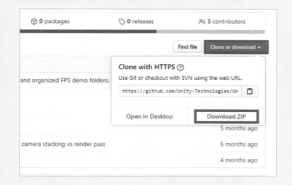

URP 샘플 씬 알아보기

설치된 프로젝트는 8가지의 샘플들을 다루고 있습니다. 각각 씬 별로 Assets 폴더 내 _CompletedDemos 폴더에 있습니다.

3DCharacterUI

다중 카메라를 사용해서 전투 필드 위에 3D 캐릭터와 UI를 동시에 띄우는 방법에 대해 다루고 있습니다. Camera의 Render Type에 따라 Base 혹은 Overlay로 설정할 수 있으며 카메라마다 다른 렌더링을 주어 섞을 수 있습니다. 카메라별로 Render Features를 사용해 Blur를 처리하는 등의 효과를 적용하기도 합니다.

3DSkybox

다중 카메라를 사용해서 원경용 3D 오브젝트를 비추는 카메라가 따로 존재합니다. 원경용 별과 3D 스카이박스, 비행기 오브젝트를 각각 렌더링해서 한 화면에 렌더링하는 방법을 알 수 있습니다.

CockpitView

비행 물체 내부의 콕피트 형상의 모니터에서 각각의 방향별로 다른 Material을 적용해 각각 이미지 변형을 출력하고 있습니다. 카메라의 렌더 텍스처(Render Texture)를 사용해 변형을 주는 방법에 대해 알 수 있습니다. 셰이더는 Shader Graph를 사용해서 제작할 수 있습니다.

FPS

FPS에서 사용될 설정은 3종류의 씬이 있습니다.

- **FPSCameraCompletedStackedWithTerrain** : 카메라 여러 대에 각각의 오브젝트를 Mask한 후 FOV 값의 차이를 주어 렌더링합니다.
- **FPSCameraStacking** : URP 렌더 세팅을 사용한 Render List 사용법을 알아볼 수 있습니다.
- **FPSRenderPass** : FPS 게임 개발을 위한 카메라 설정과 렌더 패스에 대해 다룹니다. 카메라의 Rendering에서 Renderer를 직접 지정해서 사용합니다.

ToonOutlinePost

3D 오브젝트의 아웃라인을 그리는 방법에 대해 설명하는 씬입니다. 기본은 3D Mesh를 역으로 출력하는 방식으로 설정되어 있지만, 렌더링을 변경하면 포스트 프로세스를 사용해 아웃라인을 처리하는 방법으로 변경할 수 있습니다.

UnityOcclusionDemo

작은 유닛이 건물 뒤로 가려졌을 경우 실루엣을 출력하는 렌더링을 다룹니다. 유닛의 Material에서 직접 처리하는 방법도 있지만, 이 방법은 Renderer에서 직접 Dither 매터리얼을 Override해서 표현하는 방법을 설명합니다.

02 URP Renderer와 카메라 Stack

Universal Render Pipeline(URP)을 사용해서 카메라와 렌더링을 설정하고 활용하는 방법에 대해 알아보겠습니다.

01 프로젝트 생성과 렌더 설정

새로운 프로젝트를 생성합니다. Universal Render Pipeline 템플릿을 선택한 후 완전히 비어 있는 씬을 만들어 줍니다. Settings 내부에 있는 기존 씬을 위한 URP용 에셋들은 모두 삭제하고 새로 제작합니다.

Assets 폴더 내 URPSetting이라는 비어 있는 폴더를 만든 후 마우스 오른쪽 버튼을 눌러 Create 〉 Rendering 〉 Univerrsal Render Pipeline 〉 PipelineAsset을 선택해 만들어 줍니다. 이름은 MyPipelineAsset이라고 지어주었습니다. 에셋 생성 시 자동으로 Renderer 에셋도 함께 만들어 집니다.

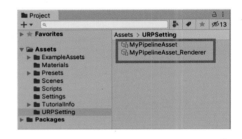

만들어진 파이프라인 에셋은 상단 Edit 메뉴에서 Project Settings를 선택한 후 나오는 팝업 창에서 Graphics 탭에 있는 Scriptable Render Pipeline Settings에 연결시켜 줍니다.

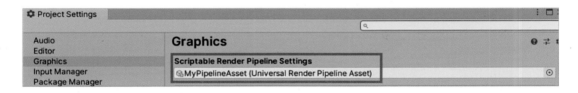

Package Manager에서 Cinemachine을 설치합니다. 카메라를 제어함에 있어 편리한 기능을 제공하고 있습니다. 패키지가 보이지 않을 경우 Package : All을 선택해야 설치 가능한 모든 패키지가 나타납니다. 설치 후 상단 Cinemachine 메뉴에서 Create Virtual Camera를 선택해서 가상 카메라를 만들어 줍니다. 최초 가상 카메라를 설치할 경우 Main Camera의 위치는 바로 가상 카메라의 위치로 변경됩니다.

02 배경 오브젝트 만들기

월드가 될 Plane과 박스를 다음의 이미지
를 참고해서 배치합니다. Unity에서 제공하
는 기본 오브젝트들로만 구성되어 있습니
다. GameObject 〉 3D에서 기본 도형들을
배치해서 제작합니다. 바닥 Plane Scale은 각
축 별로 2배씩 키웠습니다. 네 변에 위치한
Cube 오브젝트의 길이는 20이고 높이는 1입
니다. 중앙에 배치한 Cube는 가로 세로 2 크
기에 높이는 4를 지니고 있습니다.

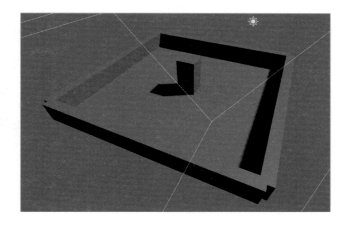

원경용 3D 스카이박스 역할을 할 터레인(Terrain)을 제작합니다. 터레인 생성은 GameObject 〉 3D Object 〉
Terrain을 선택해서 만들어 줍니다. 터레인의 가로 세로는 200, 200이며 높이는 100입니다. 앞서 있었던 터레인
제작 기능을 참고해서 하이트맵을 제작합니다.

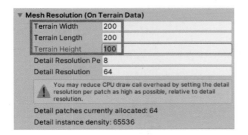

라이트맵이 Generate된 씬

라이트맵을 베이킹하기 위해 Window 〉 Rendering 〉
Lighting을 선택합니다. [New Light Settings] 버튼을 눌
러 Lightsettings 파일을 만들어 줍니다. 샘플에서는
MyLightSetting이라고 이름을 지어주었습니다. [Generate
Lighting] 버튼을 눌러 라이트맵을 적용하면 너무 어둡게
나오던 배경에 골고루 라이트가 적용됩니다.

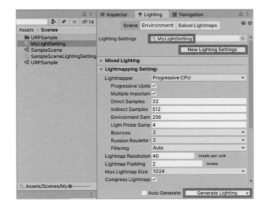

03 오브젝트들과 Layer 설정

캐릭터로 사용될 Capsule을 만들어 맵 오브젝트 안쪽에 배치합니다. 캡슐의 레이어(Layer)는 add Layer를 눌러 Unit을 추가한 후 Unit으로 설정하여 둡니다. 다른 오브젝트에도 사용하기 위해 Skybox, Map 레이어를 추가하였습니다.

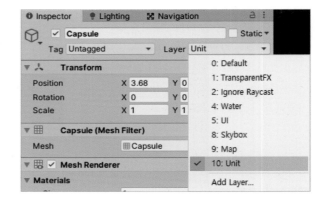

Map의 경우 배치되어 있는 Plane과 Cube들을 자식 오브젝트로 배치하여 부모 오브젝트에서 한번에 자식 오브젝트의 Layer를 변경 적용하고 있습니다. Static 오브젝트로 변경하는 것 역시 최상단의 트랜스폼에서 Static을 체크할 경우 Child 오브젝트까지 모두 해당 변화를 적용할지 선택할 수 있습니다. Map 오브젝트들은 모두 Map 레이어를 적용합니다. 스카이박스로 사용할 터레인 오브젝트가 Terrain 이외에도 구체 혹은 박스가 추가되어 있다면 함께 그룹으로 자식 오브젝트를 배치해서 사용하는 것이 좋습니다. Terrain은 Skybox 레이어를 적용합니다. 레이어가 적용된 오브젝트들은 각각 여러 대의 카메라에 각자 다른 렌더 옵션으로 렌더링할 수 있습니다. 렌더링 설정에서 특정 레이어가 지정된 오브젝트에만 효과를 적용할 수 있습니다.

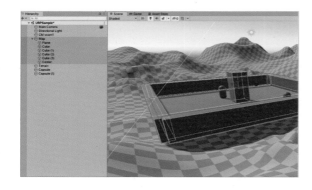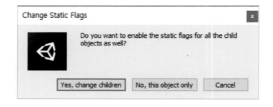

04 카메라 Stack 설정

맵을 렌더링할 카메라와 스카이박스를 렌더링할 카메라를 추가 설치합니다. 예제에서는 MapCamera와 SkyboxCamera를 추가하였습니다. 카메라의 Transform은 CM vcam1의 자식 오브젝트로 등록한 뒤 Position 값과 Rotation 값을 모두 0으로 설정합니다. Render Type : Overlay로 설정합니다. Culling Mask에서 렌더링할 Layer를 선택합니다. MapCamera는 Map을 선택하고, SkyboxCamera는 Skybox 레이어를 선택합니다.

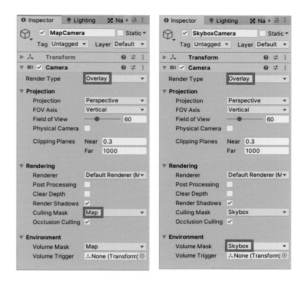

Main Camera는 Render Type이 Base입니다. Base 타입일 경우 Stack 프로퍼티가 있습니다. 이곳에 Overlay 타입의 카메라를 스택시킬 수 있습니다.

Renderer는 제작해 놓은 MyPipelineAsset_Renderer를 연결시킵다. Culling Mask에서 Skybox와 Map을 체크 해재합니다. Background Type의 설정에 따라 오브젝트가 렌더링되는 영역 이외의 부분에 Solid Color 또는 Skybox 등의 표현을 할 수 있습니다. Stack 부분의 [+] 버튼을 눌러 MapCamera와 SkyboxCamera를 추가하면 여러 대의 카메라 렌더링이 합쳐져 최종 렌더링이됩니다.

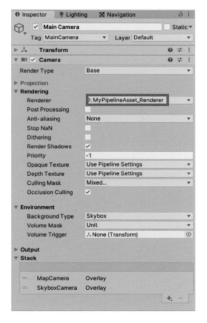

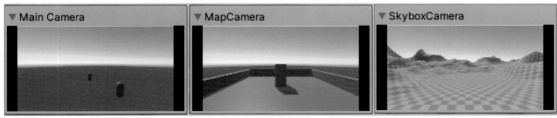

05 Quality 설정과 Material Override

Project Settings의 Graphic 설정을 직접 제작한 URP 에셋으로 지정하였다면 Quality 부분에 있는 Rendering에도 파이프라인 에셋을 지정해 주어야 합니다. Quality에 등록되어 있는 Quality Level마다 각각의 다른 파이프라인 에셋을 연결해 줄 수 있습니다. 예제에서는 High 하나만 사용하고 있지만, 다른 레벨의 Quality를 등록했다면 레벨 개수만큼 Pipeline Asset을 제작하고 연결합니다. Unity 예제에 있던 샘플 파이프라인 역시 _Low, _Medium, _High 등 세 개의 에셋을 등록해서 사용하고 있습니다.

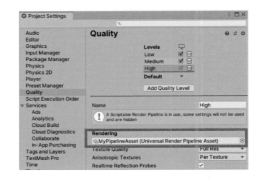

예제에서는 다운받은 UniversalRenderingExamples—master 내부에 있는 ScreenDitherShader 셰이더를 복사하여 사용하고 있습니다. 해당 셰이더는 앞서 나온 UniversalRenderingExamples—master 프로젝트의 Assets 〉 _CompletedDemos 〉 UnityOcclusionDemoCompleted 〉 Shaders 폴더에 있습니다.

앞서 복사한 셰이더를 사용하는 ScreenDitherShader 매터리얼을 하나 만들어 둡니다. 셰이더를 복사하는 것만으로도 바로 사용 가능합니다. 샘플 파일이 없을 경우 일반적인 URP용 매터리얼을 사용하여도 괜찮습니다.

MyPipelineAsset_Renderer를 다음의 그림처럼 수정합니다. Overrides의 Stencil을 활성화시키고 Pass를 Replace시킵니다. Add Render Feature 버튼을 눌러 Overrides 부분에 있는 Material 위에서 제작한 ScreenDitherShader 매터리얼을 등록합니다. Depth를 활성화하고 Depth Test를 Greater로 설정합니다. Detpth Test 설정에 따라 Overrides된 매터리얼이 가리는 오브젝트 위에만 올라가거나 오브젝트 전체에 표시되기도 합니다.

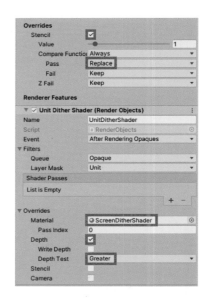

266

렌더파이프 라인을 넣어 놓은 Assets 폴더 내부에 새로운 Forward Renderer를 추가한 다음 이름을 MyPipelineAsset_Renderer2라고 지정하였습니다. MyPipelineAsset_Renderer2는 Skybox를 렌더링하기 위한 렌더러입니다. Opaque/Transparent Layer Mask들을 모두 Skybox로 설정하였습니다. Stencil 기능을 사용하고 있으며, Compare Function은 Equal로 설정하고, Pass, Fail은 Invert를 입력합니다. 이제 Skybox 마스크 레이어에 있는 오브젝트들은 렌더링될 때 비어 있는 영역에 렌더링되도록 수정되었습니다. 해당 렌더러는 SkyboxCamera에 있는 Renderer에서 사용하게 됩니다. MyPipelineAsset_Renderer2는 My Pipeline Asset의 General에 [+] 버튼을 눌러 추가해야 합니다.

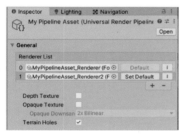

My Pipeline Asset

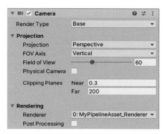

Main Camera 설정

Skybox Camera 설정

레이어 설정에 있어서 맵 오브젝트 중앙에 위치한 박스는 Map이 아닌 Default에 위치하고 있습니다. 같은 카메라에 렌더링되고 있어야 Override시킨 매터리얼이 작동되는 것을 확인할 수 있습니다. Terrain이 있는 Skybox 레이어는 FOV가 다르기 때문에 카메라를 회전시켜 보면 주변과 다르게 움직이는 Skybox 레이어의 공간감을 느낄 수 있습니다.

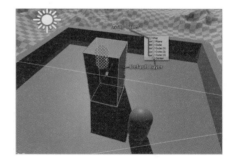

최종 화면

S p e c i a l

Custom Render Pass Feature 알아보기

커스텀 렌더 피처와 사용 방법에 대해 알아보겠습니다. Add Renderer Feature에서 추가하여 사용할 수 있습니다.

렌더 패스 추가와 편집

만들고자 하는 Assets 폴더에서 마우스 오른쪽 버튼을 누른 후 Create 〉 Rendering 〉 Universal Render Pipeline 〉 Renderer Feature에서 만들 수 있습니다. 커스텀 렌더 패스는 C# 형태의 스크립트 파일입니다.

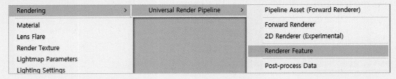

CustomRenderPassFeature.cs

```csharp
using UnityEngine;
using UnityEngine.Rendering;
using UnityEngine.Rendering.Universal;

public class CustomRenderPassFeature : ScriptableRendererFeature
{
    class CustomRenderPass : ScriptableRenderPass
    {
        // 렌더 패스를 실행하기 전에 호출되는 메소드입니다.
        public override void Configure(CommandBuffer cmd, RenderTextureDescriptor cameraTextureDescriptor)
        {
        }
        // 이곳에서 렌더링 로직을 구현할 수 있습니다.
        public override void Execute(ScriptableRenderContext context, ref RenderingData renderingData)
        {
        }
        // 이 렌더 패스를 실행하는 동안 생성된 할당된 리소스를 정리할 수 있습니다.
        public override void FrameCleanup(CommandBuffer cmd)
        {
        }
    }

    CustomRenderPass m_ScriptablePass;

    public override void Create()
    {
        m_ScriptablePass = new CustomRenderPass();

        // 렌더 패스를 추가할 위치를 구성합니다.
        m_ScriptablePass.renderPassEvent = RenderPassEvent.AfterRenderingOpaques;
    }

    // 렌더러에 하나 이상의 렌더 패스를 추가할 수 있습니다. 카메라당 한번 렌더러를 설정할 때 호출됩니다.
    public override void AddRenderPasses(ScriptableRenderer renderer, ref RenderingData renderingData)
    {
        renderer.EnqueuePass(m_ScriptablePass);
    }
}
```

- public override void Configure(CommandBuffer cmd, RenderTextureDescriptor cameraTextureDescriptor) { }

  렌더 패스를 실행하기 전에 호출되는 메소드입니다. 명확한 상태의 렌더 타깃을 구성하거나 임시 렌더 타깃 텍스처를 생성할 수 있습니다. 비어 있을 경우 렌더 패스는 활성된 카메라의 렌더 타깃으로 렌더링됩니다. CommandBuffer.SetRenderTarget을 호출하면 안 됩니다. ConfigureTarget 그리고 ConfigureClear을 사용합니다. 렌더 파이프라인은 대상 설정 및 지우기가 퍼포먼스 매니저에서 이루어지도록 합니다.

- public override void Configure(CommandBuffer cmd, RenderTextureDescriptor cameraTextureDescriptor) { }

  이곳에서 렌더링 로직을 구현할 수 있습니다. ScriptableRenderContext를 사용하여 그리기 명령을 실행 또는 명령 버퍼를 실행합니다. 렌더링 파이프라인의 특정 지점에서 ScriptableRenderContext.submit를 호출하므로 따로 호출할 필요는 없습니다.

- public override void FrameCleanup(CommandBuffer cmd) { }

  이 렌더 패스를 실행하는 동안 생성된 할당된 리소스를 정리할 수 있습니다.

- **Scriptable Render Context**

  https://docs.unity3d.com/ScriptReference/Rendering.ScriptableRenderContext.html 페이지에서 렌더 로직에 사용 가능한 메소드를 확인할 수 있습니다.

다음은 포스트 프로세싱을 사용한 Outline을 렌더링하는 커스텀 렌더 패스 예제입니다. 코드를 따로 책에 수록하지는 않았습니다. 예제 데이터는 UniversalRenderingExamples-master 프로젝트에서 Assets 〉 Scripts 〉 Runtime 〉 RenderPasses 폴더 내부에 있는 Blit.cs와 BlitPass.cs입니다. Depth Texture를 사용하고 있으며, 아웃라인을 출력하기 위한 전용 셰이더를 사용하고 있습니다. 셰이더의 위치는 Assets 〉 _CompletedDemos 〉 ToonOutlinePostprocessCompleted 〉 Shaders 폴더에 있는 SobelFilter.shader입니다. 세 개의 파일(**Blit.cs, BlitPass.cs, SobelFilter.**shader)을 내가 사용할 프로젝트로 가져옵니다. 복사하는 위치는 어디든 상관 없지만 예제에서는 OtherData에 넣어두었습니다. 비어 있는 씬에서 Plane과 Box를 생성해 배치한 후 복사한 커스텀 패스를 적용합니다. Project Settings에 있는 Graphics와 Quality 부분에 있는 렌더 파이프라인도 변경해 주어야 합니다.

파이프라인 에셋은 Outline으로 지정하였습니다. 함께 생성된 렌더러는 Outline_Renderer입니다. 주의할 점은 뎁스 텍스처가 있어야 작동되는 셰이더를 사용할 예정이므로 Depth Texture를 체크해 주어야 합니다.

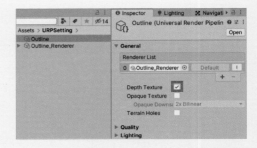

Outline_Renderer에서 Add Render Feature를 선택하면 Render Objects(Experimental) 이외에 Blit이 추가되어 있습니다.

Render Objects (Experimental)
Blit

Blit을 선택하면 나오는 메뉴에서 Event를 After Rendering Transparents로 변경하고, Blit Material 부분에 SobelFilter.shader를 사용하는 Material을 연결하여 줍니다. Destination은 Color로 설정되어 있습니다.

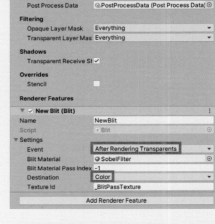

Main Camera의 Rendering 부분에 있는 Renderer를 Outline_Renderer로 설정하여 줍니다. 포스트 프로세싱을 사용하기 때문에 Post Processing을 활성화시켜 줍니다. 다음의 그림처럼 포스트 프로세스를 사용한 아웃라인이 나오게 됩니다.

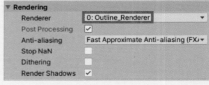

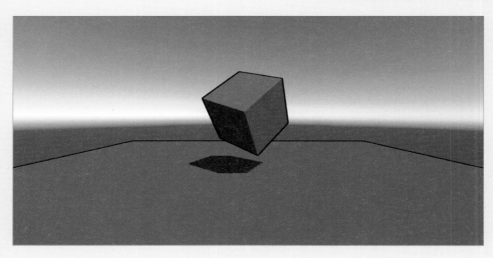

03 HDRP(High Definition Render Pipeline) 사용하기

HDRP는 최고의 그래픽을 표현하기 위한 모든 기능을 기본 제공하는 렌더 파이프라인 템플릿입니다. URP는 정식 지원하고 있지만 HDRP는 지속적으로 개선/발전 중입니다. HDRP에서 환경과 라이팅을 설정하는 방법에 대해 알아보겠습니다.

01 HDRP 프로젝트 생성

새로운 템플릿으로 HDRP 선택 후 프로젝트를 만들어 줍니다. 제작 방법은 앞서 나온 다른 프로젝트들처럼 Unity Hub를 실행한 후 HDRP 템플릿을 선택해서 생성합니다. 사용하는 HDRP 버전에 따라 Render Pipeline Wizard에서 업데이트를 요구하기도 합니다. 상위 버전일수록 버그와 기능이 개선되기 때문에 [Install Configuration Editable Package] 버튼을 눌러 업그레이드된 패키지를 설치합니다.

제일 먼저 열리는 Sample Scene을 참고하면 어떠한 요소들로 씬을 구성해야 하는지 알 수 있습니다. Sky and Fog Volum, Post Process Volum, Light Probe Group 그리고 Reflection Probe 등 환경을 위한 추가 요소들이 다양하게 배치되어 있습니다.

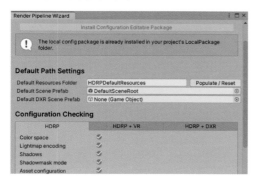
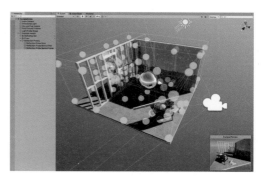

HDRP는 URP처럼 렌더 파이프라인을 사용자 마음대로 편집할 수 없습니다. 오히려 레거시 3D 프로젝트처럼 주어진 렌더파이프 내에서 작성해야 합니다. URP의 카메라에는 렌더러를 설정하거나 렌더패스를 사용할 수 있지만 HDRP에서는 레거시 카메라와 비슷한 구조를 보여줍니다.

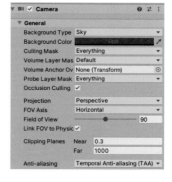

02 HDRP 라이팅

새로운 씬을 만든 후 Direction Light를 살펴보면 기존의 라이트와 다른 점이 있습니다. 라이트의 강한 정도를 Lux로 사용하고 있다는 점입니다. 라이트 설치 후 다른 Type의 라이트로 변경 가능하며 Spot, Direction, Point, Area 라이트를 선택할 수 있습니다. 광원의 형태에 따라 약간의 프로퍼티가 다를 수 있지만 기본 기능은 비슷합니다. Direction Light의 경우 빛의 감쇠가 없는 것이 특징입니다.

Affect Physically Based Sky	물리 기반의 하늘을 사용할 때 빛의 방향으로 태양을 표시합니다.
Flare Size	플레어의 크기를 제어합니다.
Flare Falloff	조명 각도에 따라 플레어 강도를 제어합니다.
Flare Tint	전체 플레어의 색조를 제어합니다.
Surface Texture	천체의 표면에 2D 텍스처를 설정합니다.
Surface Tint	천체의 표면 색상을 변경합니다.
Distance	태양 디스크로부터의 거리를 제어합니다. 여러 개의 태양이 있는 경우 유용합니다.
Color Temperature	조명에 대한 색 온도를 설정합니다. 켈빈 온도 컬러 눈금을 기준으로 색을 조정합니다.
Filter	조명 필터의 색상을 선택할 수 있습니다.
Temperature	눈금을 움직이거나 슬라이더 필드 값을 변경해서 온도 값을 지정할 수 있습니다.
Intensity	라이트 Type에 따라 사용하는 빛의 강도 종류가 변합니다. Direction을 제외한 광원은 거리가 멀어질수록 조명이 감소합니다.
Range	이 광원에 대한 영향의 범위를 정합니다.
Indirect Multiplier	간접 조명의 강도를 정합니다. 0이 되면 간접 조명을 비활성화합니다.
Cookie	라이트가 투사하는 RGB 텍스처입니다.
Enable	안개를 통한 빛의 산란을 시뮬레이션합니다.
Multiplier	체적 조명 효과를 어둡게 합니다.
Shadow Dimmer	라이트의 볼륨 안개 효과를 어둡게 합니다.
Shadow Map	라이트가 그림자를 드리우도록 합니다.
Update Mode	그림자 맵을 업데이트할 시기를 결정하는데 사용하는 모드를 선택합니다.
Resolution	그림자 맵의 해상도를 설정합니다.
Contact Shadows	컨텍트 섀도를 추가합니다. 그림자 추정을 보다 정확히 해 주어 그림자 디테일이 추가됩니다.

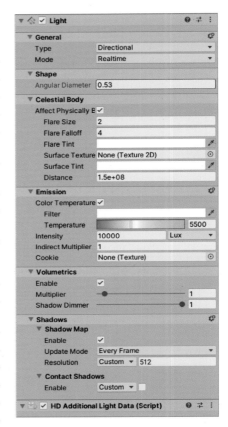

03 HD 렌더 파이프라인 에셋과 설정하기

Project Settings에서 Graphics 탭의 Scriptable Render Pipeline Settings에서 HDRender Pipeline Asset을 설정할 수 있습니다. HDRP 템플릿으로 생성할 경우 자동으로 연결되지만 다른 템플릿으로 생성했다가 HDRP를 패키지 매니저에서 설치할 경우에는 HDRP 에셋을 따로 제작해서 연결시켜야 합니다.

Assets 폴더 내에서 마우스 오른쪽 버튼을 누른 후 Create 〉 Rendering 〉 High Definition Render Pipeline Asset 을 선택해서 만들어 줍니다. 기본 이름은 New HDRenderPipelineAsset입니다.

Project Settings에서 HDRenderPipelineAsset을 연결시켜줄 곳은 두곳입니다. 하나는 Graphics이고 다른 하나는 Quality입니다.

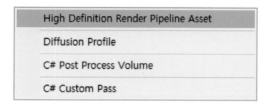

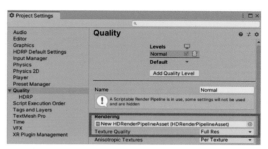

Project Settings에는 HDRP Default Settings 부분이 있으며, 이곳에 HDRP에 대한 여러가지 설정 값들이 지정되어 있습니다. 매우 여러 개의 값들이 있으며, 기본 기능으로 설정되어 있는 Default Settings들이 있습니다. 이들 중 Volum Components의 Default Volum Profile Asset 옆에 연결되어 있는 HDRPDefault Settings는 [New] 버튼을 누를 경우 새로운 볼륨 프로파일 에셋이 선택된 Assets 폴더에 생성됩니다. 아래쪽에 있는 LookDev Volum Profile Asset에도 [New] 버튼이 있으며, 여기서 제작되는 에셋은 볼륨 프로파일입니다. 둘다 [New] 버튼을 눌러 새로운 프로파일 에셋을 제작할 경우 모두 비어있는 에셋이 제작됩니다.

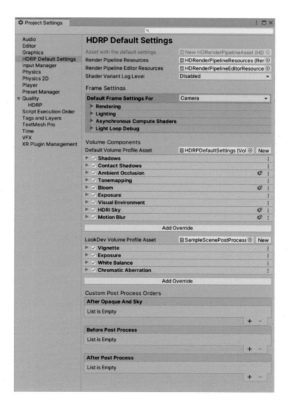

새로운 씬에 생성되었던 Default Settings의 연결은 모두 해제하고, 새롭게 제작된 Settings들을 연결시켜 줍니다.

새로 제작된 New HDRenderPipelineAsset에서 HDRP Default Settings의 Default Volum Profile Asset과 LookDev Volum Profile Asset에 각각 제작된 볼륨 셋팅 프로파일을 연결합니다.

Project Settings의 Volum Profile Asset에서 Add Override를 누르거나 인스펙터 뷰에서 Volum Profile Asset을 선택한 후 Add Override을 누르면 변경할 기능에 대해 설정할 수 있습니다. Override 가능한 목록들은 다음과 같습니다. 각각의 항목 별로 추가적인 컴포넌트가 하위 카테고리에 있습니다

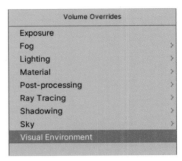

04 HDRP의 Volum 설정하기

카메라와 라이트를 제외한 모든 오브젝트를 삭제한 후 새롭게 Plane과 Cube, Sphere를 배치하였습니다. New Scene을 할 때 나오는 Sky and Fog Volum 오브젝트도 모두 삭제한 후 제작되었습니다.

Direction Light의 경우 Exposer가 없으면 라이트가 밝게 나옵니다. 이럴 때 Intensity 값을 1로 두면 일반적인 3D 프로젝트처럼 작동됩니다. 새롭게 Volum을 추가하려면 Hierarchy 창에서 마우스 오른쪽 버튼을 누른 후 나오는 팝업 창의 Volum 탭에서 사용하고자 하는 Volum을 선택하면 됩니다. 예제에서는 Global Volum을 선택해서 설치하였습니다.

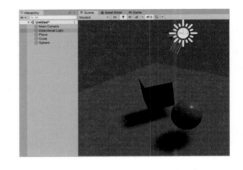

Gloaval Volum을 선택한 후 Add Override 버튼을 눌러 Visual Environment와 Sky > HDRI Sky를 추가시켜 줍니다. Type은 HDRI Sky를 사용합니다. Hdri Sky를 체크한 후 Default HDRI Sky를 연결시켜 주었습니다. Default HDRI Sky는 최초 HDRI 템플릿을 생성할 때 포함되어 있는 Sky 큐브맵입니다. Lighting 탭의 Environment에서도 Profile을 MyDefaultVolumeSettingsProfile로 선택하고 Static Lighting Sky를 HDRISky로 설정합니다.

HDRI Sky 소스가 없을 경우 Asset Store에서 검색하여 무료로 제공하는 소스들을 쉽게 구할 수 있습니다. 예제에서는 Free HDR Sky의 Daytime을 사용하고 있습니다.

웹 페이지에 있는 AssetStore에서 다운로드할 경우 유니티에서 Unity 엔진 내부의 Package Manager에서 Download와 Import를 할 수 있습니다. 내려받은 데이터는 Import 버튼을 눌러 엔진의 Assets 폴더에 넣어줍니다.

HDRI Sky를 다운받은 데이터로 변경하였습니다.

Direction Light의 Intensity 값은 1로 설정되어 있습니다.

Global Volum 내에 있는 Visual Environment와 HDRI Sky 컴포넌트에 있는 모든 프로퍼티를 체크해서 활성화시켰습니다.

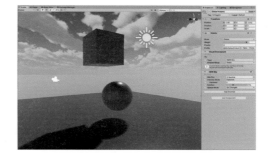

Volume에서 사용하는 기본적인 효과로 Fog가 있습니다. Fog는 대기의 깊이를 표현하기 좋은 효과로, 거리나 높이에 따라 존재하는 안개를 표현할 수 있으며, 거리가 멀어짐에 따라 밀도가 강하게 표시됩니다.

Global Volum에서 Add Override를 누른 뒤 나오는 메뉴에서 Fog를 선택하면 안개 컴포넌트가 추가됩니다. 내부 프로퍼티를 Enable시키기 전에는 안개가 작동하지 않습니다. 최대 안개 거리나 높이를 다음의 이미지를 참고하여 설정해 줍니다.

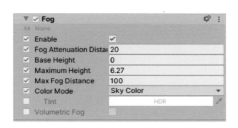

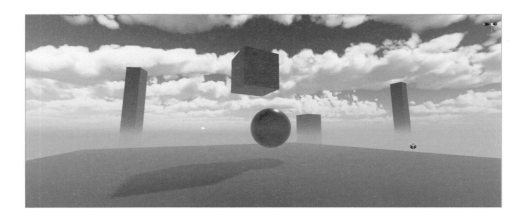

05 Post processing Volum 설정하기

Global Volum을 추가한 것과 동일하게 하이라키
(Hierarchy) 창에서 마우스 오른쪽 버튼을 눌러 Volum 〉
Gloval Volum을 추가하고 이름은 Post Volum으로 변경하
였습니다.

Post Volum에 있는 Volum 컴포넌트의 Profile에 앞서 만들
어 놓은 MyLookDevVolumSettingsProfile을 연결시켜 줍
니다. 하단 부분의 [Add Override] 버튼을 눌러 Exposure와
White Balance, Bloom을 추가시켰습니다.

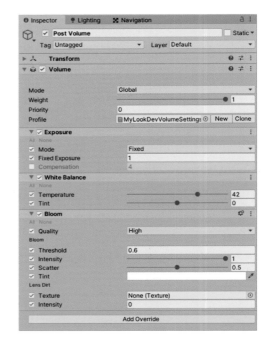

- **Exposure** : 노출(Exposure) 기능은 카메라에 들어오는
  빛의 양을 제한할 수 있습니다.
- **White Balance** : 색 온도와 Tint 값을 사용해서 화면의
  색감을 변경합니다.
- **Bloom** : 물체에 반사되는 빛이 뿌옇게 흐려지며 퍼지는
  효과를 만들어 줍니다. 몽환적인 효과를 줄 수 있습니다.

볼륨에 사용되는 Profile에 적용되기 때문에 Assets 폴더
내 MyLookDevVolumSettingsProfile을 선택하면 편집한
Volum 값이 그대로 설정되어 있습니다.

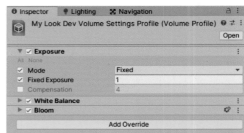

06 LUX(조도) 사용하기

Direction Light에서 Intensity를 Lux로 사용하고 있습니다. 실제 사용되는 Lux의 Intensity 경우 수만 이상의 값 범위를 가질 정도로 넓은 범위의 값을 사용하게 됩니다.

Direction Light의 Emission에 있는 Intensity를 10000 Lux로 입력할 경우 광원 노출이 너무 높아서 렌더링되는 화면이 밝게 타들어 갑니다. Lux 값은 범용적으로 상황별 값이 있으므로 해당 값을 참고하여 라이트를 설정하기 바랍니다.

Global Volum과 Post Volum에 있는 Exposure 값을 변경합니다. 각각 10씩 입력하였습니다. Post Volume에 있는 Exposure의 Mode를 Fixed가 아닌 Automatic으로 설정할 경우 주변 환경의 밝기에 따라 노출 값이 변하도록 만들 수 있습니다. White Balance 값을 변경하면 전체적인 화면의 컬러 값을 바꿀 수 있습니다.

Exposure의 값을 다음의 이미지를 참고하여 작성합니다.

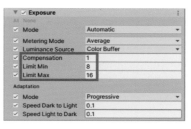

어두운 부분을 명확하게 하기 위해 Box를 배치한 실내 공간을 만들어준 화면에서 실험을 하면, 주변 빛의 밝기에 따라 변하는 노출 값을 볼 수 있습니다.

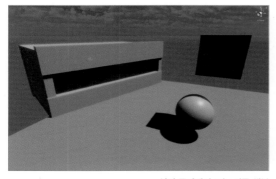

실외 공간에서 보는 건물 내부

건물 내부에서 보는 실외 공간

Lux(조도)와 빛의 관계

럭스(Lux)는 빛의 조명도를 나타내는 국제 단위이며 기호는 lx로 표기하고 있습니다. 럭스는 루멘에서 유도되었고, 루멘은 칸델라에서 유도된 단위로 1 럭스(lx)는 1 루멘(lm)의 광선속이 1미터 제곱의 면에 균일하게 비추고 있을 때의 조명도입니다.

밝기차(Lux)	예시
0.002	달이 없는 맑은 밤하늘
0.01	초승달
0.27	보름달이 떠 있는 맑은 밤
1	열대 위도를 덮은 보름달
3.4	맑은 하늘 아래의 어두운 황혼
50	거실
80	복도/화장실
100	매우 어두운 낮
320	사무실 조명
400	맑은 날의 해돋이
1,000	인공 조명, TV 스튜디오 조명
10,000~25,000	반사광이 비추는 낮
32,000~130,000	직사광선이 비추는 햇빛

빛은 발생하는 위치의 광원으로부터 나오는 빛의 총량(루멘, lm)이 있으며 어떠한 방향으로 통과하는 빛의 양이 존재(칸델라, cd)합니다. 이렇게 특정 방향으로 나아가던 빛이 대상의 면에 도달하게 되는 빛의 양이 조도(럭스, Lux)입니다. 대상에 닿은 빛이 반사되어 특정 방향으로 표면의 단위 면적당 방출되는 광도를 휘도(니트, nt)라고 합니다.

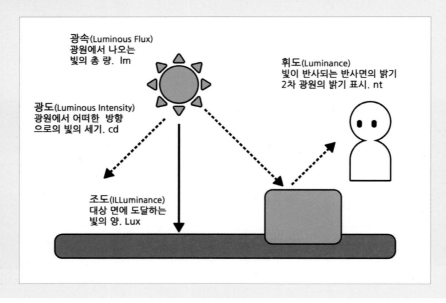

04 Shader Graph 사용하기

셰이더 그래프(Shader Graph)는 Unity에 내장된 노드(Node) 방식의 셰이더 제작 도구입니다. URP, HDRP에서 작동하는 셰이더를 기능이 정해져 있는 노드들을 연결해 제작할 수 있으며 지속적으로 기능이 향상 중인 툴입니다.

01 Shader Graph 설치와 실행하기

Unity의 버전과 최초 템플릿 생성 시 환경에 따라 Shader Graph를 따로 설치해야 할 필요가 있습니다.

상단 메뉴 Windows 〉 Package Manager를 실행시킨 후 찾을 패키지 타입을 Packages: All로 선택하면 Shader Graph를 설치할 수 있습니다. Package Manager 윈도우에서 [Install] 버튼을 눌러 설치하거나 [Up to Date] 버튼을 눌러 최신 버전으로 설치할 수 있습니다.

Assets 폴더에서 마우스 오른쪽 버튼을 누르면 나오는 팝업 창의 Create 〉 Shader 카테고리 내 Graph로 끝나는 셰이더들이 모두 Shader Graph로 제작되는 셰이더입니다. 종류에 따라 미리 값들이 설정되어 있습니다. HDRP 탭에서는 HDRP 지원 셰이더 그래프가 있습니다.

예제에서는 Unlit Graph를 선택해서 만들었습니다. 만들어진 Unlit Graph를 마우스로 더블클릭하면 Shader Graph의 에디터 윈도우가 나타납니다. 이곳에서 매터리얼에서 편집 가능한 Properties를 설정하거나 재질을 표현하기 위한 연산을 제작할 수 있습니다. 약간의 수학적 지식만 있다면 아티스트도 쉽게 셰이더를 제작할 수 있습니다.

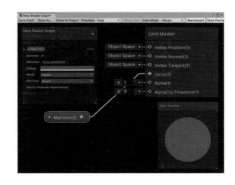

02 Properties 등록과 노드(Node) 사용하기

Assets 폴더 내에 새로운 Unlit Graph를 만든 후 MyUnlitGraph로 이름을 변경하여 더블클릭 또는 Inspector 창의 [Open Shader Editor] 버튼을 눌러 셰이더 노드 편집 창을 열어줍니다.

만들어진 Shader를 선택하면 인스펙터(Inspector) 창에서 셰이더에 대한 정보를 확인할 수 있습니다. 셰이더 그래프로 편집 가능한 셰이더일 경우 [Open Shader Editor] 버튼이 등장합니다.

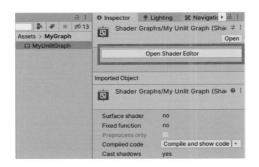

제작된 셰이더와 같은 이름이 있는 곳에 [+] 버튼을 누르면 추가 가능한 Properties 목록이 나옵니다. Vector 형식 혹은 컬러, 텍스처 입력, 큐브맵, Bool 값, Matrix 구조, 컬러 그라디언트 등 입력 가능한 다양한 종류의 특성을 선택할 수 있습니다. 여기에서 Color를 선택한 후 프로퍼티의 이름을 TintColor로 정합니다.

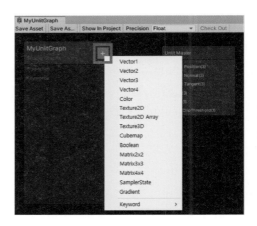

바탕화면에서 마우스 오른쪽 버튼을 누르면 나오는 팝업 메뉴 중 Create Node를 누르면 새로운 노드를 만들 수 있습니다. Sticky Note는 포스트잇처럼 제작자가 알아보기 쉽도록 셰이더 그래프상 참고하기 위해 메모를 적을 수 있는 기능입니다.

Create Node 메뉴에서 Properties 목록 내부를 보면 내가 만들어 놓은 Properties 이름과 종류가 표시됩니다. Property: TintColor를 선택하면 Color 노드가 생성됩니다.

TintColor 노드의 우측에 있는 둥근 구멍 부분을 마우스 왼쪽 버튼으로 클릭한 후 드래그하면 연결하기 위한 선이 나옵니다. 그대로 드래그하여 Unlit Master에 있는 Color(3)의 둥근 구멍 부분 근처로 가서 마우스 왼쪽 버튼을 떼면 선이 연결됩니다.

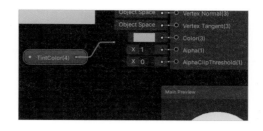

Properties에 있는 TintColor의 Default 색상을 변경하면 Main Preview 창에 있는 둥근 매터리얼 미리보기 창의 색상이 변하는 것을 볼 수 있습니다. 정상적으로 셰이더 노드가 연결되고 작동될 경우 프리뷰에서 확인할 수 있습니다.

제작된 셰이더를 저장해야 한다면 상단 Save Asset을 눌러 제작된 셰이더를 저장할 수 있습니다. 셰이더를 저장할 때 이름 옆에 별표(*)가 나타납니다.

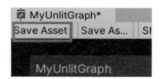

Assets 폴더에서 Material을 생성한 후 제작한 셰이더 MyUnlitGraph를 선택하여 사용합니다. 씬에 배치한 오브젝트에 적용하면 TineColor를 변경할 경우 씬의 오브젝트 컬러가 함께 변하는 것을 볼 수 있습니다.

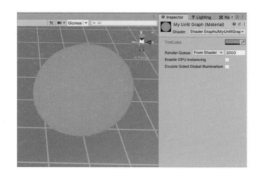

03 노드(Node) 종류와 특징

마우스 오른쪽 버튼을 누르면 나오는 Create Node에서 대부분의 셰이더 노드를 만들 수 있습니다. Properties의 경우 설정 값으로 등록해야 목록에서 선택할 수 있습니다.

Artistic	입력된 컬러 값을 변경하거나 제어하는 기능이 있습니다.
Channel	입력된 개별 값을 RGBA 값으로 합치거나, 컬러 값을 개별의 값으로 나눌 수 있습니다.
Input	단순 Data 입력부터 시간, 색상, 벡터, Geometry 정보, matrix, Scene 정보 등을 입력받을 수 있습니다.
Master	마스터 노드를 선택할 수 있습니다. PBR Master 또는 Unlit Master를 선택할 수 있습니다.
Math	노드들의 값을 계산할 수학 연산 노드를 선택할 수 있습니다. 다양한 연산자가 존재하며 어느 정도의 수학 지식이 필요합니다.
Procedural	바둑판 텍스처부터 Noise, Shape 형태 등 Unity에서 제공하는 노드입니다.
Properties	매터리얼 외부에서 사용자가 변경 가능하도록 등록한 값이 있다면 이곳에서 선택한 후 사용할 수 있습니다.
Utility	프리뷰 또는 논리 연산과 관련된 노드들을 제공합니다.
UV	UV 제어에 사용하기 위한 데이터입니다. UV제어를 통해 텍스처의 변형 효과를 줄 수 있습니다.
Vertex Skinning	Linear Blend Skinning 노드를 지원하고 있으며, 입력받은 오브젝트 기반의 Position, Normal, Tangent, Skin Matrix Index Offset을 제어할 수 있습니다.

Properties에 등록된 설정 값의 이름 부분을 마우스로 클릭해서 드래그&드롭하면 메뉴 선택 창을 열지 않아도 즉시 선택한 Properties 노드를 바탕화면에 배치할 수 있습니다. 배치된 노드의 비어 있는 구멍을 클릭한 후 드래그하다가 바탕화면에서 마우스 버튼을 뗄 경우 현재 선택된 노드에 연결 가능한 노드에 대한 팝업 메뉴가 뜹니다. Properties에 설정된 Texture2D의 경우 연결될 수 있는 노드는 Artistic 일부와 UV, Input에서 Texture 관련 노드들뿐입니다.

04 Artistic 노드

Adjustment

Channel Mixer : In으로 입력된 값이 각각의 R, G, B 채널마다 출력 채널에 기여하는 양을 제어합니다. R, G, B 채널 값에 따라 −2~2 사이의 값을 제어할 수 있습니다.

Contrast : 입력된 값을 Contrast 값의 크기에 따라 대비를 조정합니다.

Hue : 입력된 값을 Offset 값의 양만큼 색조를 변경합니다.

Invert Colors : 선택된 각 채널당 In으로 입력된 색상을 반전시킵니다. In으로 입력되는 값은 단일 Vector부터 R, G, B, A의 Vector4까지 연결해서 사용할 수 있습니다.

Replace Color : 입력된 From 값으로부터 To 값으로 변경시킵니다. Range의 범위에 따라 넓어지거나 좁아질 수 있으며 Fuzziness 값에 따라 변화하는 정도의 규모에 차이가 발생합니다.

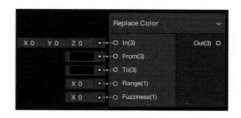

Saturation : 입력된 Saturation 값에 따라 채도를 조정합니다.

White Balance : 입력된 값을 온도(Temperature)와 색조(Tint)에 따라 조정합니다.

Blend

Blend : Base와 Blend에 입력된 값들을 Opacity에 입력된 값을 참조하여 블렌딩합니다. Mode에 설정된 방법에 따라 두 값(이미지)을 섞는 방법이 결정됩니다. Photoshop에서 지원하는 대부분의 레이어 합성 스타일을 제공합니다.

Filter

Dither : 의도적인 형태의 노이즈를 추가합니다. 이미지의 컬러 밴딩과 같은 대규모 패턴을 방지하는 데 사용됩니다.

Mask

Channel Mask : 입력된 Channels에서 체크된 값을 마스크합니다. 특정 채널의 값을 제외할 수 있습니다.

Color Mask : 입력된 값을 Mask Color와 같은 값으로 마스크를 만듭니다. Range를 사용하여 마스크 컬러의 범위를 변경할 수 있으며 변하는 정도의 규모는 Fuzziness 값의 크기에 따라 변합니다.

Normal

Normal Blend : 입력된 두 개의 노멀맵을 혼합합니다.

Normal From Height : 입력된 텍스처를 Output Space에서 정의된 Hight Map에서 노멀맵을 만듭니다. Tangent와 World가 있습니다.

Normal Strength : 입력된 노멀맵의 강도를 Strength 값에 따라 조정합니다.

Normal Unpack : 입력된 노멀맵의 압축을 해제(Unpack)합니다.

Utility

Colorspace Conversion : 입력된 색상 값의 색상 공간을 다른 색상 공간으로 변환합니다. RGB, HSV, Linear가 있습니다.

> **POINT**
>
> ### 탄젠트(Tangent) 노멀맵
>
> Normal은 폴리곤의 Triangle들이 향하고 있는 방향입니다. 여기에서 탄젠트 벡터는 노멀 벡터(Normal Vector)와 수직인 벡터입니다. 탄젠트 벡터는 노멀 벡터가 만들어내는 평면 위의 모든 벡터들이 해당되기 때문에 통상적으로 UV 좌표와 비교하여 U 좌표와 일치하는 벡터를 탄젠트(Tangent), V 좌표와 일치하는 벡터를 바이 탄젠트(BiTangent)라고 일컫고 있습니다. 대부분은 오브젝트의 회전 연산에 따라 노멀 값을 계산하는 연산의 오버헤드 문제로 인해 탄젠트 기반의 노멀맵을 사용합니다.

05 Channel 노드

Channel

Combine : 입력을 받는 값은 개별의 Vector 값입니다. 이들을 합쳐서 R, G, B, A의 Vector4 값으로 출력할 수 있습니다. 출력 시 선택에 따라 R, G, B 또는 R, G 값으로 출력할 수 있습니다.

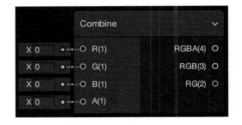

Flip : 입력된 값(Vector 혹은 Vector4 등)의 특정 채널을 반전시켜 출력할 수 있습니다. 선택된 채널만 반전시키기 때문에 여러 개의 채널을 반전시키고자 하는 모든 채널을 체크해야 합니다.

Split : 입력받은 값을 R, G, B, A 개별 값으로 분리해 출력할 수 있습니다. Split을 통해 분리된 색상 값을 Combine을 통해 다시 합칠 수 있습니다.

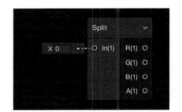

Swizzle : 입력받은 값의 채널 위치를 다른 채널로 출력할 수 있습니다. 앞서 설명한 Split을 사용한 색상을 Combine을 통해 재배치하는 것과 같은 효과를 볼 수 있습니다. 차이점이라면 Combine의 경우 입력 값이 Vector4 형식이어도 Vector2 출력이 가능하다는 점입니다.

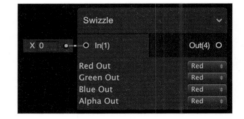

POINT

Vector 형식과 R, G, B, A 채널

색상(Color)은 R, G, B, A 4개의 값이 하나로 묶여 있는 4개의 값으로 이루어져 있습니다. 이는 Vector 값이 4개가 배열되어 있다고 볼 수 있습니다. R, G 두 개의 채널 값이 존재할 경우 Vector2로 표현할 수 있으며, 이는 이미지의 매핑 좌표를 나타내는 U, V 좌표값 역시 Vector2 형식입니다.

Basic

Boolean : 셰이더에서 Bool 값을 정의해서 사용합니다. 0 또는 1 값을 입력합니다.

Color : 색상 필드를 사용하여 Vector4 값을 입력 합니다. 모드는 기본/ HDR 중 선택할 수 있습니다.

Constant : 상수 값 Vector1 을 입력합니다. 5가지 종류의 상수 값을 선택해서 사용할 수 있습니다.

Slider : 슬라이더를 사용하여 Min, Max 사이의 상수 값을 입력할 수 있습니다.

Integer : Vector1 값을 직접 입력해서 사용하는 정수 필드가 제공되는 노드입니다.

Time : 셰이더에 다양한 시간 매개 변수에 액세스할 수 있는 노드입니다.

Vector1 : 벡터 1 값을 정의하는 노드입니다.

Vector2 : 벡터 2 값을 정의하는 노드입니다.

Vector3 : 벡터 3 값을 정의하는 노드입니다.

Vector4 : 벡터 4 값을 정의하는 노드입니다.

Geometry

Bitangent Vector : Mesh의 정점(Vertex) 또는 프래그먼트의 Bitangent Vector에 액세스할 수 있습니다.

Normal Vector : Mesh의 정점(Vertex) 또는 프래그먼트의 노멀 벡터(Normal Vector)에 액세스할 수 있습니다.

Position : Mesh의 정점(Vertex) 또는 프래그먼트의 위치(Position)에 액세스할 수 있습니다.

Screen Position : Mesh의 정점(Vertex) 또는 프래그먼트의 화면 위치(Screen Position)에 액세스할 수 있습니다.

Tangent Vector : Mesh의 정점(Vertex) 또는 프래그먼트의 탄젠트 벡터(Tangent Vector)에 액세스할 수 있습니다.

UV : Mesh의 정점(Vertex) 또는 프래그먼트의 UV 좌표에 액세스할 수 있습니다.

Vertex Color : Mesh의 정점(Vertex) 또는 프래그먼트의 정점(Vertex) 색상 값에 액세스할 수 있습니다.

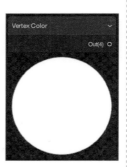

View Direction : Mesh의 정점(Vertex) 또는 프래그먼트의 뷰 방향 벡터(View Direction)에 액세스할 수 있습니다.

Gradient

Blackbody : 온도(Kelvin)
를 입력하여 그라디언트
샘플을 구합니다.

Gradient : 그라디언트 값
을 정의하여 사용합니다.

Sample Gradient : 입력된
시간에 따라 그라디언트를
샘플링합니다.

Matrix

Matrix 2×2 : 셰이더에서 상
수 매트릭스 2×2 값을 정의
합니다.

Matrix 3×3 : 셰이더에서
상수 매트릭스 3×3 값을
정의합니다.

Matrix 4×4 : 셰이더에서 상
수 매트릭스 4×4 값을 정의
합니다.

Transformation Matrix
: 셰이더에서 기본 Unity
Transformation Matrix에
대한 상수 매트릭스 4×4
값을 정의합니다.

PBR

Dielectric Specular : 물리
기반 매터리얼에 대한 비
금속(Dielectric) 스페큘러
F0 값을 반환합니다.

Metal Reflectance : 물리
기반 매터리얼에 대한 금
속(Metal) 반사율 값을 반
환합니다.

Lighting

Ambient : Scene의 Ambient
색상 값에 액세스할 수 있습
니다.

Baked GI : 정점(Vertex)
또는 프래그먼트의 위치에
서 Baked GI 값에 액세스
할 수 있습니다.

Reflection Probe : 반사 프
로브에 대한 액세스를 할 수
있습니다.

Scene

Object : 씬의 오브젝트에
대한 위치 값과 크기를 액
세스할 수 있습니다.

Fog : 씬의 안개(Fog) 설정
에 대한 액세스를 제공합
니다.

Scene Color : 씬의 카메라
컬러 버퍼에 액세스할 수
있습니다.

Scene Depth : 씬의 카메
라 깊이 버퍼에 액세스할
수 있습니다.

Screen : 화면의 매개 변수
에 액세스할 수 있습니다.

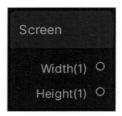

Camera : 카메라의 다양
한 매개 변수에 액세스할
수 있습니다.

Texture

Cubemap Asset : 셰이더에서 사용할 큐브맵 에셋을 설정합니다.

Sample Texture 2D : 텍스처 2D를 샘플링하고, 셰이더에서 사용할 색상 값을 반환합니다.

Sample Texture 2D LOD : 특정 LOD에서 텍스처 2D를 샘플링하고 셰이더에서 사용할 색상 값을 반환합니다.

Sampler State : 텍스처 샘플링을 위한 샘플러의 상태를 정의합니다.

Texture 2D Array Asset : 셰이더에서 사용할 상수 Texture 2D Array Asset을 정의합니다.

Texture 3D Asset : 셰이더에서 사용할 상수 Texture 3D Asset을 정의합니다.

Sample Cubemap : 큐브맵을 샘플링하고 셰이더에 사용할 Vector4 색상 값을 반환합니다.

Sample Texture 2D Array : 인덱스에서 텍스처 2D Array를 샘플링하고 셰이더에서 사용할 색상 값을 반환합니다.

Sample Texture 3D : 텍스처 3D를 샘플링하고 셰이더에서 사용할 색상 값을 반환합니다.

Texel Size : 텍스처 2D 입력의 텍셀 크기에 대한 너비와 높이를 반환합니다.

Texture 2D Asset : 셰이더에서 사용할 상수 Texture 2D Asset을 정의합니다.

07 Master와 UV노드

Master 노드

PBR Master : 물리 기반 렌더
링을 위한 마스터 노드입니다.

Unlit Master : 조명이 없는
재질의 마스터 노드입니다.

**Sprite lit Master/Sprite Unlit
Master** : 2D 스프라이트에 사
용하기 위한 마스터 노드입니
다.

Visual Effect Master : 비
주얼 이펙트에 사용하기 위
한 마스터 노드입니다.

UV 노드

Flipbook : UV의 플립북 또는
텍스처 시트 애니메이션을 만
듭니다.

Polar Coordinates : 입력
UV 값을 극좌표로 변환합니
다. Center를 중심으로 UV
를 재배치할 수 있습니다.

Radial Shear : UV 값에 웨이
브 파형과 유사한 방사성 변형
효과를 적용합니다.

Rotate : UV를 회전시킬
수 있습니다.

Spherize : 어안 렌즈와 같이
구면의 왜곡 효과를 줄 수 있
습니다.

Tiling and Offset : UV를
바둑판식으로 타일링하고
오프셋 값을 줄 수 있습니다.

Triplanar : 월드 공간에 투영
하여 UV를 생성하고 텍스처
를 샘플링합니다.

Twirl : UV 값이 소용돌이
치며 돌아가는 왜곡 효과를
적용할 수 있습니다.

08 Procedural 노드

Noise

Gradient Noise : 입력되는 UV를 기반으로 그라디언트 노이즈를 생성합니다.

Simple Noise : 입력되는 UV를 기준으로 단순한 값의 노이즈를 생성합니다.

Voronoi : 입력 UV를 기준으로 Voronoi 노이즈를 생성합니다.

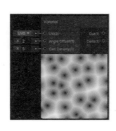

Checkerboard : 입력되는 UV를 기준으로 교차되는 색상의 바둑판을 생성합니다.

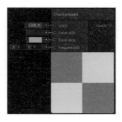

Shape

Ellipse : 입력된 UV를 바탕으로 지정된 크기의 타원 모양을 생성합니다.

Polygon : 입력되는 UV를 기반으로 지정된 크기로 규칙적인 다각형 모양을 생성합니다.

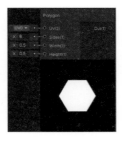

Rectangle : 입력되는 UV를 기반으로 높이와 너비에 지정된 크기로 사각형 모양을 생성합니다.

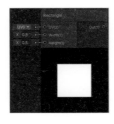

Round Polygon : 입력되는 UV를 기반으로 지정된 크기로 둥근 다각형 모양을 생성합니다. 사이드 수와 모서리의 둥근 정도를 정의할 수 있습니다.

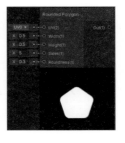

Rounded Rectangle : 입력되는 UV를 기반으로 입력된 너비와 높이의 둥근 사각형 모양을 생성합니다. 사각형 귀퉁이의 둥근 정도를 제어할 수 있습니다.

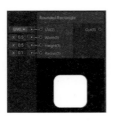

<u>09</u> Utility 노드

Utility Node

Custom Function : 커스텀 함수를 사용해서 자신만의 HLSL 코드를 사용할 수 있습니다. 톱니바퀴 아이콘을 클릭해서 편집할 수 있습니다.

Preview : 미리보기 창을 제공하고, 특별한 편집 없이 입력된 값을 전달합니다.

Logic

All : 수정 없이 입력 값을 전달하며, 미리보기 창을 제공합니다.

And : Sub-graph 에셋에 대한 참조를 제공합니다.

Any : 입력된 값 중 하나라도 0이 아닌 경우 True 값을 반환합니다.

Branch : 셰이더에서 동적으로 분기를 사용할 수 있습니다. True/fale 값에 따라 Out 값이 정해집니다.

Comparison : 하단에 있는 드롭다운의 조건을 기준으로 입력된 두 개의 값을 비교합니다.

Is Front Face : 현재 렌더링 중인 경우 True 값을 리턴합니다.

Is Infinite : 입력된 구성 요소들 중 하나라도 무한의 값이면 True를 반환합니다.

Is NaN : 입력된 구성 요소가 숫자가 아닌 경우 True 값을 반환합니다.

Nand : 입력된 값 모두 false인 경우 True 값을 반환합니다.

Not : 입력 값의 반대 값을 반환합니다.

Or : 입력된 값 중 하나라도 True이면 True 값을 반환합니다.

10 Math 노드

Advanced

Absolute : 입력된 값의 절
대 값을 반환합니다.

Length : 입력된 값의 길이
를 반환합니다.

Modulo : 입력 A를 B로
나눈 값을 반환합니다.

Normalize : 입력 값의 정
규화된 벡터를 반환합니다.

Reciprocal : 1을 입력된
값으로 나눈 결과를 반환합
니다.

Exponential : 입력된 값
의 지수 값을 반환합니다.

Log : 입력된 값의 로그를
반환합니다.

Negate : 입력 값의 역 값
을 반환합니다.

Posterize : 입력 단계에 의
해 정의된 Steps 단계만큼
변환하여 리턴합니다.

Reciprocal Square Root :
1의 결과를 입력 값의 제곱
근으로 나눈 값을 반환합
니다.

Basic

Add : 입력된 두 개의 값의
합을 반환합니다.

Multiply : 입력된 두 개의
곱한 값을 반환합니다.

Square Root : 입력된 값
의 제곱근을 반환합니다.

Divide : 입력된 A의 값을
B의 값으로 나눈 값을 반
환합니다.

Power : A 값을 B의 거듭
제곱으로 반환합니다.

Subtract : A 값에서 B 값
을 뺀 결과를 반환합니다.

Derivative

DDX : 화면 공간 X 좌표에 대한 편도 함수 값을 반환합니다.

DDXY : 두 개의 편도 함수에 대한 합을 반환합니다.

DDY : 화면 공간 Y 좌표에 대한 편도 함수 값을 반환합니다.

Interpolation

Inverse Lerp : 입력 값 A부터 B 범위 내에서 입력 T로 지정된 보간을 생성하는 매개변수를 반환합니다.

Lerp : 입력 값 T에 의해 A와 B 사이를 선형 보간하고, 결과 값을 반환합니다.

Smoothstep : 입력된 값에 대해 에르미트 보간법을 적용하고 결과를 반환합니다.

Matrix

Matrix Construction : 4개의 입력 벡터에서 제곱 행렬을 구성합니다.

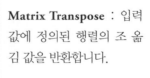

Matrix Determinant : 입력 값에 정의된 행렬의 결정자를 반환합니다.

Matrix Split : 입력 값에 정의된 정사각 행렬을 벡터로 나눕니다.

Matrix Transpose : 입력 값에 정의된 행렬의 조 옮김 값을 반환합니다.

Range

Clamp : 입력 값을 Min, Max 사이에 각각 정의된 값으로 반환합니다.

Fraction : 입력 값의 소수 부분을 반환합니다. 0~1 사이의 값으로 반환합니다.

Maximum : 두 입력 값 중 가장 큰 값을 반환합니다.

Minimum : 두 입력 값 중 가장 작은 값을 반환합니다.

One Minus : 1에서 입력 값을 뺀 결과 값을 반환합니다.

Random Range : 입력 값을 Min과 Max 사이에서 난수를 생성한 후 반환합니다.

Remap : 입력 값을 In/Out 의 Min/Max 값 사이로 다시 매핑합니다.

Saturate : 입력 값을 0~1 사이에 고정된 값으로 반환합니다. 컬러 이미지의 경우 회색 이미지가 됩니다.

Round

Ceiling : 입력 값보다 크거나 같은 가장 작은 정수 값을 반환합니다.

Floor : 입력 값보다 작거나 같은 가장 큰 정수 값을 반환합니다.

Round : 입력 값을 가장 가까운 정수로 반올림합니다.

Sign : 입력 값이 0보다 작으면 −1을, 0보다 크면 1을 반환합니다.

Step : 입력 값이 입력 Edge 값보다 크거나 같으면 1을 반환하고, 아니면 0을 반환합니다.

Truncate : 입력 값의 정수 또는 정수 구성 요소를 리턴합니다.

Trigonometry

Arccosine : 입력 값을 ArcCosine이 적용된 길이의 벡터로 반환합니다.

Arcsine : 입력 값을 Arcsine이 적용된 길이의 벡터로 반환합니다.

Arctangent : 입력 값을 Arc Tangent를 적용된 길이의 벡터로 반환합니다. −Pi/2~ Pi/2 범위 내에 있어야 합니다.

Arctangent2 : 입력 값 A와 B에 대한 ArcTangent를 반환합니다.

Cosine : 입력 값의 코사인을 반환합니다.

Degrees to Radians : 입력 값을 각도에서 라디안으로 변환하여 반환합니다.

Hyperbolic Cosine : 입력 값에 Hyperbolic Cosine을 적용한 값을 반환합니다.

Hyperbolic Sine : 입력 값에 Hyperbolic Sine을 적용한 값을 반환합니다.

Hyperbolic Tangent : 입력 값에 Hyperbolic Tangent를 적용한 값을 반환합니다.

Radians to Degrees : 입력 값을 라디안에서 각도 단위로 변환하여 반환합니다.

Sine : 입력 값에 Sine을 적용한 값을 반환합니다.

Tangent : 입력 값에 Tangent를 적용한 값을 반환합니다.

Wave

Noise Sine Wave : 입력 값에 사인파를 적용하고 랜덤 노이즈가 추가됩니다.

Sawtooth Wave : 입력 값에 톱니 모양의 파장을 적용합니다.

Matrix Split : 입력 값에 정의된 정사각형 행렬을 벡터로 나눕니다.

Matrix Transpose : 입력 값에 정의된 행렬의 Transpose 값을 반환합니다.

Vector

Cross Product : 입력된 A 와 B 값의 곱을 구합니다.

Distance : 입력된 두 값 사이의 유클리드 거리를 반환합니다.

Dot Product : 입력된 A와 B 값의 내적 또는 스칼라 곱을 반환합니다.

Fresnel Effect : 프레넬 효과를 반환합니다.

Projection : A의 값을 B의 값과 평행한 직선에 투영한 결과를 반환합니다.

Reflection : 입력 값과 표면 Normal을 사용하여 반사 벡터를 반환합니다.

Rejection : A의 값을 B의 값과 직교하거나 수직인 평면에 투영한 결과를 반환합니다.

Rotate About Axis : 축 값을 기준으로 입력 값(In)을 Rotate 값만큼 회전합니다.

Sphere Mask : 입력 중심에서 시작되는 구형의 마스크를 만듭니다.

Transform : 한 좌표 공간에서 다른 좌표 공간으로 입력된 값을 변환한 결과를 리턴합니다.

POINT

RGBA 색상 값과 벡터(Vector) 값의 관계

우리가 알고 있는 색상은 0부터 255까지 단계로 이루어져 있습니다. 이미지 편집 툴에서 Red 색상은 (255,0,0)으로 표현할 수 있습니다. Shader에서 벡터는 0부터 1의 값을 기준으로 색상 채널에 대응하고 있습니다. 벡터 값이 0일 때는 컬러 채널의 값이 0, 1이 되면 컬러 채널의 255가 됩니다. Red 컬러를 벡터로 표현하면 (1,0,0)이 됩니다. 채널 값이 (127,0,0)일 경우 벡터로는 (0.5,0,0) 정도로 표현될 수 있습니다.

TIP

Shader Graph 샘플 노드

셰이더 그래프를 사용하여 제작된 셰이더에 대한 샘플의 노드에 대해 알아보겠습니다. 샘플을 응용하면 자신만의 셰이더를 만들 수 있습니다.

MatCapShader

MatCap 셰이더는 원형의 텍스처를 오브젝트의 눈으로 보는 오브젝트의 노멀 방향에 맞춰 UV를 가공해서 Mesh에 입히는 셰이더입니다. 모바일 기기에서 렌더링할 경우 고품질의 라이팅이 적용된 것과 같은 효과를 적은 비용으로 줄 수 있습니다.

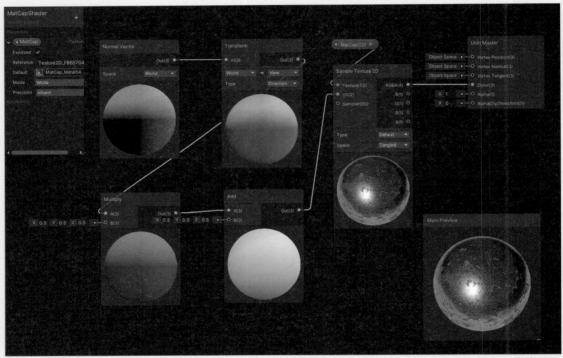

MatCap 노드

씬에 배치한 오브젝트에 제작해 놓은 재질을 사용하면 오브젝트를 바라보는 위치가 변경되어도 텍스처는 카메라가 있는 방향을 기준으로 오브젝트의 Normal면에 이미지가 재배치되는 것을 볼 수 있습니다. 오브젝트 표면에 입혀진 텍스처와 함께 블렌딩해서 사용하기에 따라 라이트 효과 또는 반사 재질 효과 등으로 응용할 수 있습니다.

UV Rotate Shader

UV를 회전시키면 이미지의 특정 지점(보통은 중앙)으로부터 회전하는 형태의 효과를 줄 수 있습니다. 회전하는 값을 직접 제어할 수 있지만, 예제에서는 Time 값을 연결해서 변형을 주고 있습니다.

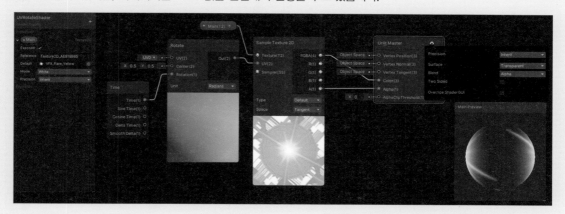

알파 블렌드를 사용하기 위해서는 Unlit Master 노드에 있는 기어 모양의 아이콘을 누른 후 Surface 부분을 Transparent로 설정해 주어야 합니다. Two Sided를 활성화하면 단면의 Quad 오브젝트여도 양면이 모두 렌더링됩니다.

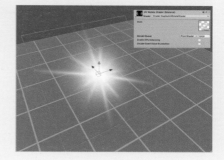

CameraOpaqueTexture

카메라의 Rendering에서 Opaque Texture를 사용하도록 On을 시키는 경우 또는 SCRP 설정에서 Opaque Texture를 사용하도록 체크할 경우 셰이더의 텍스처 Reference에서 _CameraOpaqueTexture를 사용할 수 있습니다.

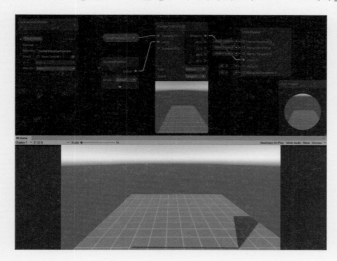

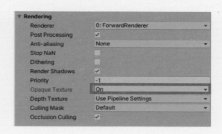

UV 디스토션 효과

앞서 제작한 CameraOpaqueTexture를 사용한 곳에 UV를 제어함으로써 이미지 디스토션 효과를 적용할 수 있습니다.

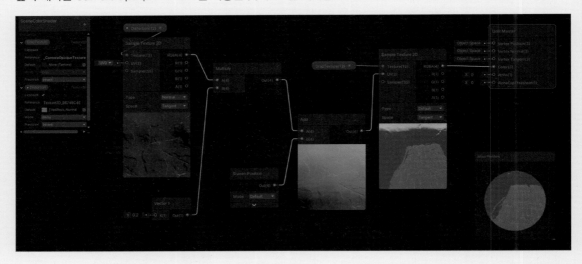

디스토션 효과를 적용하기 위해 두 대의 카메라를 사용하고 있습니다. 한 대의 카메라는 전체 화면을 렌더링하고 있으며, 다른 한 대는 디스토션이 적용될 Plane을 제외한 나머지 레이어를 렌더링합니다. 디스토션이 적용될 오브젝트까지 렌더링할 경우 여러 이미지가 중첩되며 겹치는 일이 발생합니다.

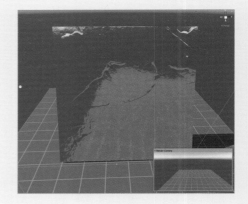

셰이더에 대한 자세한 사용법은 『게임 비주얼 이펙트 테크니컬 입문 with 유니티』에서도 다루고 있으며, 보다 다양한 샘플 노드도 제공하고 있습니다. 셰이더 제작은 수학적 지식과 작동 방법만 알면 다른 프로그램의 샘플 예제를 참고하여 제작이 가능합니다. Shader Graph는 아직도 버전업 중이며 버전에 따라 책에 수록된 내용과 다소 다른 내용들이 존재할 수 있습니다. 아직까지는 제약이 많지만 기능이 더 확장되고 발전된다면 Shader 코딩 없이 Graph만으로도 작동되는 모든 셰이더를 제작할 수 있는 날이 올 수 있습니다.

찾아보기